ARAPUCA ESTADUNIDENSE

ARAPUCA ESTADUNIDENSE
ARAPUCA ESTADUNIDENSE
ARAPUCA ESTADUNIDENSE
ARAPUCA ESTADUNIDENSE

ARAPUCA ESTADUNIDENSE
UMA LAVA JATO MUNDIAL!

Frédéric Pierucci

e Matthieu Aron

Título original: Le Piège Américain

Tradução: Vivianne de Castilho Moreira

Copyright ©2019 by Editions Jean-Claude Lattès

Título original: Le Piège Américain
Jean-Claude Lattès
Copyright da tradução ©2021 Kotter Editorial

Direitos reservados e protegidos pela lei 9.610 de 19.02.1998.
É proibida a reprodução total ou parcial sem autorização, por escrito, da editora.

Coordenação editorial: Sálvio Nienkötter
Editor-executivo: Carlos Garcia Fernandes
Capa: Jussara Salazar
Design editorial: Carlos Garcia Fernandes
Tradução: Vivianne de Castilho Moreira
Produção: Cristiane Nienkötter
Revisão: Sálvio Nienkötter
Foto do autor: Brigitte Baudesson

Dados Internacionais de Catalogação na Publicação (CIP)
Ficha catalográfica elaborada pela Kotter editorial

Pierucci, Frédéric, 1968-
  Arapuca estadunidense: uma Lava jato mundial! / Frédéric Pierucci e Matthieu Aron ; tradução de Vivianne de Castilho Moreira. -- Curitiba : Kotter Editorial, 2ª ed., 2022.
  344 p.

Bibliografia
ISBN 978-65-5361-019-4
Título original: Le Piège Américain

1. Guerra Econômica 2. Geopolítica 3. FCPA 4. ALSTOM (Empresa) 5. General Eletric (Empresa) 6. França - Relações internacionais - Estados Unidos I. Título II. Aron, Matthieu III. Moreira, Vivianne de Castilho

CDD 327.117

21-5325

Kotter Editorial Ltda.
Rua das Cerejeiras, 194
CEP: 82700-510 - Curitiba - PR
Tel. + 55(41) 3585-5161
www.kotter.com.br | contato@kotter.com.br

Feito o depósito legal
2ª Edição
2022

ARAPUCA ESTADUNIDENSE
UMA LAVA JATO MUNDIAL!

Frédéric Pierucci

e Matthieu Aron

Título original: Le Piège Américain

Tradução: Vivianne de Castilho Moreira

À minha esposa e a meus filhos

Por respeito à sua intimidade, os nomes dos membros da família de Frédéric Pierucci, bem como aqueles de seus próximos, foram aqui modificados.

No momento em que a Alstom desaparece, desejo prestar minha homenagem a todos os meus ex-colegas que, trabalhadores, engenheiros, técnicos, comerciários, chefes de projetos, trabalharam durante dezenas de anos para realizar produtos de excelência invejados por nossos concorrentes, os quais contribuíam para assegurar a independência energética da França.

Não nos enganemos: se este livro lança luz sobre um encadeamento de decisões calamitosas, guardo intactas as memórias dessa solidariedade e desse coletivo de trabalho que foi meu cotidiano durante vinte e dois anos. Sei o que lhes devo.

PREFÁCIO

Por Henrique Pizzolato

Quando a política penetra no recinto dos tribunais a justiça se retira por alguma porta.
[François Guillaume Guizot (1787-1874)]

Naturalmente mais incisivos, os italianos costumam adaptar a frase de Guizot ladeando o poder econômico ao poder político e exaltando a incompatibilidade e mesmo o pavor que a verdadeira justiça tem da influência política e financeira. Eles a parafraseiam para algo como:

Quando o dinheiro e a política entram pela porta dos tribunais, a justiça foge pela janela.

Por um lado, não há nisso exatamente uma novidade. Um dos livros mais antigos entre os que atravessaram os séculos, talvez o mais antigo mesmo dentre eles, *Os Trabalhos e os Dias*, de Hesíodo, é aberto justamente com uma profunda crítica à justiça instituída naquela Grécia arcaica, que fez o pobre poeta perder a melhor parte da sua herança para seu irmão, um corruptor de juízes.

Isso sempre acontece em maior ou menor grau e, por exemplo, vários séculos depois, durante a Idade Média, a Igreja católica obteve um poder imperial em praticamente todo o Ocidente, e se valeu justamente dos tribunais, os de Inquisição, para torturar os corpos (especialmente os corpos dos ricos judeus) e queimá-los (ainda vivos) nas fogueiras santas, assenhorando-se de todos os pertences da família do condenado. Condenado que, diga-se, só tinha direito a julgamento caso confessasse seus "crimes" de heresia, num instrumento ancestral do *plea bargain* (por sua vez, um dispositivo estadunidense inoculado na Lava Jato por seus agentes). O império atual não é católico, é protestante, mas, como veremos nesse *Arapuca Estadunidense*, se vale dessa mesma técnica e a impõe a outros países, agindo neles pela instituição do instrumento da delação premiada.

Por outro lado, quando uma nação quis esbulhar alguma outra, o que mostra a História é o uso do expediente de guerras, colocando em campo seus grandes exércitos em luta aberta, portanto limpa.

O uso do aparelho judiciário para esse fim específico, o chamado Lawfare (ou direito penal do inimigo), é relativamente recente e tem se mostrado, se não mais devastador que a guerra aberta, muito mais eficiente quanto aos propósitos. Esta é uma luta realizada no escuro da espionagem, portanto suja.

Às vezes o objetivo deste tipo de luta é tão-somente o *enfraquecimento do governo* de turno (sempre governos progressistas e comprometidos com projetos de soberania) por meio da instabilidade política, como por exemplo o processo conhecido por Mensalão, do qual fui alvo e no qual as maiores iniquidades contra mim, contra alguns companheiros e contra o país foram cometidas à sorrelfa pelo judiciário nacional. Claro está que neste processo muitas empresas também foram vitimadas, mas atacá-las não parece ter sido a causa primeira.

Às vezes o objetivo é tão-somente a *conquista de um mercado*, pela subjugação de uma grande empresa, por meio de um confisco não declarado de vultuosas somas. O fato de este tipo de operação também requerer a tortura de corpos e a perda de vidas parece de somenos para o Grande Irmão do Norte. E é um dramático caso assim que *Arapuca Estadunidense* revela.

Às vezes, contudo, o império resolve juntar tudo e atacar governos e empresas de maneira coordenada. O caso mais expressivo, o exemplo mais solar deste tipo de ataque, foi o que vimos na assim chamada Operação Lava Jato, que alvejou principalmente o Brasil, mas também muitos outros países da América Latina e fora dela. Seu efeito foi devastador e o sentimos ainda queimar nossa pele. Como o objetivo precípuo desses ataques é passar grande parte da renda das camadas mais baixas para as camadas mais altas, queima mais a pele dos cidadãos e cidadãs da camada baixa, seja na fila do osso, seja disputando o lixo com seus semelhantes... seja literalmente enterrando seus filhos, que voltaram a ser condenados à indigna e revoltante inanição, à pena de morte pela fome.

Sim, diante da incapacidade de competir com os avanços dos seus concorrentes, dada a lerdeza própria dos gigantes, o Império Americano do Norte assassina reputações, prende inocentes e derruba os governos progressistas que tenham uma visão mais social e democrática sem maiores cerimônias, sem mesmo sentir necessidade de o fazer muito veladamente.

Poderia mirar-se nas boas práticas administrativas dos concorrentes, desenvolver igualmente a própria tecnologia e talentos, mas parece se comprazer em se valer de práticas espúrias e usar a força para derrotar ou simplesmente absorver seus concorrentes mediante aquisições impostas ou em *joint ventures* forçadas. Para tanto tem se valido de seu aparelho judiciário, que, por sua vez, impõe verdadeiros *Atos de Fé* das eras inquisicionais.

O judiciário, que surgiu como uma das ferramentas das que têm por função promover o equilíbrio entre os fracos e os fortes, viabilizando uma convivência social profícua e justa, passa neste caso a ser utilizado exatamente para o contrário, ou seja, para que os mais fortes esmaguem os mais fracos.

O caso Alstom, relatado no *Arapuca Estadunidense*, é um relato oficial de quem sofreu e foi esmagado por essa nova metodologia do *lawfare*, que faz parte da *guerra híbrida*. Trata-se de um exemplo muito didático para que possamos entender, por meio de um caso acontecido na França, o que tem acontecido no Brasil e em vários outros países de todos os continentes.

No Mentirão-Mensalão (AP 470) e na Operação Lava Jato – entre outras operações com nomes pomposos e/ou esdrúxulos que se dissolveram na memória popular, mas que passaram a ser a coqueluche da mídia corporativa e dos caçadores de fama fácil e heróis de pé de barro – o aparelho policial e judiciário abandonaram completamente a sua missão institucional e se transformaram em ferramenta, em joguete, na mão do poder econômico, desrespeitando as regras mais primárias de direitos e garantias individuais, de qualquer conceito de humanismo, e a própria soberania nacional, para prestar serviços aos que pretendem acumular capital a qualquer custo.

O servilismo dos aparelhos policial e judiciário, que sequer poderiam ser chamados de aparelhos de segurança, tem se dado em troca de fama fácil e eventualmente vantagem financeira. Seus agentes não têm tido qualquer pejo em assumirem o papel de pistoleiros de aluguel dos poderosos, e submetem as soberanias nacionais enquanto esmagam os cidadãos idealistas.

O resultado disso é a queda das democracias para um fosso de autoritarismo, de fascismo, de nazismo, e de todas as formas de desrespeito: um retrocesso sem par na própria cidadania. Importa nos questionarmos o porquê de a humanidade se permitir chegar a esse ponto.

Essa disfunção do sistema de segurança e justiça, o servilismo a esse aparato acumulador, está gerando uma crise civilizatória de monta no nosso país. Urge colocar as ferramentas e as instituições do país no seu devido lugar, submetendo-as a um controle popular rígido, sob pena de vermos diluir, a mal de todos, o próprio país.

Ter lido esta obra impressionante me fez afundar nas mais tristes e dolorosas memórias, me fez revivê-las dramática e intensamente. Reiterou em minúcias tudo que tenho sempre denunciado. Mas, acima de tudo, aumentou ainda mais minha consciência da magnitude do desafio a vencer.

É em nome do quanto me abriu ainda mais os olhos e comprovou que não estamos sós que o felicito por percorrer estas páginas, afortunado leitor.

Boa leitura!

SUMÁRIO

Preâmbulo	17
O choque	19
O procurador	25
Primeira audiência	35
Wyatt	41
Lembranças	47
O telefonema	53
Eles me esqueceram!	57
Stan	61
Clara	67
Segunda audiência de soltura	71
125 anos de prisão	77
A peça de acusação	83
Acostuma-se com tudo, mesmo com a prisão	91
A família como único apoio	97
A justiça estadunidense, vista de Wyatt	101
Minhas *sentencing guidelines*	105
A ala A	113
Alstom me larga	117
Retorno ao tribunal de New Haven	121
As *evidences*	125
A volta ao mundo dos procuradores	129
O FCPA	133
Minha declaração de culpa	141
A visita de Clara	149
A demissão	155

Os seis meses transcorrem	161
A família se mobiliza	167
Tenho um novo trabalho	173
O anúncio de 24 de abril	177
A hora da verdade com Stan	185
A fábula General Electric	191
Uma vitória de Pirro	203
Rumo à liberdade	211
Livre!	215
Retorno à França	221
Meu encontro com Matthieu Aron	225
Falar ou calar-se	229
A assembleia da ira	235
A Conferência dos Procuradores do DOJ	243
A declaração de culpa da Alstom	253
Patrick Kron ante os deputados	257
Os derradeiros obstáculos à venda	267
Minha luta na Justiça do Trabalho	273
A insuportável chantagem	279
O dia do julgamento	285
Nova separação	291
A nova prisão	295
Violência e tráfico	299
A Assembleia abre um inquérito	305
A visita de Macron aos Estados Unidos	311
O longo périplo rumo à liberdade	317
Epílogo	325
Posfácio	331
Anexos	335
Agradecimentos	341

PREÂMBULO

Este é o relato de uma guerra econômica subterrânea.

Há mais de dez anos, os Estados Unidos, sob o disfarce de luta contra a corrupção, lograram desestabilizar as maiores multinacionais europeias, em particular as francesas. O ministério estadunidense da Justiça investiga seus quadros superiores, por vezes os manda para a prisão, e levam essas empresas a pagar multas colossais, constrangendo-as a confessar-se culpadas.

Desde 2008, vinte e seis empresas pagaram multas de mais de 100 milhões de dólares ao tesouro estadunidense. Quatorze são europeias. Cinco são francesas. Apenas cinco são estadunidenses.

As sociedades europeias pagaram, no total, mais de seis bilhões de dólares. Os estadunidenses pagaram três vezes menos.

Só as empresas francesas já pagaram em torno de dois bilhões. E seis de seus quadros foram acusados pelo judiciário estadunidense.

Sou um deles.

Já não quero mais ficar calado.

O CHOQUE

De repente me vi transformado em um animal, minha pele agora era o uniforme alaranjado dos prisioneiros. Correntes cingiam meu tronco. Algemas atavam meus pés e mãos. Quase não conseguia andar nem respirar. Era mesmo um animal. Um animal imobilizado, um bicho capturado em uma arapuca.

Ontem à noite me jogaram nesta cela em que paira um odor tão forte que quase me leva à vertigem. Sem janela, pela fenda minúscula adivinho um salão escuro. De repente um barulho, discussões, gritos, berros incessantes. Um pesadelo. E sinto fome e sede, muita sede. Faz oito horas que não bebo nada. Desde que, após uma simples chamada, minha vida mudou bruscamente.

Tudo começou, então, com essa chamada.

Uma mensagem aparentemente anódina emitida em um tom suave por uma comissária de bordo da Cathay Pacific com um sotaque inglês impecável. Apesar de sua doçura, essa voz anunciava o desastre: "Solicita-se ao sr. Pierucci que se apresente ao pessoal de bordo no momento do desembarque".

Eram 20 horas do dia 14 de abril de 2013 e meu avião, que havia partido de Singapura de madrugada, acabava de pousar no aeroporto JFK em Nova Iorque, depois de uma escala Hong Kong e um trajeto de mais de vinte e quatro horas. Eu estava esgotado e tresnoitado. O piloto havia respeitado seu plano de voo à perfeição. A aeronave atracava em uma ponte sanfonada para o desembarque quando aquela voz ecoou.

Será que eu deveria ter desconfiado? Naquele instante estava atordoado pela defasagem de horário, mesmo estando habituado a trajetos longos. Com quarenta e cinco anos, depois de já ter trabalhado em Argel, Manchester, Hong Kong, Pequim, Windsor (Connecticut), Paris, Zurique, estava baseado em Singapura. Havia dois decênios que singrava o planeta para minha empresa, devia ter escutado esse tipo de mensagem três ou quatro vezes, seja para me alertar sobre o adiamento de reunião oficial, seja para avisar de um banal esquecimento de um celular em uma escala.

Foi então sem particular apreensão que me apresentei diante da chefe de cabine. A jovem comissária, no entanto, tinha o semblante constrangido. A porta da aeronave acabava de se abrir e, com um gesto tímido e constrangido, ela me aponta um grupo de pessoas que me esperavam à saída do avião. Uma mulher, dois ou três sujeitos fardados e dois em trajes civis. A mulher me pede polidamente para confirmar minha identidade e depois me ordena que saia do avião. Mal tive tempo de pronunciar meu nome e um dos homens uniformizados me pegou pelo braço e o imobilizou à altura dos rins, trouxe o outro com a mesma rapidez pelas minhas costas e então atou minhas duas mãos com algemas. "Frédéric Pierucci, o senhor está preso!".

Fiquei tão perplexo que não tive nenhuma reação. Simplesmente me deixei levar. Depois passei a me perguntar com frequência: o que teria acontecido se eu não tivesse saído do avião? E se eu tivesse me recusado a desembarcar? Teriam eles me interpelado assim tão facilmente quando eu ainda não estava em solo estadunidense? Aquiesci sem vacilar. E, sem o saber, talvez lhes tenha facilitado o trabalho... afinal, estávamos teoricamente ainda na zona internacional, mesmo já sendo a passarela na saída da aeronave.

De repente, eis que me encontro algemado. Depois de alguns segundos de estupor, reclamo explicações. Os dois homens em traje civil se apresentam: são inspetores do FBI.

— Só recebemos uma única instrução: efetuar sua prisão na saída do avião e escoltá-lo até o centro do FBI em Manhattan. Lá um procurador lhe explicará do que se trata.

Fica evidente que eles não sabem mais nada. Por ora, portanto, devo me contentar com essas poucas palavras, e acompanhá-los no aeroporto, sob a guarda dos dois agentes federais uniformizados, manietado pelas costas como um gangster. O olhar dos demais passageiros pesa toneladas sobre minha nuca. Ao cabo de alguns metros que me dou conta: para manter meu equilíbrio, sou obrigado a avançar em passos muito pequenos. Meço um metro e oitenta e três, pesava quase cem quilos e me sentia medonhamente ridículo. Tão ridículo que me dava a impressão de ter sido lançado para dentro de um filme, como se eu representasse o papel de Dominique Strauss Kahn[1] que, dois anos antes, andava com dificuldade, tal como eu, pelas ruas de Nova Iorque, algemado e cercado pelo FBI... Até esse momento, porém, o estupor superava a inquietação. E estava completamente convencido: trata-se forçosamente de um erro ou de um mal-entendido. Esses policiais devem ter me confundido com outra pessoa e, depois de algumas verificações, o assunto será logo esclarecido e tudo voltará ao normal (esse tipo de confusão multiplicou-se nestes últimos anos no aeroporto JFK).

Meus "guardas" me conduzem diretamente a uma pequena sala. Conhecia esse lugar de cor. É aqui que as autoridades estadunidenses procedem à inspeção meticulosa dos passaportes dos estrangeiros considerados de risco. Durante a segunda guerra no Iraque, em 2003, em virtude das posições tomadas pela França – a recusa intransigente de Jacques Chirac em participar do conflito ao lado das forças armadas estadunidenses – alguns homens de negócios como eu precisaram esperar longas horas nesse anexo do JFK para que os oficiais estadunidenses consentissem em nos deixar entrar em seu território.

Naquele dia foi tudo mais rápido. Alguns poucos minutos depois de ter examinado meus documentos de identidade, os dois inspetores me fizeram sair do aeroporto e entrar em um carro comum. Foi preciso me render às evidências: era visível que eu era a pessoa que eles estavam aguardando. Era a mim que caçavam. Não se tratava de uma dessas

---

[1] À época de sua prisão, Dominique Strauss Kahn era diretor-gerente do Fundo Monetário Internacional e candidato à presidência da França pelo Partido Socialista. As sondagens de intenções de votos o colocavam à frente na disputa eleitoral. Strauss Kahn foi preso sob acusação de estupro por parte de uma camareira do hotel em que estava hospedado. Tempos depois, uma reviravolta ocorreu no caso, quando vieram à tona fragilidades na acusação e inclusive denúncias de que a suposta vítima tinha envolvimento com organizações criminosas e tráfico de drogas. A esta altura, Strauss Kahn já estava, naturalmente, fora da disputa presidencial francesa. Ver a respeito https://www1.folha.uol.com.br/fsp/mundo/ft0107201111.htm. N. T.

histórias absurdas em que um fulano qualquer é confundido com um terrorista em potencial ou um criminoso em fuga. Mas por quê? O que eles querem de mim? E o que foi que fiz?

Não preciso passar minha vida sob escrutínio. No plano pessoal, nada tenho a me repreender. Resta meu trabalho no seio da Alstom. Que essa prisão possa estar ligada a minhas atividades profissionais me parece igualmente improvável. Rapidamente, faço, em minha cabeça, o inventário dos dossiês em curso. Nenhuma transação recente das que fui levado a tratar desde Singapura, onde assumi minhas funções seis meses antes, enquanto chefe mundo da divisão caldeira[2], me parece maculada pela menor suspeita. Quanto a isso, ao menos, estou tranquilo.

Mas sei também que a Alstom está regularmente sob o jugo de investigações por corrupção e que uma investigação foi aberta pelas autoridades estadunidenses há lá se vão alguns anos. O grupo é suspeito de ter pagado propina a fim de obter numerosos contratos, dentre os quais o de uma central elétrica na Indonésia. À época, eu havia trabalhado sobre esse dossiê e a Alstom havia lançado mão de "consultores" externos para assegurar-se da obtenção do mercado. Mas esses fatos remontam aos anos 2003 e 2004 e o contrato indonésio foi assinado em 2005. São negociações antigas, já datavam de quase dez anos, o que é uma eternidade! E sobretudo, fui inocentado em uma auditoria interna, como habitualmente se tem o cuidado de fazer em casos similares. Era o início de 2010 ou 2011, não guardei a data de memória. Mas tinha certeza – enquanto o carro seguia em direção a Manhattan e eu, cada vez mais angustiado, vasculhava minhas recordações – de que dois advogados contratados pela Alstom me interrogaram brevemente, uma única vez, por cerca de uma hora. E, pelo que me consta, estimaram que eu havia seguido bem todos os procedimentos do grupo. Nenhuma falta. Nenhuma repreensão. Bem ao contrário. Depois, em 2012, obtive uma bela promoção. A que me valeu o posto que ocupava então, à frente da divisão térmica, que reúne quatro mil pessoas no mundo por um custo anual de 1,4 bilhões de euros. Junte-se a isso que Patrick Kron, o CEO da Alstom, que desde 2011 tinha a intenção de firmar uma aliança 50/50 com os chineses da Shanghai Electric Company, fundindo as atividades

---

[2] Trata-se do ramo da Alstom responsável pela fabricação de caldeiras a carvão para usinas termoelétricas.

térmicas dos dois grupos, tinha me escolhido para dirigir essa futura joint-venture no plano mundial com base em Singapura.

Chefe-mundo! Chefe-mundo, agora fechado em um carro, com os braços doloridos. O metal das algemas começa a cortar meus punhos. Como imaginar que o dossiê indonésio de 2003-2005, no qual não tive um papel secundário, seja a razão de eu ser tratado assim. Afinal, não sou o Al Capone! Sequer alguém de sua gangue! Enquanto viro e reviro todas as opções em meu foro íntimo, todos os cenários que poderiam estar na origem da minha interpelação, os investigadores param o carro à beira da rodovia.

Ron e Ross, os policiais do FBI – mais tarde eu viria a saber seus nomes –, me acham "bacana". Um golpe de sorte.

— Senhor Pierucci, o senhor está calmo, não grita, não se debate. Ademais, é polido. É bem raro encontrar pessoas como o senhor. Vamos lhe dar uma flor.

Imediatamente, eles tiram minhas algemas, colocam meus braços já dormentes sobre meus joelhos e se contentam... de me algemar com os braços para a frente. Parece não ser nada, mas todos aqueles que já experimentaram um tal desconforto sabem: essa posição, comparada ao entrave nas costas, é quase confortável. Já era noite, o trânsito fluía e em menos de quarenta minutos chegamos a Manhattan, diante da sede do FBI, onde o carro adentrou o subsolo. Havia um primeiro elevador bem à nossa frente. Os policiais me intimam a entrar nele, mas, e me esclarecem isso da maneira mais séria do mundo: andando de costas. Olho para eles estupefato. Trabalhei por sete anos nos Estados Unidos, de 1999 a 2006, penso falar perfeitamente o inglês. Mas agora, nesse momento, tenho uma dúvida: devo realmente entrar nesse elevador em marcha ré?

— É uma cláusula de segurança, senhor Pierucci, explica Ron. O senhor não tem o direito de olhar o botão que apertaremos. Na sede do FBI, o senhor não deve saber para qual andar o conduziremos, nem em que sala o senhor será interrogado.

Sou então levado a um andar misterioso. Depois de ter passado por várias portas blindadas, fomos dar em uma pequena sala. Uma peça vazia, apenas com uma mesa e três cadeiras no centro e, fixada na parede, uma longa barra de ferro à qual meus guardas me prendem com as algemas. Eles me deixam sozinho por alguns instantes. De repente a porta se abre e aparece um novo investigador.

— Bom dia, senhor Pierucci. Me chamo Seth Blum. Investigo no FBI assuntos de corrupção atinentes à Alstom, em particular o dossiê de Tarahan na Indonésia. Não posso dizer nada além disso, porque daqui a pouco o procurador encarregado das investigações virá em pessoa interrogá-lo.

Ato contínuo, calmo e cortês, Seth Blum deixa a sala.

O PROCURADOR

Então era isso. No carro, eu não quis acreditar. Muito antigo, muito longínquo, desconectado demais do presente e das transações do momento. Mas agora devo me render às evidências. Fui capturado por esse maldito dossiê indonésio. O da central elétrica de Tarahan, situado na ilha de Sumatra. Quando o edital para sua construção foi aberto, em 2003, eu nem sequer havia me instalado em Singapura. Eu operava dos Estados Unidos. Eu era diretor comercial de um dos ramos da Alstom Power. Desde que a chamada para propostas foi lançada na Indonésia, concorremos em um consórcio com uma sociedade japonesa, a Marubeni. Nessa data, a Alstom enfrentava graves dificuldades financeiras, aliás, a companhia estava mesmo à beira da falência. Esse contrato, mesmo sendo relativamente modesto (118 milhões de dólares, dos quais um sexto seria da Alstom), se revestia, então, de uma importância simbólica. A central da ilha indonésia de Sumatra, uma mancha minúscula no planisfério, iria restituir a reputação da sociedade.

Na sala de interrogatório do FBI, quando Seth Blum acabou de me revelar os motivos da minha prisão e enquanto eu esperava o procurador por mais explicações, tento relembrar esse ano de 2003 e o quanto tivemos que batalhar para ganhar Tarahan. Não se deve tapar o sol com a peneira: em alguns países do globo, nessa época, as propinas eram uma prática corrente, para não dizer admitida. E sei que a Alstom recorreu a dois "intermediários". Claro, não os recrutei, mas – admito – eu conhecia sua existência.

Mal tive tempo para tentar rememorar esse período, a porta abriu e um homem entrou, acompanhado de Seth Blum. Ele parecia ter trinta e cinco anos. Pequeno, franzino, não fez nenhum esforço para dissimular sua arrogância e me deu a impressão de ser um extremado arrivista. Com entonação de metralhadora começou sua ladainha:

— Senhor Pierucci, chamo-me David Novick e sou procurador federal no Connecticut encarregado do dossiê Alstom, sua empregadora. O senhor foi interpelado no âmbito das investigações por corrupção que abrimos contra sua sociedade. Sou eu quem dirige essa investigação. O senhor é acusado de ter participado de atos de corrupção em benefício de um parlamentar indonésio por ocasião do contrato de Tarahan. Isso é corrupção de agente público estrangeiro, e isso se enquadra no *Foreign Corrupt Practices Act*[3]. Lançamos investigações de três anos para cá sobre as práticas da Alstom em diversos países. Como prevê a legislação americana, o seu grupo foi imediatamente informado. Sua empresa, no entanto, apesar de suas promessas, recusa-se, desde 2010, a cooperar plenamente com o *Department of Justice*[4]. A Alstom não respeita nenhum de seus compromissos. Nenhum!

Ele tem o semblante furioso. Bem que tenho vontade de responder que não sou nem o CEO da Alstom, nem seu diretor jurídico. Claro que sou um quadro dirigente, mas não pertenço ao conselho de administração, nem ao comitê executivo. Eu... mas o procurador não me deixa continuar em meus pensamentos.

— Senhor Pierucci, eu o aconselho vivamente a não telefonar para sua empresa. Adoraríamos que o senhor fizesse coisas para nós...

Nesse instante, tudo começa a fervilhar na minha cabeça. O que esse procurador está me pedindo?

— Adoraríamos que o senhor fizesse coisas para nós... contra a Alstom e sua direção. Nós conhecemos muito bem seu posto na Alstom atualmente e o que o senhor ocupava no momento dos fatos de Tarahan. Sabemos muito bem que nesse caso indonésio, o senhor não teve papel decisório, mas, no entanto, o senhor estava ao corrente de tudo o que se passava. O que queremos é a persecução à direção geral da Alstom,

---

[3] FCPA <Lei de práticas de corrupção no exterior>: uma lei federal estadunidense de 1977 para lutar contra a corrupção de agentes públicos no exterior.

[4] DOJ <Departamento de Justiça>: ministério da justiça dos EUA.

notadamente ao CEO, Patrick Kron. E pedimos ao senhor, portanto, para não os informar sobre sua interpelação. É por isso que o senhor não deve encontrá-los e deve, portanto, renunciar a um advogado. O senhor está entendendo?

Bem, não, não estava entendendo. Aliás, estava sim, acreditava sacar a oferta, o *deal* que se desenhava. David E. Novick me propunha, com palavras ocultas, que me tornasse seu informante no seio da empresa... Ao mesmo tempo, estava em plena defasagem de fuso-horário, fazia vinte e quatro horas que não dormia e continuava manietado pelas algemas, preso a essa barra de ferro, à sua mercê. Então o que, afinal, devo exatamente entender? Ele não me ajuda, permanece vago, não formula nenhum pedido preciso, exceto essa instrução repisada várias vezes: não avisar absolutamente ninguém! E isso me parece simplesmente impossível.

Enquanto tento me manter em silêncio, vejo-me novamente em uma das reuniões de formação organizadas pela Alstom, destinadas aos altos quadros. Por uma ironia da qual só a vida guarda o segredo, ela aconteceu pouco tempo antes da minha interpelação. E o tema do seminário eram... os riscos jurídicos da nossa profissão. Recebemos um pequeno papel em formato de cartão de visita que trazia os números de telefone a chamar em caso de prisão, dentre os quais constava o número de Keith Carr, atual diretor jurídico do grupo. Recebemos a recomendação de guardar constantemente esse pequeno cartão conosco. E de jamais infringir, se por azar fôssemos confrontados com um juiz ou policial, as duas regras inculcadas durante essas sessões de coaching: 1 - Não dizer nada. 2 - Entrar em contato com a direção jurídica da Alstom que, imediatamente, enviará um advogado para socorrer seu infortunado funcionário. Retive a lição. E não cairei na arapuca – era ao menos no que acreditava naquele momento – que esse procurador está armando para mim. Como um bom soldadinho, e sem imaginar sequer por um segundo o que isso me custará, aplico os preceitos propalados pelos juristas da minha companhia. Não posso não os alertar.

É o que explico ao procurador:

— Ouça, eu nunca fui preso, não entendo o que o senhor quer. Portanto, peço que me permita avisar minha empresa, bem como meu consulado.

Com semblante crispado, o procurador faz sinal a um investigador que me devolve o BlackBerry confiscado quando da minha interpelação. Tento imediatamente contatar o diretor jurídico, Keith Carr. São 5 horas da manhã em Paris, o telefone chama no vazio. Em contrapartida, consigo entrar em contato com Tim Curran, o chefe da divisão térmica da Alstom nos Estados Unidos, com quem eu teria uma reunião no dia seguinte em Windsor no Connecticut. Faço um resumo breve da situação. Ele fica siderado.

— O que está acontecendo com você é inacreditável. É completamente aberrante! Logo vamos tirá-lo daí. Vou telefonar imediatamente para a sede.

Tim Curran me tranquilizou... um pouco. Depois que o procurador se foi, dois policiais vasculharam e fizeram o inventário da minha mala. Tenho o direito de fazer mais uma chamada telefônica. Hesito em telefonar para Clara, minha esposa. Mas logo desisto. Para que inquietá-la? Nesse momento, estou absolutamente persuadido: isso durará algumas horas. Logo serei colocado em liberdade. David E. Novick soube mostrar-se odioso, martelou bastante que a Alstom está sob uma investigação anticorrupção há mais ou menos três anos, que o grupo não respondeu a nenhuma das injunções do *Department of Justice*, que ele permanece fazendo ouvidos moucos a todas as perguntas que lhe foram dirigidas, que ele se faz de morto... eu não acredito. Ou melhor: não quero acreditar. Minhas certezas estão gravadas no mármore: minha empresa, eu daria minha cara a tapa, vai intervir o quanto antes para me livrar dessa situação. Sei que gozo da confiança do CEO.

Algumas semanas antes da minha partida para Nova Iorque, ainda jantei com Patrick Kron. Ele havia me convidado, juntamente com alguns dirigentes baseados na Ásia, para uma suntuosa recepção em Singapura, em um lugar mítico: o Marina Bay Sands, o restaurante mais badalado da capital. As imagens desse estabelecimento correram o mundo. É um edifício alucinante, com uma cobertura no quinquagésimo sétimo andar que é um gigantesco terraço que avança acima do oceano como a proa de um barco. O diretor jurídico do grupo, Keith Carr, também estava lá. Nada de extraordinário nisso. Já há alguns anos, a Alstom tinha desenvolvido uma grande parte dessas atividades de energia na Ásia, a tal ponto que Kron considerava transferir parcialmente a sede social do grupo para Singapura. Um andar inteiro suplementar acabava de ser alugado no final de 2012 a fim de acolher uma parte dos efetivos parisienses. Aliás, Kron vinha com frequência ao local. E os rumores corriam muito no seio da empresa. Dizia-se que o CEO teria mesmo pensado (de forma totalmente legal) em transferir para lá seu domicílio fiscal. É verdade que as taxas fiscais singapurenses são particularmente atraentes (máximo de 20 % e isso sem contar os abatimentos) e que o chefe do escritório da Alstom em Singapura, Wouter Van Wersch, havia começado, no início de 2013, a prospectar a cidade para encontrar residências para Patrick Kron. Várias casas foram visitadas.

Para falar a verdade, tudo isso me importava muito pouco. Sem podermos ser qualificados de próximos – mesmo que tivéssemos adotado o costume de nos tratarmos por "você" – tínhamos, Patrick Kron e eu, relações formais. Aliás, uma semana antes da minha viagem para Nova Iorque, eu o havia acompanhado novamente à Índia para encontrar os dirigentes da *Reliance Industries*, o maior conglomerado privado indiano, propriedade da família Ambani. Patrick Kron é antes de tudo um comerciante, um negociador ímpar, que não hesita em percorrer sozinho o mundo para fazer contato direto com seus parceiros. Ora intransigente, e até mesmo grosseiro, ele também sabe se fazer melífluo para conquistar e seduzir os clientes. É *in loco*, e não na sede ou em seu escritório de CEO, que ele soube se impor às suas tropas, mesmo que por vezes subvertendo a hierarquia interna.

Durante esse famoso jantar no Marina Bay Sands, o diretor jurídico do grupo, Keith Carr, um fiel dentre os fiéis de Kron, que eu conhecia já há muitos anos, visto que ele havia sido antes responsável jurídico do setor Power ao qual eu sempre fui ligado, aproximou-se de mim e, entre um copo e outro, me soltou:

— Você se lembra, Fred, do caso de Tarahan e da investigação estadunidense por causa da qual nós fizemos nós mesmos nossa própria investigação?

— Sim, claro. O que acontece?

— Nada de especial, você não tem nada a temer. Uma investigação interna o isentou completamente. Por outro lado, outros funcionários têm motivos para ficar um pouco preocupados.

Na ocasião não dei muita atenção, mesmo tendo achado um tanto bizarro que, no meio de um cocktail, ele me fale desse caso, já que jamais o havíamos mencionado antes, nem mesmo em 2010-2011, quando eu havia sido interrogado no âmbito da auditoria interna.

Mas ali, na sala do FBI, essa conversa me veio à memória, sem dúvida porque estava novamente discando o número de Keith.

Finalmente, essa segunda tentativa dá certo. Keith enfim atende. A conversa é muito curta, mas me lembro de cada palavra.

— Não entendo, não entendo... é incompreensível, Keith não cessa de repetir, parecendo tão abalado quanto eu. Estamos finalizando um acordo com o *Department of Justice*. É inacreditável o que está acontecendo com você.

— Bem, pode até ser, mas o procurador não parece estar ao corrente desse *deal*. Ou então ele não acredita nele. Ele não para de me dizer que, se estou aqui, é justamente porque já faz três anos e a Alstom não coopera e que eles perderam a paciência. Ademais, você me assegurou, há algumas semanas, que eu não tinha nada a temer. Então por que me prenderam?

— É completamente incompreensível, eu te digo. Estamos tão próximos de um acordo que devo tomar o avião em algumas horas! Sou esperado hoje em Washington para concluir um *deal* com o DOJ! Isso dito, com o que acaba de acontecer, hesito em ir para os Estados Unidos... vou primeiro consultar nossos advogados... Mas bom, fique tranquilo. Fique calmo. Tão logo eu entrar em contato com nosso departamento jurídico, alguém lhe será enviado. Enquanto isso, não diga nada, nem ao procurador, nem ao FBI. Para esta noite, é um pouco tarde, mas vamos tirá-lo daí sob caução já amanhã e em seguida veremos que estratégia adotar.

Ele desliga. Para mim, não há a menor sombra de dúvida: terei novidades dele logo de manhã, ele não vai me largar, ele estará do meu lado até o fim. A companhia a que eu sirvo há tantos anos não pode me abandonar. Seria preciso ser louco ou paranoico para conjeturar, mesmo que por alguns segundos, o contrário. Ora, não sou nem louco nem paranoico.

Enquanto as palavras reconfortantes de Keith ainda ressoam em meus ouvidos, o procurador retorna à sala de interrogatório.

— O senhor não deseja falar. De acordo. A escolha é sua.

— Não, estou pronto para esclarecer meu papel nesse caso, no qual não penso ter grande coisa a me repreender, mas para isso preciso de um advogado do meu lado, pois não conheço a maneira como a justiça estadunidense trabalha, nem sequer meus direitos. Penso que qualquer estrangeiro agiria do mesmo modo.

Minhas explicações deslizam sobre o procurador David E. Novick, que emenda, impassível:

— Vou transferi-lo então a uma prisão em Manhattan. O senhor passará a noite lá. Amanhã o senhor comparecerá diante de um juiz do tribunal de Connecticut. O senhor terá o direito de encontrar seu defensor antes dessa audiência. O juiz estabelecerá a manutenção ou não de sua detenção. Se o senhor desejar, o senhor terá também a possibilidade de telefonar para sua família para avisá-la.

Manter a calma. Foi o que me aconselhou Keith Carr. Manter o sangue-frio. De qualquer maneira, não tenho outra escolha. Devo chamar Clara, minha esposa? O procurador parece incitar-me a isso. Mas quem sabe ele tenta me desestabilizar? Forçosamente, ela ficará louca de preocupação. E sua angústia enfraquecerá minhas resistências. Um grande clássico em matéria de pressão psicológica. Os meganhas, eu aprenderia mais tarde, chamam isso de "amaciar a carne". Reflito rapidamente. Amanhã à noite, o mais tardar, serei colocado em liberdade. O país que aceitou liberar sob caução OJ Simpson, alvo de persecução por assassinato, não vai manter preso a mim, um cidadão francês, um quadro dirigente da empresa que, nas próprias palavras do procurador, não teve nenhum "papel decisório" no contrato de Tarahan, alvejado pela justiça estadunidense. Portanto não, não vou telefonar para minha mulher. Prefiro contar-lhe minha desventura depois que estiver solto. Polidamente, declino da proposta de David E. Novick. Em contrapartida, exijo que o consulado da França em Nova Iorque seja avisado. Novick realiza ele próprio o pedido e chama um número já registrado em seu telefone. Aparentemente, ele previu tudo! Ele sabe perfeitamente quem chamar no consulado nesta hora tão avançada, meia-noite de um domingo.

Ele me passa o telefone e a pessoa que me responde está nitidamente "em guarda". Meu interlocutor pergunta minha identidade e toma "nota". A seguir, Novick pega novamente o telefone para indicar ao consulado que serei ouvido amanhã, segunda-feira, por um juiz no tribunal de New Haven. É isso, o procurador encerrou meu caso por esta noite.

Ron e Ross entram novamente em cena. Eles procedem ao inventário de todas as minhas coisas (computador, celular, roupa na minha pequena mala de rodinha). Nova passagem pelas portas blindadas, tomada das impressões digitais dos dez dedos e sessão de fotos durante uma boa meia-hora. Retorno ao elevador, sempre andando de costas. Depois, pegamos o carro em direção à prisão de Manhattan, bem perto.

Os dois inspetores não me deixam por um instante durante todo o procedimento de admissão. Depois, antes de partir, Ron me diz:

— Então boa noite, senhor Pierucci. Vai lhe soar estranho o que vou lhe dizer, mas saiba que amanhã de manhã o senhor ficará realmente feliz ao nos reencontrar.

Não sei se convém ver nisso um laivo de sadismo ou um aviso amigável. Eu jamais havia colocado os pés em uma prisão. Na entrada, dois vigias me ordenam para tirar a roupa. Eles pegam tudo: meu relógio, minha aliança, meus sapatos. Estou totalmente nu. E totalmente desorientado ao ponto de perder meu domínio do inglês...

— *Turn around, squat and cough*, intima o vigia, com um sotaque de difícil compreensão.

Cough, é tossir, isso eu entendi. Mas *squat*? Eu esqueci o que isso significa.

— *Squat and cough*, irrita-se o vigia. *Squat and cough!*

Ante meu ar aturdido, ele mimetiza o que é preciso fazer. Devo me agachar (squat), afastar as pernas e tossir. Obedeço enquanto o vigia se põe atrás de mim. Ele verifica que nada sai do meu ânus! "*Squat and cough*", retive a fórmula desde então. Tive que me curvar a esse procedimento humilhante dezenas e dezenas de vezes durante minha detenção. Mas nessa noite descobri, como mergulhado em um transe, o universo carcerário estadunidense. O vigia me pede para vestir um macacão alaranjado. Em seguida, espero durante duas horas, de pé, algemado, as mãos para trás.

A prisão não dispõe mais de formulários de admissão em inglês! Há em espanhol e chinês, mas não em inglês...

Foi o tempo de encontrar os papéis adequados e preenchê-los, então fui levado para a cela. Eu viria a saber mais tarde que estava no buraco, no lugar para onde são levados os prisioneiros mais perigosos: o isolamento. Eram quase três horas da manhã. Um guarda me empurrou para o interior. A penumbra me envolvia. Não que estivesse escuro. Não, estava…cinza. Um neon minúsculo produz uma luz sinistra. O guarda fecha a porta. Só então tomo consciência de que continuo algemado pelas costas. Aí, pela primeira vez, entro em pânico. Sinto crescer uma crise de angústia. Eles vão me deixar algemado a noite toda! De repente, ouço um barulho seco. Uma pequena escotilha se abre na porta e o guarda, aos berros, me manda que vá até lá de fasto. Obedeço, vou até ele em marcha ré e, através da escotilha, ele finalmente retira as algemas.

Ross e Ron tinham razão. Essa primeira noite na detenção é aterradora. O mal cheiro da cela, sua exiguidade sufocante… não vejo nada, mas escuto. De todos os lados vêm xingamentos e gritos assustadores. É de se acreditar que pessoas se batem e se matam umas às outras no andar inteiro. Não comi nem bebi nada desde minha prisão. Impossível dormir. Mas esse encarceramento é apenas um parêntese. Passo então a noite tentando me lembrar dos fatos em torno do contrato de Tarahan, de há dez anos… e reorganizando minha agenda. OK., perdi minha primeira manhã de reuniões no Connecticut. Ninguém morreu. A perda será recuperada. Visualizo as páginas do meu emprego do tempo. Basta alocar este encontro aqui no final da manhã, e aquele ali no início da tarde. Com aperto, devo conseguir cumprir toda a minha programação em vinte e quatro horas ao invés de quarenta e oito. Estarei de volta a Singapura em três dias e de volta para casa na data prevista, sexta-feira. E nesse fim de semana poderei então levar as pequenas gêmeas (Raphaella e Gabriella, de sete anos) ao aniversário da amiga delas, e os gêmeos maiores (Pierre e Léa, de quinze anos) a seu torneio de futebol. Parece muito bobo ao rememorar, mas naquele momento esse pensamento me tranquilizou e me aliviou. Cochilei por alguns minutos.

PRIMEIRA AUDIÊNCIA

Quem poderia acreditar? Logo pela manhã, bem cedo, eu estava efetivamente feliz em rever os dois investigadores do FBI. Depois de ter passado por uma nova revista nu, fui transferido, sempre algemado, para o Tribunal de New Haven, a duas horas de carro de Nova Iorque. Ao longo do trajeto tive a sensação de mergulhar novamente em uma vida quase normal. Ron e Ross me trouxeram um café e torradas americanas, e batem-papo à vontade. Ambos têm trinta e cinco anos. Ron tem dois filhos pequenos. É grande e robusto, apaixonado por mergulho submarino. Já Ross é pai de uma menina. Ambos têm muita vontade de conhecer a França. E fomos conversando quase como se fôssemos velhos conhecidos.

À nossa chegada no tribunal, Ron e Ross estacionam do lado de fora e aguardam as instruções. Estávamos adiantados e esperamos por um bom tempo, sentados no carro, até o momento em que foi finalmente anunciado a meus dois vigias que a audiência não será em New Haven, mas sim em Bridgeport, a meia-hora de carro no sentido contrário. E lá fomos nós. Antes de me entregar a um agente federal, Ron estaciona e Ross me entrega meu telefone. Ele me faz entender que é minha última oportunidade de telefonar, caso a audiência não termine bem. É meio-dia aqui, portanto, meia-noite em Singapura. Escolho telefonar para Tim Curran, o chefe da divisão térmica da Alstom nos Estados Unidos. Quero colocá-lo ao corrente da minha conversa com Keith Carr no dia anterior. Não me esqueci de que Carr deve chegar nesse dia em Washington. Parece-me evidente que Tim Curran acompanhará, juntamente com o diretor jurídico, a evolução da situação. Em todo caso, é o que lhe peço.

Despeço-me de Ross e Ron, que passam o pacote para um agente que me enclausura em uma cela do tribunal. A audiência, que deve examinar meu pleito para ser posto novamente em liberdade, vai começar logo. Antes dela, tenho enfim o direito de conversar com um advogado designado pela Alstom. Entro em um cubículo e fico conhecendo Liz Latif, do gabinete Day Pitney.

É uma mulher jovem, entre trinta e cinco e quarenta anos. Me surpreendo com sua falta de experiência em matéria penal e sua alienação, que beiram ao amadorismo. Além disso, ela não sabe nada dos casos da Alstom. E para completar, ela nunca teve contato com o delito que me é imputado, que é uma infração do *Foreign Corrupt Practices Act,* essa lei que dá ao DOJ o direito de mandar qualquer pessoa para a prisão, pouco importa sua nacionalidade, a partir do momento em que ela se torna suspeita de ter cometido um delito de corrupção de agentes públicos estrangeiros passível de ser ligado, de uma ou outra maneira, ao território estadunidense[5]. Liz Latif me dá algumas informações:

— Foram os advogados da Alstom, senhor Pierucci, que entraram em contato com nosso escritório esta manhã para nos requisitar fazer sua defesa, pois eles não poderiam eles próprios fazê-la.

— E por quê? Afinal, o mais lógico não teria sido que eles próprios assumissem meu caso?

— Certo, mas há um risco de conflito de interesses...

— Não estou entendendo. Basta me incluir no *deal* que a Alstom está tratando com o DOJ a propósito do dossiê indonésio, isso me parece o menor dos detalhes. Onde está o conflito de interesses entre a Alstom e eu?

— Não é tão simples, senhor Pierucci, mas saiba que a Alstom aceitou pagar sua defesa. O senhor está com sorte!

Folgo em saber! Tento então obter dessa Liz detalhes sobre as acusações contra mim. A conversa não é fácil, pois no cubículo reservado aos encontros entre detentos e advogados, ficamos separados por uma grade. Ela tenta me mostrar algumas folhas apoiando-as nos cilindros de ferro. Evidentemente, não consigo ler corretamente. Além do mais,

---

[5] Ver Cap. XXII, O *FCPA*.

constato que ela própria não teve tempo de tomar conhecimento da peça de acusação. Sua superficialidade começa a me irritar.

— Mas do que sou acusado afinal? A senhora conseguiu pelo menos correr os olhos no dossiê?

— Um caso de corrupção e lavagem de dinheiro.

Lavagem de dinheiro! Um delito habitualmente imputado aos traficantes de armas ou narcotraficantes! Onde foram procurar uma acusação tão delirante? Liz me vê empalidecer e tenta me tranquilizar:

— De qualquer maneira, hoje, esse assunto não será o pano de fundo do caso. Vou só pedir que o senhor seja colocado novamente em liberdade. Vou propor uma caução de 100.000 dólares, o que deverá ser mais que o suficiente para convencer o magistrado. Saiba, porém, que o senhor foi acusado por um *Grand Jury* e que a investigação a seu respeito foi mantida em segredo até sua prisão. Agora ela já não é mais e o DOJ certamente vai se comunicar hoje com a imprensa. Saiba também que o senhor não é o primeiro da Alstom que está sob persecução. Um de seus antigos colegas, quando o senhor trabalhava nos Estados Unidos, David Rothschild, já foi investigado e interrogado pelos investigadores. Bom, ele aceitou declarar-se culpado e negociou, ao longo do processo, uma pena que não podia ultrapassar cinco anos de prisão.

Rothschild se declarou culpado e obteve uma pena limitada a cinco anos! Desta vez fico lívido. Tomo brutalmente consciência da gravidade das acusações e, sobretudo, das possíveis consequências desastrosas para minha vida e para a vida das pessoas que me são próximas. Mas mal tive tempo para refletir e um oficial nos chama. A audiência começa. Ela é presidida por uma mulher, a magistrada Garfinkel que, depois de ter me perguntado se eu compreendia bem o inglês, passa a palavra para minha advogada. Em menos de um minuto, Liz Latif requer, como previsto, minha liberação condicional em troca do pagamento de uma caução de 100.000 dólares e o porte de uma tornozeleira eletrônica. Em seguida a palavra passa ao procurador representante do governo estadunidense: Novick, o homem que veio me ver na sede do FBI. Aí foi um verdadeiro massacre. Novick opõe-se firmemente à minha liberação. Ele inicia seus argumentos com um tom enfurecido. E, sem vergonha, afirma exatamente o contrário do que me havia confiado nas salas do FBI:

— O senhor Pierucci é um alto dirigente da Alstom. O caso de corrupção no qual ele está implicado é particularmente grave. Sua sociedade deu propina a um parlamentar indonésio para obter vantagens. Elaboramos uma peça acusatória sólida. Possuímos um volume copioso de documentos, bem como de testemunhos que atestam sua participação em uma conspiração visando violar a lei anticorrupção americana do *Foreign Corrupt Practices Act*.

Não podia ser mais claro. Novick quer me fazer pagar por meu silêncio quando da nossa primeira conversa. A seguir, eis que ele me ataca sobre um terreno mais pessoal:

— Frédéric Pierucci não tem vínculo com os Estados Unidos. Quando ele trabalhava aqui, ele havia obtido um Green Card (um visto de residência). Ora, de forma suspeita, ele o devolveu às autoridades em 2012. Interrogamos o empregado a quem ele devolveu esse documento. Ele nos confiou ter ficado bastante surpreso com o estranho comportamento de Frédéric Pierucci.

Acredito estar alucinando. Em 2012, quando de uma das minhas várias viagens aos Estados Unidos, eu simplesmente aproveitei a ocasião para devolver esse visto, do qual eu já não tinha mais qualquer necessidade. Afinal, nessa data, eu acabava de me transferir para Singapura por vários anos! No que isso pode ser considerado suspeito? Mas Novick ainda não acabou:

— Se a senhora o liberar, vai fugir, com certeza. E a senhora sabe bem, senhora presidente: a França não extradita seus cidadãos. Ademais, quando ele foi colocado sob investigação e foi anunciado um mandado de prisão, ele não se entregou às autoridades!

A má fé desse procurador é de atordoar. Como eu poderia ter me entregue às autoridades se eu ignorava totalmente que havia um mandado de prisão contra mim, já que o DOJ tinha mantido essa informação em segredo até hoje, de medo de que eu me refugiasse na França? Se eu tivesse tido ciência desse mandado, provavelmente teria procurado um advogado antes de vir em viagem de negócios aos Estados Unidos. É simplesmente absurdo. Pouco importa, a magistrada Garfinkel parece balançada. E a ouço dizer:

— Devo constatar que o dossiê apresentado pelo governo é muito consistente. Será preciso que a defesa constitua um dossiê de prova mais consequente, se ela quiser que eu libere seu cliente. Senhora Latif, vou lhes conceder um prazo para preparar um novo dossiê. Quando a senhora pensa que ele já estará pronto?

— No fim da tarde, vossa Excelência.

— Impossível. Infelizmente, precisarei sair em meia hora para uma consulta médica. Proponho que nos reunamos novamente dentro de dois dias.

A audiência acaba. A magistrada volta-se então para mim e me pergunta:

— O que o senhor tem a declarar, senhor Pierucci? Culpado ou não culpado?

— Não culpado.

Simples assim. Ela me fez uma única pergunta. E o que pude pronunciar foram só duas palavras. Só tive tempo de entender que vou permanecer por quarenta e oito horas na prisão antes de ser reconduzido, sempre algemado pelas costas, a uma cela do tribunal em que poderei conversar por alguns minutos com minha advogada. Eu lhe peço com veemência para avisar Keith Carr do rumo realmente preocupante que meu caso está tomando.

Duas horas mais tarde, os guardas me retiram da minha cela e me acorrentam... como a um animal selvagem.

Sim, eu me tornei um bicho. Não tenho outras imagens para me descrever: meus punhos e meus tornozelos travados por dois pares de algemas, meu peito enfeixado por uma corrente espessa. Todo esse aparato atado, tanto as algemas como a corrente, por um enorme cadeado que tenho na cintura. A única vez em que pude ver seres humanos amarrados desse modo foi na televisão, nas reportagens sobre os detentos de Guantánamo. Como não posso mais andar normalmente com essas correntes que imobilizam os tornozelos, os guardas me obrigam, por vezes, a pular com os pés unidos para entrar em um furgão blindado que nos espera no subsolo do tribunal. A van preta equipada com vidros blindados recobertos por uma grade espessa parece uma camioneta de atuação das forças especiais.

Dois outros detentos são colocados do meu lado. Um asiático e um negro grande. Tento entabular uma conversação: "vocês sabem para onde estamos indo?". Não compreendo sequer uma palavra da resposta deles. Eles falam a língua dos prisioneiros, uma espécie de língua cifrada, com expressões codificadas. Eu não insisto, vencido pelo cansaço. Há mais ou menos dois dias que eu praticamente não consegui fechar o olho. Estou literalmente esgotado, embrutecido pelos eventos que se sucedem. Assim, nessa camionete blindada, essa caixa hermética, essa jaula móvel em que me sinto preso pela coleira como uma caça, eu desmorono de cansaço e durmo. Cinco horas mais tarde acordo em Wyatt, em Rhode Island.

WYATT

Como descrever o centro de detenção de Wyatt? Vista de longe, ou vista de cima, essa prisão parece um prédio administrativo comum de cinco andares, que não se distingue em nada dos outros edifícios ao seu redor. Mas quanto mais vamos nos aproximando dela, mais vamos nos dando conta de que se trata de uma autêntica fortificação. Um sarcófago de concreto. Na fachada, em vez de janelas, fendas minúsculas de quinze centímetros de largura por oitenta de altura. Frestas que fazem o sangue gelar porque, ao vê-las, é inevitável pensar na dificuldade que a luz do dia tem para penetrar. Também nos dizemos, em nosso íntimo que, uma vez lá dentro, tudo pode acontecer. Wyatt está isolada do mundo. É envolta por uma cerca dupla, uma densa espiral de arame farpado e provida câmeras de vigilância instaladas a cada dez metros. Os veículos que adentram Wyatt são sempre blindados. Não se trata de uma prisão comum, é um centro de detenção de alta segurança.

Os estadunidenses classificam o nível de proteção de suas prisões em uma escala de um a quatro. Os estabelecimentos de nível 1, chamados de "campos", são geralmente reservados a *white collar criminals* ("crimes de colarinho branco") condenados por crimes financeiros. Esses campos são equipados com salas de ginástica, alguns com quadras de tênis, têm poucos guardas e as medidas de vigilância são reduzidas ao mínimo. Os centros de segurança 2 destinam-se às penas curtas e aos prisioneiros não violentos. Depois vêm os centros de detenção chamados médios, classificados no nível 3 e, por fim, os estabelecimentos de alta segurança. Wyatt pertence a essa categoria. É nessa prisão que estão os criminosos mais perigosos de Connecticut, Massachusetts, Rhode Island, Maine e Vermont. Eles estão encarcerados lá aguardando seus processos. Wyatt, portanto, não está submetida diretamente do *Bureau of Prison* que reúne as penitenciárias federais em que estão encarcerados os prisioneiros já julgados. Wyatt é gerida por uma sociedade privada, esta sim submetida ao controle do *Bureau of Prison*. O centro recebe em média seiscentos detentos que, como é o costume nos Estados Unidos, são repartidos nos *pods* ("alas") em função de critérios variados (filiação a uma gangue, idade, periculosidade, origem étnica etc.). Segundo o relatório anual da administração de Wyatt, contavam-se lá, em 2013, 39 % de hispânicos, 36 % de afro-americanos e 25 % de brancos caucasianos. O mesmo relatório sublinha que, nesse ano de 2013, vários casos de abuso sexual foram assinalados entre os detentos, mas não foram elucidados. Ainda durante esse período, dois detentos foram mortos em circunstâncias tão constrangedoras que as famílias das vítimas decidiram ingressar no judiciário.

É então nesse centro de alta segurança que o DOJ decidiu me aprisionar. E, no entanto, não sou nem um reincidente, nem um detento perigoso. Essa escolha é contrária a toda a lógica carcerária. Mas ninguém jamais me dará uma explicação para ela.

Nesse 15 de abril de 2013, quando nossa viatura atravessou a entrada, fomos bloqueados em uma primeira cancela de segurança, até uma grade se erguer para podermos avançar a segunda cancela. Aí me fizeram descer da viatura, bem como os outros dois passageiros, cujo dialeto eu continuava sem conseguir entender. Pouco importa, é preciso continuar. E sempre aos pulos – porque permanecíamos acorrentados – adentramos sucessivamente três portas blindadas para finalmente chegar na sala R&D (*Receive and Discharge*, literalmente "receber e descarregar") do edifício que gere as entradas e saídas dos prisioneiros. Essa peça compreende um balcão atrás do qual o intendente, encarregado de receber os recém-chegados, fica sentado, um pórtico de segurança para detectar os metais, semelhante àqueles que se pode ver nos aeroportos, duas cabines destinadas às revistas corporais, e uma cadeira especial utilizada para prender nela os mais violentos. Os guardas nos retiraram as algemas. E mais uma vez tivemos de nos despir completamente. É minha quarta revista corporal desde minha prisão e, como ainda não havia tomado banho desde minha partida de Singapura – dois dias! – certamente devia exalar um cheiro repugnante. Estou fedendo, mas, curiosamente, não sinto nenhuma vergonha. Bastaram quarenta e oito horas para eu começar a perder minhas mais elementares referências. Tudo ficou difuso. Eu flutuava como se estivesse passando a uma outra dimensão...

Mal reagi quando os guardas nos deram nosso pacote. Em Wyatt, o uniforme dos recém-chegados é cáqui, como em todas as prisões federais estadunidenses, salvo quando se está na solitária, cuja cor é o alaranjado. Também temos direito a quatro ceroulas, quatro pares de meias, quatro camisetas, duas calças, um par de tênis e um par de chinelos. Deixando de lado os sapatos, tudo é usado e surrado por já ter sido muito utilizado. Os carcereiros também me entregam meu crachá com minha foto, que eles acabaram de tirar na frente de uma grade indicando minha altura, tal como no filme *Usual suspect*. Tem o número 21613.

Foi preciso então preencher o questionário de admissão, que inclui uma lista de contatos, com os respectivos números de telefone. De repente percebo que não sei de cor nenhum dos números de telefone das pessoas que me são próximas, nem mesmo o de Clara em Singapura, que acabou de mudar. Já não tenho mais como contatar minha advogada. Sinto o pânico crescer. A muito profissional Liz Latif sequer se deu ao trabalho de me deixar seu contato. O único "oficial" estadunidense a quem posso telefonar, porque ele próprio teve a boa ideia de me dar seu cartão de visitas, é Seth Blum, o inspetor que me recebeu na sede do FBI. Devo contatá-lo a qualquer custo. Informá-lo, contar-lhe onde estou. De jeito nenhum, irrita-se o guarda, um hispânico com rosto macilento. Eu insisto. Tento explicar minha situação a meu carcereiro. Isso o irrita um pouco mais. Ele me fecha em uma cela com os dois outros passageiros da viatura. Uma hora mais tarde, ele volta. Só Deus sabe o porquê, ele mudou de ideia. Tudo bem, posso dar um telefonema, mas um só e rápido. Rogo para Seth atender, e ele o faz. Minha sorte acaba aí. Ele está no trem de Nova Iorque para Washington e, antes de ter tempo para me dar o número de Liz, a ligação caiu. Só tive tempo para lhe explicar meu problema! Evidentemente, peço ao guarda para ligar novamente.

— Você não está em um hotel, babaca! Falei um telefonema, não dois. Anda, sai fora!

Explico, quase suplico... Não adianta.

— Só um telefonema! E se você continuar se fazendo de engraçadinho, te mando para a solitária! – berra o carcereiro.

Preciso me conter para não explodir. Mas o tom empregado por esse meganha de aparência sinistra não admite discussão. Devo, portanto, me conformar.

Antes de deixar a "sala dos recém-chegados" para se dirigir à ala que lhe é designada, cada detento recebe uma escova de dentes e uma pequena pasta dental, um sabonete, um frasco de xampu, dois rolos de papel higiênico, um colchão de plástico de mais ou menos cinco centímetros de espessura, um par de lençóis e um cobertor marrom. Estou encarcerado na ala D, uma das mais antigas da prisão. Em Wyatt, as alas são organizadas em torno de uma sala comum, circundada de celas. A ala D tem vinte celas. Cada uma acomoda quatro detentos. Por enquanto, partilho a cela número 19 com meus dois companheiros de viatura. Temos interesse em nos entendermos, pois o regulamento interno da prisão estipula que, durante as primeiras setenta e duas horas da nossa detenção, não teremos direito de sair da nossa cela, exceto para tomar café da manhã, almoçar e jantar, às 7h50, 12h20 e 17h20. Afora as idas à sala comum que serve de refeitório, portanto, nesta primeira etapa de encarceramento, nós três tínhamos de permanecer confinados juntos por mais ou menos vinte e duas horas por dia, em um espaço de doze metros quadrados...

A cela é equipada com uma pequena mesa de ferro, um lavabo, um vaso sanitário, dois tamboretes colados ao chão e dois leitos superpostos. As celas foram construídas para abrigar duas pessoas, mas, por causa da superpopulação carcerária, agora abrigam quatro. Os vasos sanitários não dispõem de nenhuma divisória. A única maneira de ter um pouco de privacidade para a necessidades é esperar que os guardas acionem a abertura automática da porta da cela na hora da refeição. Assim seus codetentos podem esperar por alguns minutos no corredor para deixar você tranquilo...

O asiático instala-se no leito acima do meu, e o negro grande deita de frente para mim. Felizmente, meus companheiros de cela são de fácil trato. Eles compreenderam que eu não entendia nada do que eles falavam. Então passaram a falar mais lentamente, tomando cuidado com o vocabulário. Passamos o tempo contando nossas respectivas histórias. Cho tem uma história singular. É um refugiado político vietnamita que, depois de viver o inferno em acampamentos de refugiados na Malásia, imigrou para os Estados Unidos, para São Francisco, em 1991. Com suas parcas economias, abre um primeiro restaurante, depois um segundo, culmina por fazer fortuna no ramo de restaurantes.

— Eu tinha conseguido economizar 2 milhões de dólares! – ele me confia. Mas aí pirei, tornei-me maníaco por cassinos. Perdi tudo e, para me recuperar, passei a fabricar cartões de crédito falsos.

Cho foi preso uma primeira vez e recebeu uma pena de dois anos de prisão, que cumpriu na Califórnia. Depois de sair, recaiu. Chegou a perder, sobre os tapetes verdes, a soma astronômica de 12 milhões de dólares! É novamente preso por uma fraude de grande magnitude e agora corre o risco de uma pena de dez anos.

Mason, por sua vez, tem uma trajetória mais "clássica". Cresceu no bairro negro de Hartford, capital do Connecticut. Pai desconhecido, mãe drogada... Com apenas quatorze anos, Mason passa a integrar uma gangue e se inicia no tráfico de cocaína a partir do Texas. Ele teve uma primeira passagem de seis anos atrás das grades e, desde sua saída, tornou-se membro dos "666", uma seita muçulmana restrita aos negros, abertamente racista em relação aos brancos e que se jacta de impor sua lei até mesmo nas prisões. Depois ele é novamente condenado a oito anos de reclusão. Mas entre as duas prisões, conseguiu a proeza de ter quatro filhos com quatro mulheres diferentes em dois anos. Ele fica orgulhoso em nos explicar que são quatro mulheres "muito boas":

— Uma é inclusive guarda de prisão! A segunda é empregada no serviço de segurança de um museu; a terceira é garçonete no Mc Donalds; e a quarta é stripteaser em um *club* de Hartford. E segurem essa – diz regozijando-se – nenhuma pede pensão alimentar!

Nesse primeiro dia em Wyatt, meus codetentos me iniciam nos códigos da prisão. Quando me inclinei no lavabo para escovar os dentes e joguei minha saliva na pia, Mason começou a gritar comigo. Ele chegou mesmo a me insultar.

— Você não pode cuspir. Você não tem esse direito. Você deve fazer isso no vaso sanitário. Você não pode cuspir onde vamos nos lavar!

Rapidamente compreendi que os prisioneiros são muito atentos a questões de higiene.

— O mesmo vale para quando você for fazer xixi. Você deve se sentar como uma mulher, discursa Mason. Entenda, não se deve foder tudo. Jamais faça xixi de pé. E se quiser soltar um pum, é a mesma coisa. Você vai até o vaso, aciona a descarga para que ela puxe o cheiro. Está entendido?

A mensagem foi entendida. Aliás, há uma lógica em todas essas regras. Vou aprendendo aos poucos. Meus codetentos sabem por experiência que se, na cela, um dos detentos cai doente, os riscos de infecção importam muito. A assistência médica em Wyatt é inexistente ou quase.

Eu rapidamente entenderia isso, e por mim mesmo.

Pouco antes de voar para Nova Iorque, ao disputar uma derradeira partida de tênis, fui vítima de uma grave ruptura de ligamentos externos e internos do tornozelo direito. Peguei, então, o avião mal podendo andar (deixo para vocês imaginarem o que eu sentia quando devia pular para me mover com minhas correntes). Quando cheguei em Wyatt, apesar de meus reiterados pedidos, nunca recebi nenhum socorro de verdade, exceto por um envelope de aspirina.

Ainda que Cho e Mason tenham uma índole bem sociável, essas primeiras horas de detenção me pareciam interminéveis. Nada de música, nem, obviamente, de televisão, nada de caderno, nada de caneta, nada de livro. O único documento que pude reter comigo foi um resumo da peça de acusação que Liz me entregou no tribunal. Ao lê-lo, mergulhei novamente no início dos anos 2000, época em que foi negociado esse maldito contrato indonésio, que me vale hoje essa cela de onze (e não doze) metros quadrados.

LEMBRANÇAS

Ironia da história, nesse período da minha vida, eu pensava em deixar a empresa. Tinha trinta e um anos e, depois de ter passado quatro anos em Pequim (1995-1999) como diretor comercial China para a divisão Power, eu queria reorientar minha carreira. Com certeza, desde meu ingresso na Alstom, eu tinha conhecido uma bela progressão profissional, mas, diplomado em uma escola de avaliação mediana (a ENSMA de Poitiers), eu temia logo alcançar um telhado de vidro. Eu sabia que sempre iria me faltar alguma coisa para progredir no seio de uma grande empresa e tinha por isso decidido deixar a Alstom para fazer um MBA no INSEAD, que tinha aprovado minha candidatura.

Em 1999, tínhamos discutido isso longamente Clara e eu. Depois de ter aceitado colocar seus projetos profissionais entre parênteses para ir comigo para Pequim, de ter dado à luz nossos primeiros gêmeos, Pierre e Léa, em janeiro de 1998, e concluído seu doutorado em neurobiologia, ela tinha muita vontade de voltar a trabalhar. Donde o desejo de nos instalarmos na França.

Hoje, olhando retroativamente, lamento amargamente não ter persistido nessa escolha. Não sei o que o futuro nos teria reservado, nem mesmo se teríamos tido uma vida mais feliz, mas o que tenho certeza é de que eu jamais teria vindo parar aqui, prisioneiro na masmorra de Wyatt!

Mas a Alstom, nessa época, soube me segurar. Sem dúvida, minha sociedade me considerava como um elemento promissor. Depois da China, me ofereceu um posto importante nos Estados Unidos: diretor de vendas e do marketing mundial do *business* caldeira. Para me convencer definitivamente, meus superiores me propuseram até me conceder tempo livre (uma a cada duas sextas, mais algumas semanas no ano) a fim de seguir os cursos do MBA da universidade de Columbia em Nova Iorque, uma das mais prestigiadas universidades estadunidenses, membro da célebre "Ivy league", e eles aceitaram financiar integralmente minha inscrição, um montante de 100.000 dólares. Ninguém teria recusado uma oferta dessas.

Em setembro de 1999, parto para Windsor no Connecticut, para onde Clara e as crianças vieram dois meses depois. Mas desde minha chegada minha missão se revelou muito mais árdua do que o esperado.

No início dos anos 2000, a Alstom encarava uma grave crise financeira. É a falência, nem mais nem menos, que a ronda. Um ano antes, a direção tinha selado uma aliança com a ABB, uma concorrente helvético-sueca. Mas muito rapidamente, essa aproximação industrial veio a se revelar catastrófica. Quando a Alstom pensava estar fazendo o negócio do século assumindo o controle da tecnologia de turbinas a gás da ABB, vendidas e distribuídas para os quatro cantos do planeta, o que ela estava fazendo era a pior operação de sua história. Essas turbinas a gás não estavam prontas e tinham inúmeras falhas técnicas. A Alstom precisou então ressarcir seus clientes. Isso lhe custou mais de 2 bilhões de euros. O grupo vê sua dívida crescer em proporções gigantescas (superiores a 2.000 %). Ela chega então a um déficit recorde de 5,3 bilhões de euros e perde a confiança dos bancos.

É nessa época que o conselho de administração decide agradecer a Pierre Bilger e passar as rédeas do grupo a Patrick Kron, para que reaprumasse a empresa. Uma escolha muito bem recebida internamente. Kron pertence à "elite", aliás, à elite da elite. É um *X-Mines*[6], oriundo dessas promoções que reúnem a cada ano os vinte melhores estudantes das universidades Politécnicas e da École des Mines. Ou seja, pertence a uma pequena aristocracia, e mesmo à oligarquia republicana que, há séculos, detém as rédeas das maiores empresas da economia francesa. Depois de ter feito toda a primeira parte de sua

---

[6] "X-Mine" é o termo empregado na França para designar profissionais formados na Escola Politécnicia Superior, a mais prestigiada universidade francesa destinada a áreas técnicas. É popularmente conhecida por "a X" <l'X>. N. T.

carreira na Péchiney, ele se torna administrador da Alstom em 2001, depois Diretor Geral em primeiro de janeiro de 2003, e finalmente CEO. Nos meses que sucedem sua ascensão ao cargo de CEO, ele se aferra à salvação da empresa. Para evitar abrir falência da empresa, ele chegará ao ponto de pleitear pessoalmente junto ao tribunal de comércio de Paris, bem como em Bruxelas, ante a Comissão Europeia, e convencerá o Estado a recuperar a Alstom, em troca de uma reestruturação das atividades da sociedade e de uma grande limpa na gestão. Mais de 200 *"top managers"* serão convidados a se retirar. Ao longo de toda essa operação sobrevivência, Patrick Kron pôde contar com um apoio de peso: o de Nicolas Sarkozy. O futuro Presidente da República, à época Ministro da Economia, conhece o apego dos franceses por suas grandes empresas e não quer aparecer como aquele que assistirá sem fazer nada ao desmantelamento de uma das nossas raras multinacionais. Ele chega a obter uma reestatização parcial da sociedade: o Estado francês recompra, assim, pouco mais de 20 % do capital. Nicolas Sarkozy pode bradar vitória: com a ajuda de Patrick Kron, ele salvou a Alstom!

Quanto a mim, nessa época, estou a anos-luz das batalhas que são tramadas no seio da Alstom ou no seio do governo.

Chegando aos Estados Unidos, aterrissei em um verdadeiro "balde de caranguejos". A estruturação da unidade de Windsor no Connecticut na qual fui parar provinha 100 % da ABB, com a qual nos fundimos no final de 1999. E para completar, tinha que manter contato direto com o diretor Gerry Barcikowski, que não me guarda no seu coração.

Efetivamente, um ano antes, em 1998, quando ainda éramos concorrentes – ele atuando em nome da ABB e eu representando os interesses da Alstom – tínhamos lutado vigorosamente para obter o contrato da maior central da China na época. Esse contrato constituía uma prioridade para as empresas de caldeira do mundo inteiro. No último momento, todo o jogo ficou entre a oferta da ABB e a da Alstom e acabamos por vencer a concorrência. Eis a origem da ira do meu novo colega de Windsor que, em razão desse fracasso, perdeu a chance de ascender à direção mundial da divisão caldeira. Um posto que, ademais, acabará por ser atribuído a um ex quadro da ABB, Tom Pajonas... que era o próprio cunhado dele e, portanto, meu novo chefe!

Nossas relações não vão melhorar quando a sede nos pede para lhe fornecer a lista completa (e a cópia dos contratos) de todos os "intermediários" no mundo com os quais nossa divisão tinha contratos. Convém dizer que, antes da ratificação, pela França, em setembro de 2000, da convenção da OCDE sobre a luta contra a corrupção, o recurso a "consultores" para obter mercados internacionais era uma prática perfeitamente tolerada. Enquanto era proibido corromper em território francês, era permitido recorrer a esse expediente no exterior. É assim que, a cada ano, os dirigentes das empresas francesas iam ao Ministério da Fazenda em Bercy para apresentar a lista de seus "custos excepcionais". Para falar claramente, eram as propinas, frequentemente pagas via intermediários ou consultores, sobre os contratos fechados nas licitações internacionais. Esses valores eram devidamente recenseados e depois deduzidos dos impostos sobre as sociedades. Tratava-se nada mais nada menos do que legalizar o ilegal em uma abordagem assaz pragmática sob o controle do Estado.

Mas depois de setembro de 2000, isso muda. A França, como outros países antes dela, adere ao combate à corrupção internacional. A direção da Alstom quer, portanto, ter uma visão de conjunto dos compromissos assumidos pela ABB com todos os seus intermediários quando ela deve se ajustar à nova legislação francesa. Tom Pajonas me confia essa missão delicada. Facilmente obtive os nomes e os contratos dos consultores empregados pelas unidades do business caldeira provenientes da Alstom. Mas, para aqueles provenientes da ex-ABB (cuja unidade estadunidense de Windsor dirigida por Barcikowski) a história foi outra. Embora estivéssemos fundidos, essas unidades estavam pouco dispostas a colaborar e desvelar sua rede de intermediários. Ademais, em cada país, as sociedades da ABB se comportavam como baronatos locais, que haviam se tornado muito independentes do poder central. Mesmo assim consegui fazer um primeiro inventário. Foi assim que me vi tendo sobre minha mesa uma pilha de contratos redigidos a cada vez em termos diferentes, e não raro trazendo cláusulas realmente bizarras. Alguns consultores haviam conseguido a façanha de negociar compromissos, às vezes até com pagamentos mensais, sem data limite para o fim do contrato. Tinham adquirido o direito de corromper para o resto da vida!

Na mesma época, sempre para manifestar sua vontade de reforçar o processo de compliance (conformidade às normas e respeito às leis e à ética), a direção da Alstom fixou novas regras. Foi estabelecido, a partir de então, um processo muito preciso de aprovação de intermediários. Para começar, nada menos que treze assinaturas eram necessárias para poder admitir um consultor. Além disso, para cada contrato, era preciso elaborar um "formulário projeto" no qual deveriam constar imperativamente o montante da comissão e as condições de pagamento (prazo e cronograma). Esse formulário precisava ser aprovado e assinado por três pessoas: 1) o vice-presidente sênior do "setor" que preparava a oferta para o projeto; 2) o vice-presidente sênior responsável pela rede internacional da Alstom; e 3) o vice-presidente sênior regional da rede internacional onde o projeto está localizado.

Por fim, todos os contratos de mais de 50 milhões de dólares – ou seja, a quase totalidade das ofertas para o business caldeiras – precisavam ser validados pelo "comitê de risco" vinculado diretamente ao CEO, que inclui também principalmente o diretor financeiro.

Além disso, o grupo tinha criado internamente uma empresa, a "Alstom Prom", com base na Suíça, cuja missão era redigir, negociar e assinar a quase totalidade dos contratos aprovados envolvendo consultores. Essa sociedade era então dirigida pelo responsável pela compliance da Alstom, ele próprio sendo encarregado de assegurar que o direito e a ética fossem respeitados no seio da empresa.

Mas não nos enganemos. Esses processos implementados a partir dos anos 2002-2003 não passavam de cosmética. Jamais se cogitou lançar uma operação "mãos limpas" no interior do grupo. Para pôr fim à corrupção, só havia uma opção possível: parar definitivamente de empregar intermediários. Mas não foi nada disso que foi decidido, muito pelo contrário. Sob o manto das "planilhas projeto" e de "*process*" supostamente mais rigorosos, o uso de consultores permaneceu sendo amplamente empregado sob a direção de Patrick Kron. A única mudança foi que a corrupção se tornou mais dissimulada.

Em aparência, porém, a Alstom respeitava rigorosamente todas as regras. Assim é que em todos os contratos havia duas cláusulas: uma detalhando a legislação anticorrupção em vigor e outra lembrando os consultores de seu compromisso em não pagar propina. Tratava-se de cláusulas que os advogados consideravam uma segurança em caso de ação penal. Mas, por trás dessa fachada de honorabilidade, a Alstom continuava a remunerar intermediários para influenciar ministérios, partidos políticos, engenheiros consultores, especialistas e comitês de avaliação em vários países. Ou ainda, quando o risco parecia muito grande, o grupo, ao invés de recorrer diretamente aos consultores, preferia recorrer aos serviços de subcontratadas locais (sociedades de construção civil, montadoras etc.), menos submetidas aos dispositivos anticorrupção. E a Alstom não era uma exceção. Muitas multinacionais, todas assessoradas pelas mesmas grandes bancas internacionais, adotaram, na época, esse tipo de procedimento de fachada.

É claro que o departamento de compliance responsável pelo respeito à ética estava ciente dessas práticas, assim como a direção geral do grupo. Afinal, foi ele que as estabeleceu.

O TELEFONEMA

Primeira noite em Wyatt. Agitadíssima. Eu praticamente não dormi. Mason ronca feito uma locomotiva. A hora do café da manhã soa como uma alforria. Finalmente, sair da cela. E principalmente tomar um banho. Sou o primeiro a chegar ao banheiro compartilhado. Tiro a roupa e começo a me lavar. Logo chega outro interno que imediatamente me dá uma bronca: aqui não tomamos banho nus! Mantemos nossas cuecas e calções! Para não contaminar o local. Definitivamente, preciso de aprender tudo. E rápido. Wyatt praticamente não tem reincidentes. Todo mundo conhece as regras de boas maneiras na prisão. Sou o único "calouro". E corro o risco de me tornar o bode expiatório se não fizer cursos intensivos de treinamento.

Também preciso urgentemente arrumar uma maneira de entrar em contato com Liz, minha esquiva advogada. Imploro mais uma vez ao *Correction officer*, (o carcereiro) que está vigiando a ala, permissão para telefonar para Seth Blum. "Veja com a assistente social", responde. "Ela chega depois do almoço". Ao menos estou aprendendo a ter paciência, uma virtude crucial quando se está atrás das grades. Dito e feito. Logo após o almoço, a assistente social aparece. Mas é um burburinho, todos se acotovelam para falar com ela. É preciso esperar, esperar e esperar. A prisão é antes de tudo espera. Finalmente chega a minha vez. A assistente me recebe e eu descubro que um milagre aconteceu. Apesar da comunicação confusa durante minha ligação desesperada para Seth Blum, o inspetor do FBI entendeu o que eu lhe estava pedindo e, mais extraordinário ainda, ligou de volta para Wyatt e insistiu para que os carcereiros me dessem, por meio da assistente social, o número de Liz Latif. Aparentemente, esse bravo Seth se preocupava mais com minha defesa do que minha própria advogada!

Mas antes de telefonar para ela, preciso vencer um novo obstáculo: acessar um dos quatro telefones de parede instalados na sala comum, depois de seguir um protocolo meticuloso. Como recém-chegado, tenho obrigação de fornecer à gerência de Wyatt, por meio da assistente social, uma lista de todas as pessoas para quem telefonarei durante minha "estadia". Essa lista deverá ser devidamente aprovada e registrada pelas autoridades penitenciárias. Primeiro problema: além do número da Liz, que a assistente acabou de me passar, não sei de cor nenhum outro número. Segundo problema: para ligar, primeiro você precisa pagar! Cada prisioneiro deve ter uma conta na cantina com crédito, da qual o custo, aliás exorbitante, das chamadas telefônicas ia sendo debitado. Mas minha carteira e meus cartões de crédito, junto com meus outros pertences, me foram confiscados e entregues a Liz! Kafka em Connecticut. A assistente social concorda. E, "excepcionalmente" me autoriza a telefonar para o meu advogado através da linha direta de sua sala.

Posso então finalmente falar novamente com a sra. Latif. Ela, por seu turno, finalmente descobre em qual prisão fui encarcerado.

— Mas onde o senhor está? Ela me pergunta candidamente.

Ela nem sequer se deu ao trabalho de tentar descobrir o local em que eu estava detido! Acaso ela seria de uma incompetência tão crassa, ou não teria interesse pelo meu caso? A continuação da nossa conversa não me tranquiliza.

— Bom, senhor Pierucci, as notícias não são muito boas... o depósito de 100.000 dólares, que pretendia oferecer ao tribunal em troca da tua libertação, foi julgado muito insuficiente. Obviamente, o DOJ deseja a manutenção de sua detenção. E o procurador ainda vai aumentar os encargos. Diga-me, quanto o senhor tem em sua conta bancária?

Faço rapidamente contas de cabeça.

— Somando tudo, talvez algo em torno de 400.000 dólares.

— Humm... corre o risco disso ser um pouco apertado. O senhor não pode conseguir mais?

— Não, apesar de ser um quadro superior, não sou rico. Tenho uma casa na periferia de Paris, comprada 100% a prestação e é tudo o que tenho. Mas não estou sozinho nessa história, não? E a Alstom? Sou um pouco problema deles também. Imagino que eles vão intervir?

— Sem dúvida... bem, ouça, finalmente consegui obter uma audiência de liberação para amanhã de manhã. Então logo nos informaremos. Não se preocupe, vamos encontrar uma solução.

— É o que espero. E passe a Keith Carr, o diretor jurídico da Alstom, o recado de que desejo que ele venha me ver aqui em Wyatt assim que ele tiver encerrado sua reunião com o DOJ em Washington.

Nossa conversa termina. Ela ainda teve tempo de olhar em meu BlackBerry e me dar os números de telefone de Clara, minha esposa, minha irmã e meus pais. Quanto a mim, passei a ela a senha do meu cartão de crédito e pedi que depositasse 50 dólares na minha conta da cantina no Wyatt o mais rápido possível. Caso eu precise... como sempre, principalmente nos momentos mais difíceis, procuro pensar da maneira mais fria possível. Devo isso à minha formação em engenharia ou ao meu gosto pela matemática? Abordo qualquer situação complexa sob a forma de uma operação. Alinho os prós e os contras e faço somas e subtrações.

A boa nova: restam-me só mais algumas horas para sobreviver neste inferno de prisão. Amanhã já pela manhã, o juiz deve ordenar que eu seja colocado em liberdade, mesmo que para isso eu vá precisar colocar minha casa sob fiança. Qualquer outra decisão me parece inimaginável em um país que deixa em liberdade pessoas suspeitas de assassinato. A notícia pior: o magistrado encarregado de decidir meu destino poderia, em troca de minha liberação, proibir-me de deixar o território estadunidense enquanto aguardo meu eventual processo. Do ponto de vista familiar e profissional, esta situação está, obviamente, longe do ideal. Mas também não chega a ser uma catástrofe. Já trabalhei em Connecticut por sete anos, antes de retornar à França em 2006, conheço perfeitamente a filial estadunidense, estaria, portanto, em condições de continuar administrando o negócio de caldeiras nos Estados Unidos ao invés de Singapura sem grandes problemas, ao menos por alguns meses. Desde, é claro, que minha empresa me conceda esse status peculiar. Mas, considerando todos os dissabores que estou passando por causa dela, minha empresa deve se mostrar benevolente. É o mínimo que posso esperar!

Sob o aspecto familiar, no entanto, isso corre o risco de se tornar um pesadelo. Clara, eu e nossos quatro filhos acabamos de nos mudar para

Singapura. Chegamos lá em agosto de 2012. E para toda a família, essa instalação na Ásia foi muito benéfica. Depois de superar dificuldades no nosso relacionamento, essa mudança para Singapura simbolizou um recomeço. E vencemos o desafio. As crianças estão felizes. Nossos dois pares de gêmeos se integraram perfeitamente. Eles gostam das escolas internacionais onde estudam e já fizeram muitos amigos. Ainda vejo Gabriella na primeira semana após nossa chegada: ela havia organizado para o avô uma visita virtual pela nossa espaçosa casa andando com seu iPad pelos quartos. Ela estava muito orgulhosa e feliz, bem como como suas irmãs e seu irmão. Com relação a Clara, fomos pouco a pouco nos reencontrando.

Logo fará setenta e duas horas que não lhe dou notícias. Claro, meus telefonemas são raros quando estou em viagem. No entanto, será preciso que eu a coloque a par dos acontecimentos. Vou avisá-la amanhã, depois da audiência. Foi o que combinei com minha advogada. Então já estarei livre e o choque será menos rude. Mas, como vou lhe explicar o que está acontecendo? Se eu tiver que ficar nos Estados Unidos por vários meses, enquanto espero o julgamento, como vamos nos organizar? Será preciso que toda a família se mude de novo? Graças ao seu doutorado em neurobiologia e sua experiência profissional, Clara acaba de ser recrutada por uma grande empresa francesa em Singapura. Ela adora seu novo emprego. Talvez fosse preferível que eu me mudasse sozinho para Boston por algum tempo? Mas será que Clara aguentará essa separação? E as crianças?

Deitado na minha cama na cela, rumino meus pensamentos. As perguntas sem resposta fervilham na minha cabeça. Acabo de reler o resumo da acusação e continuo a completar a cronologia dos eventos em torno do caso de Tarahan, mas estão tão longe no tempo ... A audiência está marcada para amanhã, às 11h. De repente, tendo em vista o tempo necessário para meu translado, os guardas virão me acordar ainda de madrugada, às 4h da manhã. O mais razoável seria dormir, mas os beliches são tão estreitos – não passam de 60 centímetros de largura – e o colchão de plástico é tão fino que tenho medo de cair durante o sono. Mas meus codetentos me mostraram a técnica para evitar quedas: é preciso embalar o colchão, a manta e o lençol com grandes nós. Funciona, mas a gente se sente terrivelmente oprimido. Sinto-me como um assado bem amarrado. Impossível fechar os olhos. Imóvel e silencioso, espero.

ELES ME ESQUECERAM!

Desde minha chegada em Wyatt, os carcereiros mantêm confiscados todos os meus pertences. Não uso mais minha aliança, não uso mais relógio, perdi a noção do tempo. O dia acaba de nascer, a luz penetra muito sutilmente na cela pela pequena abertura que serve de janela. Os minutos se arrastam e continuo esperando. Fico atento ao menor ruído, sempre na esperança de que os guardas venham e me chamem para me acompanharem ao tribunal. Mas ninguém aparece. Deve ser de pelo menos 6h da manhã. E se eles me esqueceram? Bato na porta. Nada. Bato de novo e de novo. Cada vez mais forte. Finalmente, um supervisor concorda em vir falar comigo. E desta vez não é má vontade que leio em seu rosto, mas surpresa. Ele jura que nem ele nem nenhum de seus colegas recebeu a menor instrução para organizar minha ida ao tribunal de New Haven. Mas ele vai verificar.

Quando ele volta é para confirmar que não, de fato, meu translado não está na ordem do dia. Fiquei arrasado. Tenho a impressão de estar enlouquecendo. Luto para não me render à paranoia. E se minha advogada tiver mentido para mim? E se ela estiver conluiada com o promotor? Afinal, não sei nada sobre ela, foi a Alstom que a escolheu. Como posso confiar nela? Nunca me senti tão manietado. Bato na porta de novo, com meus punhos. O carcereiro aparece na cela, mas já esgotou seu estoque de compaixão. Ele se irrita quando argumento com um frenesi que deve me fazer parecer um lunático. Eu lhe explico que é vital que eu possa telefonar para minha advogada, que tudo isso é um grande mal-entendido, que devo sair, que fui intimado por um juiz, que ele vai me soltar, que tudo isso é um absurdo, que é preciso me ajudar ... O carcereiro me vira as costas, sai e reaparece, um minuto depois, com o único remédio para o meu estresse... um livro.

O regulamento da Prisão de Wyatt! Esse livro de cinquenta páginas estabelece, dentre outras coisas estipulações, as condições sob as quais um prisioneiro pode prestar queixas à administração penitenciária. Tenho vontade de berrar. O que eles querem? Querem me enlouquecer? Me colocar em uma camisa de força? Depois, aos poucos vou me acalmando. De qualquer maneira, não tenho escolha a não ser calar a boca. E esperar. Por um longo tempo. Longuíssimo tempo ... Só no meio da tarde consegui ligar para Liz Latif.

— Os carcereiros de Wyatt – disse-me – cometeram um grande erro. Eles simplesmente se esqueceram de transladá-lo! A audiência que iria julgar o seu pedido de liberdade condicional foi aberta, conforme previsto, mas o juiz, após constatar a sua ausência, decidiu adiá-la por mais dois dias!

Não se render. Respirar fundo e ser pragmático.

— Sendo assim, Liz, é imprescindível que você avise minha esposa. Ela realmente deve estar começando a se preocupar.

— Vou fazer isso imediatamente. Fique tranquilo, senhor Pierucci. Mesmo porque amanhã vou com meu chefe visitá-lo. Também vou levar os documentos essenciais do dossiê de acusação. Teremos tempo para examiná-los.

Vou finalmente descobrir do que exatamente sou acusado, pois a leitura do resumo da peça de acusação que ela me enviou, há lá se vão quarenta e oito horas, não me instruiu completamente e suscitou mais perguntas do que respostas! Nossa conversa termina. Sou escoltado de volta à minha cela com a perspectiva sombria de ter que lá permanecer enclausurado por horas intermináveis. Para um hiperativo como eu é difícil de suportar. Não tenho absolutamente nada para fazer. Então, para matar o tempo, leio e releio o *Manual de Instruções da Prisão*. A vida na prisão é nele detalhada com extrema minúcia. O capítulo intitulado "contatos com o mundo exterior" ocupa várias páginas. Entendo melhor por que a assistente social acabou me deixando usar, em caráter excepcional, como se fosse um imenso privilégio, o telefone da sua sala. O procedimento que regula os telefonemas para fora parece ter sido escrito pelo pessoal da CIA. Não basta ser necessário enviar uma lista de números de telefone à direção da administração penitenciária, que decide se a valida ou não. Além disso, as pessoas que foram autorizadas a entrar em contato com um detido devem se registrar em uma plataforma de internet, a partir de uma conta bancária aberta nos Estados Unidos. Bem-vindo ao quebra-cabeça para um estrangeiro. Obviamente, esse procedimento leva no mínimo duas semanas ... e não é disponibilizado pela prisão.

Como, aliás, todo o resto! Tudo é pago nessa prisão. Até as coisas mais básicas e essenciais para o dia a dia do prisioneiro, como sabonete, pasta de dente, escova de dente, sandálias de banho e... o copo de plástico! Um objeto dos mais preciosos em Wyatt porque, por algum motivo que permanece até hoje impenetrável para mim, a água potável só fica disponível na forma de cubos de gelo. Por isso, para tomar água, você deve começar por sair de sua cela (quando tiver direito) que dá para a sala comum para se abastecer dos cubos de gelo (grátis) colocados em uma única tina. Em seguida, deve colocá-los no seu copo de plástico (que foi pago) que você encomendou previamente na cantina da prisão. Nenhum outro recipiente é tolerado ou disponível. Quando tiver enchido de gelo seu copo de plástico, é preciso ir até o único distribuidor de água fervente da sala e lá encher o copo. Quando não há mais gelo, o que acontece o tempo todo, é preciso esperar chegar a nova tina, o que acontece uma vez por dia. Feliz de você se conseguir voltar com seu copo de água potável para sua cela quando a sede o dominar. Porque obviamente essa operação de fusão só é tolerada em certas horas do dia!

A sala comum que também serve de refeitório – logo vou perceber – constitui o coração e o único lugar de vida da ala D. As refeições – ainda que o termo refeição não seja bem apropriado – são servidas em bandejas de plástico castanho com quatro compartimentos. O primeiro é reservado a duas fatias de pão; o segundo – embora esteja frequentemente vazio – aos vegetais verdes; o terceiro, ao prato principal: uma espécie de mingau que muda de cor de acordo com o dia mas tem conteúdo sempre indefinível. Sem sabor e, mais estranho ainda, sem cheiro. Não se é capaz de dizer o que se está comendo. Por fim, o último compartimento é teoricamente destinado às "sobremesas", mas só existe uma, invariavelmente servida: compota de maçã. Wyatt é uma prisão privada. O custo das refeições é calculado na casa dos centavos. E não deve exceder 1 dólar (0,80 euro). E quando se fala de prisão privada o que se fala é de empresa e, portanto, de lucro. Não apenas se presume que os detentos não custem nada à coletividade, mas deles se demanda que rendam dinheiro às sociedades que gerem os centros de detenção. Nada é deixado ao acaso. Assim, se você pode assistir TV de graça, você precisa, em contrapartida, pagar para ouvir! É preciso comprar um rádio e fones de ouvido no balcão do estabelecimento. Pagar, pagar sempre, assim é a vida na prisão nos Estados Unidos.

Três aparelhos de televisão estão pendurados nas paredes da sala comum. Um em cada canto. Um deles é reservado aos negros. Com uma seleção única de reality shows pavorosos como "Love and Hip Hop in Miami", que apresentam pin-ups de silicone o dia todo. Se você for hispânico, irá se aglomerar em torno de outra tela, que exibe exclusivamente novelas mexicanas da Telemundo e eventualmente futebol. A última estação, a dos brancos, transmite sequências contínuas de competições de basquete, futebol americano ou lutas de artes marciais "no limit", de manhã bem cedo, quando por uma hora são transmitidas as notícias pela CNN. Em princípio, claro, todos são livres para se sentar em frente ao aparelho que preferir, mas os "bons lugares", aqueles localizados em frente à tela, são reservados e automaticamente ocupados por membros do grupo étnico correspondente à programação transmitida pelo aparelho. E é impossível pedir para mudar de canal se você estiver assistindo televisão fora de sua comunidade de origem. Aliás, são os guardas que supervisam o uso dos controles remotos, pois as discussões são frequentes e por vezes violentas. Pelas mesmas razões, a sala comum que serve de cantina também está sob a vigilância permanente de três câmeras de segurança.

Diante dos quatro telefones de botão instalados na cantina, as filas são permanentes e intermináveis. Nenhuma privacidade. Todos ouvem as conversas (de no máximo 20 minutos) de todos. Para não falar que todas as ligações são ouvidas e gravadas pelas autoridades de Wyatt e, em seguida, encaminhadas aos procuradores e investigadores do FBI. Por fim, sempre contíguos à mesma sala coletiva, estão as duchas compartilhadas, duas das quais estão fora de uso. Se os detentos as usam de chinelo e vestindo cuecas, é tanto por razões de higiene quanto para evitar agressões sexuais.

Bem-vindo a Wyatt!

STAN

— Bom dia, sou Stan Twardy, ex-Attorney General[7] do Connecticut.

É assim que meu novo advogado se apresenta. Grande, grisalho, sessenta e dois anos, um sorriso hollywoodiano e títulos honoríficos a perder de vista. Desta vez funcionou. Finalmente a Alstom me enviou alguém de porte, sério e... competente. Um expert à altura do desafio. Stan Twardy defende várias sociedades pertencentes ao clube das 500 maiores firmas estadunidenses, e é autor de uma meia dúzia de obras de direito que lhe valeram ter sido selecionado dentre os "best lawyers" dos Estados Unidos.

— Vou lhe explicar, ele começa dizendo, meu escritório Day Pitney foi mandatado pelos advogados do Patton Boggs que defendem a Alstom no processo por corrupção. Sua sociedade assume a totalidade dos honorários do nosso escritório.

Eu saboreio suas palavras. Que diferença de Liz, que se mantém ao seu lado, ao mesmo tempo muda e admirada. Stan tem um perfeito domínio de si mesmo. Seu tom é seguro, seu vocabulário, preciso: não se perde em circunlóquios. Aliás, ele emenda:

— Sua empresa se compromete a pagar sua defesa. Mas, se o senhor for condenado, a Alstom pode requerer o reembolso desses custos.

Estou entendendo bem? Ou estou sonhando? Stan continua, impassível, Liz sempre silenciosa a seu lado:

— Na realidade, o senhor corre um grande risco de precisar pagar. Tanto no caso de o senhor decidir ir a julgamento e perder, quanto no caso de o senhor decidir parar antes, aceitando se declarar culpado.

---
[7] Correlato do Procurador Geral no Brasil. N. T.

Sim, já entendi. Bastaram-me alguns segundos para perceber que eu estava bem acordado. Agora já não preciso mais me beliscar. Explodi:

— É simplesmente vexaminoso, inaceitável! Tudo o que fiz, fiz em nome da minha empresa, seguindo escrupulosamente todos os procedimentos internos.

— Aceitáveis ou não, essas são, em qualquer caso, as condições que a Alstom nos pediu para propor ao senhor a fim de garantir sua defesa!

Esse cinismo é quase inacreditável. Novamente me flagro com esperança de ter entendido mal.

— O senhor tem noção do que está me dizendo? A empresa está atualmente negociando com as autoridades estadunidenses. Ela terá sem dúvida que admitir seus erros e negociar uma multa. Quanto a mim, se eu seguir o mesmo caminho, o senhor está me dizendo que ficarei absolutamente sozinho, que a Alstom vai me abandonar! Isso não faz sentido...

— O que faz sentido, Sr. Pierucci, é que se o senhor pertencesse a um grupo americano, este já o teria demitido!

Para completar, ele se permite me dar uma lição de moral e me tratar como um delinquente... Mas Stan é o único que pode me tirar de Wyatt. Então engulo meu orgulho e baixo o tom. Ele pega um papel preparado a pedido da Alstom, me entrega uma caneta e me pede para assiná-lo. Eu recuso categoricamente.

— Quero primeiro uma explicação disso com Keith Carr, ele ainda deve estar nos Estados Unidos, então que ele venha me ver em Wyatt.

Stan está empenhado em passar o recado e, apesar de minha recusa em rubricar seu documento, continua nossa conversa. Ele aborda o assunto que mais me interessa: minha libertação.

— Sejamos claros, Sr. Pierucci. Desde sua prisão, os encargos não param de aumentar. Hoje estimamos com Liz Latif que será necessário uma grande quantia para soltá-lo.

Engulo e faço a pergunta fatídica, a única pergunta – vou me dando conta dia após dia – que importa aqui nos Estados Unidos.

— Quanto?

— A Alstom concorda em pagar 1,5 milhão de dólares e, quanto ao senhor, achamos que se o senhor pudesse pagar fiança de 400.000 dólares, poderia ser o suficiente. Além disso, sua empresa concorda em alugar um apartamento e pagar dois guardas que ficarão responsáveis por vigiá-lo para que o senhor não fuja para retornar à França.

— Guardas? Vinte e quatro horas por dia, para vigiar minha família e a mim?

— Isso mesmo. Essas foram as condições impostas a Dominique Strauss-Kahn, durante todo o tempo que durou a instrução de seu processo penal em Nova Iorque. Dito isso, não se iluda, mesmo que um juiz aceite nossa oferta, precisaremos de um prazo mínimo para levantar o dinheiro, alugar um apartamento para o senhor e contratar guardas. Portanto, o senhor não poderá sair antes de duas ou três semanas. Se tudo correr bem...

Se tudo correr bem! Será que esse cara tem consciência do que estou passando? Estou na prisão, poxa. Em uma das piores dos Estados Unidos. "Duas ou três semanas. Ele fala comigo como se se tratasse de resolver um simples problema administrativo, um incômodo banal, um pequeno contratempo. E a direção da Alstom? Será que ele acredita que ela vai deixar um de seus principais executivos mofar na prisão sem reagir? Afinal, não vão querer pagar Stan para nada. Claro que ele está forçosamente sendo vigiado como leite no fogo. Eles o estão pressionando, eles... O advogado interrompe meus pensamentos:

— Saiba, senhor Pierucci, que não temos nenhum contato direto com a Alstom. Estamos proibidos. Não podemos falar com os superiores do senhor. O DOJ suspeita de que sua empresa possa pressionar o senhor. Só temos o direito de interagir com nossos colegas da Patton Boggs, que defende os interesses de sua empresa e que nos mandatou garantir sua defesa.

A imagem que me vem à cabeça é a de um escorregão sem fim. Cada vez que Stan abre a boca, o chão some um pouco mais sob meus pés. Se ele não tem contato com a Alstom, como poderei me defender? Como vou obter as provas e os documentos internos da empresa que comprovam minha boa fé? Que juiz terá condição de examinar o papel que tive ou não tive no caso de corrupção que levou ao processo contra a Alstom? Meu advogado seguramente não avaliou bem a complexidade da situação. Por mais aficionado que ele seja por diplomas, está precisando de um curso de capacitação.

— Stan – eu lhe disse com o tom mais calmo possível –, o que me é imputado é ter tido conhecimento de que a Alstom se valeu de intermediários para conseguir um contrato. Ora, a decisão de contratar esses consultores externos não cabia a mim. Existem processos internos na Alstom que são altamente codificados. As ordens vinham do nível mais alto da hierarquia...

— Senhor Pierucci – ele me corta ríspido – é cedo demais para entrar em todos esses detalhes. O essencial por enquanto é preparar o seu pedido de liberdade da melhor maneira possível...

— Mas, como o senhor pode defender o meu caso sem explicar ao juiz que desempenhei apenas um papel menor, que não sou eu quem dá as ordens, nem quem encontrava os consultores, nem mesmo quem aprovava sua seleção? Eram necessárias treze assinaturas para contratar qualquer intermediário, e dois dos três signatários finais reportavam-se diretamente ao CEO da Alstom, Patrick Kron. É imprescindível que minha sociedade lhe encaminhe esses documentos, sobretudo no que tange aos consultores escolhidos no caso Tarahan. É preciso que o senhor solicite hoje mesmo essas peças...

Enquanto faço minha demonstração, explicando em detalhes a Stan Twardy, o papel preponderante de vários responsáveis do grupo, que estavam sob a autoridade direta do CEO Patrick Kron (seus N-1), constato que ele não toma nenhuma nota. Ele se contenta em olhar para mim, com um semblante cada vez mais aflito. Chego a ter a impressão de que ele me considera um completo retardado!

Acabo por me calar, perplexo. Um longo momento de silêncio se seguiu. Nós nos encaramos fixamente e aí... eu começo a entender. Esse advogado tem razão em me considerar um imbecil. Como pude imaginar por um quarto de segundo que a Alstom confiaria aos tribunais estadunidenses as provas de um sistema de corrupção generalizada dentro do grupo? É certo que esses documentos demonstrariam minha fraca responsabilidade. Mas, em contrapartida, forçariam a empresa – começando por alguns de seus mais altos dirigentes – a se incriminar, a se autoacusar, a reconhecer que os processos de compliance colocados em prática pela administração geral são só cortina de fumaça! Serei eu estúpido o bastante para acreditar que a Alstom correrá um risco desse para me ajudar? É óbvio que a sociedade não fará nada nesse sentido. Aliás, que empresa se sacrificaria confessando suas faltas e sua responsabilidade criminal para vir em socorro de um de seus executivos? Até aquele minuto, eu não tinha visto as coisas sob esse ângulo. Ingênuo ou demasiado crédulo, recusei-me a vislumbrar o pior. Agora preciso admitir que estou realmente em perigo. Sou, a partir de agora, um homem sozinho.

Com uma voz sem vida, pergunto novamente a Stan:

— O senhor chegou a consultar a peça de acusação e recebeu outras peças do procurador? Qual é a pena máxima a que posso ser condenado?

— Neste momento é difícil responder. Só lemos, como o senhor, o resumo da peça de acusação.

— Nele não há prova nenhuma da minha culpa.

— Estou de acordo com o senhor. Nenhuma prova direta. Nenhum e-mail seu mencionando uma eventual corrupção. Mas o procurador vai nos enviar 1,5 milhão de peças.

— 1,5 milhão de peças?

— Sim e, além disso, se formos considerar o que disseram, eles têm duas testemunhas que podem confirmar o seu envolvimento na conspiração...

Por fim, para poder se beneficiar da assistência de um advogado, acabo por assinar o documento que a minha empresa lhe entregou. As condições que a Alstom me impõe são ultrajantes, mas não tenho alternativa.

CLARA

Comparado com a empáfia de Stan, o amadorismo de Liz passou de repente a me parecer doce como mel. Parece que nela ainda resta algum vestígio de humanidade. Logo depois de voltar a seu escritório, ela se oferece (embora isso normalmente seja proibido) para providenciar uma teleconferência entre Clara, de Singapura, e eu, de Wyatt. Finalmente poderei falar com minha esposa, ouvir sua voz. Eu temo esse momento, tanto quanto o espero. Liz tem o cuidado de me explicar que já a avisou sobre minha prisão no dia anterior, quando minha audiência de soltura foi adiada por quarenta e oito horas.

— Com a diferença de fuso horário, quando liguei para ela em Singapura, ela acabava de chegar ao trabalho... Claro, a notícia foi um verdadeiro choque para ela. Mas o senhor queria que eu a informasse o mais rápido possível...

— E como ela reagiu?

— No começo ela sentiu muito medo. Ela pensava que o senhor havia sido vítima de um acidente ou um ataque cardíaco. Hoje de manhã ela me ligou várias vezes. Eu lhe expliquei como se inscrever na lista das pessoas autorizadas pela administração de Wyatt para falar com o senhor por telefone, mas isso vai levar algum tempo.

— Não podemos acelerar o processo?

— Não, é simplesmente impossível.

— Então, a partir de quando é que poderemos nos comunicar diretamente?

— Depende. Às vezes leva três dias. Mas com uma demanda vinda do exterior pode demorar muito mais, talvez uma semana, talvez duas. Enquanto isso, será preciso minha intermediação. Não há nada que possamos fazer, são os *process*, devemos aplicá-los.

Os estadunidenses têm muito orgulho de seus *process*. Descobri esse termo quando trabalhava no Connecticut. Os estadunidenses adoram o *process*. No ambiente de trabalho, eles raramente dão mostras de imaginação. Em contrapartida, despendem copiosa energia e tempo respeitando seus *process*. Que sejam felizes...

Stan e Liz se foram e, quatro horas depois, quando pude novamente sair da minha cela e ter acesso a um dos telefones da prisão, liguei para Liz em seu celular. Ela rapidamente me colocou em contato com Clara.

— Alô, Fred! Até que enfim...

Por seu tom de voz, percebo seu cansaço e sua angústia, mesmo que ela se empenhe em se mostrar muito afetuosa. Nas últimas vinte e quatro horas, apesar de seus esforços reiterados, em suas múltiplas conexões com a plataforma de Internet de Wyatt ou seus telefonemas para a prisão, ela continua sem conseguir depositar um crédito na minha conta. Seus cartões bancários são sistematicamente recusados! Isso a desespera. Consigo imaginar sem dificuldade sua vida nestes últimos dias, tendo que realizar seu trabalho como se nada estivesse acontecendo, minha mãe, que acabou de chegar a Singapura para permanecer por duas semanas pretendendo ver toda a família, e os quatro filhos a quem, por enquanto, ela evidentemente decidiu não dizer nada; eles não devem se preocupar desnecessariamente. Depois de ter contado a ela as circunstâncias de minha prisão, tento tranquilizá-la como posso, mesmo que isso signifique lhe contar uma versão na qual eu mesmo já não acredito muito.

— Logo depois de ter sido preso, consegui falar por telefone com Tim Curran, o chefe do setor Power dos Estados Unidos, e com Keith Carr, nosso diretor jurídico. Eles me explicaram que a Alstom estava em vias de fechar um acordo com o DOJ. Certamente incluirão meu caso pessoal nessas negociações. Amanhã serei libertado e depois veremos tudo com mais clareza. Por enquanto, vamos tentar manter esse assunto em segredo.

— Quanto à discrição, já era, disse-me Clara. O *Wall Street Journal* publicou um artigo sobre sua prisão no aeroporto JFK, e o *Le Monde* fez uma sinopse dele em poucas linhas. Mas não se preocupe, é visível que passou despercebido. Nem sua mãe nem seu pai viram. E ninguém na Alstom me contatou...

— Bom. Bem, vamos esperar que continue a não fazer barulho. Eu não gostaria de retomar o trabalho em um ambiente muito carregado! E as crianças estão bem?

— Por enquanto elas não suspeitam de nada. Gabriella e Raphaella haviam preparado um teatrinho para receber sua mãe ontem, ambas fantasiadas de princesas. Raphaella era a Bela Adormecida e Gabriella era a Cinderela. Léa e Pierre tocaram violão. Sua mãe estava nas nuvens. Preferi não dizer nada a ela. Só lhe contei que sua viagem a trabalho aos Estados Unidos vai demorar um pouco mais do que o previsto.

— Bem, vamos deixar assim por enquanto.

— Frédéric ...

— Sim?

— Fiz uma busca na internet da documentação sobre casos de FCPA. São assuntos realmente muito sérios. Descobri que essa lei permite que os estadunidenses prendam qualquer funcionário de uma empresa, em qualquer lugar do planeta, a qualquer momento e os mantenham na prisão por longo tempo.

— Você não está exagerando um pouco?

— Não, Fred. Não quero preocupá-lo, mas as autoridades estadunidenses consideram que a menor conexão com os Estados Unidos, cotação em bolsa, trocas comerciais em dólares, uso de correio eletrônico estadunidense, os autoriza a agir. Parece louco, mas isso acontece com frequência. Aliás, a Alstom está longe de ser a primeira empresa francesa a ser processada por corrupção. Eu verifiquei: já aconteceu com a Total, a Alcatel, ou Technip antes. E vou te passar as dezenas de outras grandes empresas europeias que também foram indiciadas.

— Já houve executivos presos, como eu?

— Sim, aparentemente no caso Alcatel. Além disso, em uma investigação aberta contra a Siemens, o FBI chegou a emitir mandados de prisão internacionais contra gestores alemães. Tenho a impressão de que...

Sinto que Clara está preocupada com o que pôde ler até ali. Ao mesmo tempo, hesita em me contar tudo. Sem dúvida ela não quer me alarmar ainda mais.

— Você tem a impressão do quê?

— Você conhece os estadunidenses. Quando seus interesses estão em jogo, eles não usam luvas... E...

— Vá em frente, prefiro que você me diga a verdade.

— Bem, mesmo que eles te liberem sob fiança, eu me pergunto se eles não vão forçá-lo a ficar nos Estados Unidos.

Não sei o que dizer a ela. Como anunciar a sua esposa que a vida dela pode estar prestes a mudar completamente? Não tenho nenhuma ideia de como tudo isso vai acabar. Eu, que gosto tanto de saber todos os prós e contras de uma questão antes de tomar uma decisão, estou na mais total escuridão. Mas Clara se antecipa.

— Fred, se for preciso, podemos ir te encontrar muito em breve nos Estados Unidos. Passamos nossas vidas nos mudando, então, uma viagem a mais... Não se preocupe, se for preciso, vou com as crianças. Você sabe muito bem que elas estão acostumadas com essa vida nômade. Não se preocupe com isso. Estou do seu lado.

Fiquei impressionado com sua determinação. Clara tem inteligência para projetar o futuro com rapidez. Mas, por enquanto, o futuro estava limitado à minha segunda audiência de soltura, marcada para o dia seguinte. Até lá, estamos todos no limbo. À mercê do judiciário estadunidense e desses *process*.

SEGUNDA AUDIÊNCIA DE SOLTURA

Desta vez, eles não se esqueceram de mim. Às quatro horas em ponto, dois guardas irromperam em minha cela para me acordar. Sou forçado a passar por outra revista corporal, antes de ser algemado da cabeça aos pés, como na minha primeira transferência para Wyatt. Em seguida, eles me colocaram em um caminhão blindado com destino ao tribunal de New Haven, a três horas de distância. Alguns minutos antes do início da audiência, tive direito de conversar com meus dois defensores, Liz e Stan.

Eles tinham o semblante consternado quando os encontrei. Eles me contam que acabaram de discutir por alguns minutos com o procurador David Novick.

— Ele está se mostrando intratável, me confia Stan. Dá pouca importância ao montante da fiança que estamos dispostos a pagar, está determinado a requisitar a manutenção de seu encarceramento. Penso que ainda tem atravessada na garganta a falta de cooperação de sua empresa. Ele avalia que a Alstom está zombando dele já há muitos anos.

Sinto como se o fosso da armadilha não tivesse fundo, de estar em queda permanente, pois o que descubro nesse momento, o que entendo nas entrelinhas das palavras de Stan, é que já faz mais de três anos que o DOJ começou suas primeiras investigações. Portanto, a investigação está em andamento desde o final de 2009! Keith Carr teve o cuidado de não me informar sobre essa cronologia. De repente me dou conta do motivo pelo qual o DOJ mostra tanta virulência contra mim: ele me faz pagar caro pelo discurso dúbio da Alstom.

De fato, tão logo os estadunidenses iniciaram sua investigação, eles advertiram minha sociedade e lhe propuseram que cooperasse. O DOJ formaliza tais propostas com todas as empresas que coloca sob investigação. As sociedades se veem então instadas a assinar um DPA (*Deferred Prosecution Agreement* – literalmente: "acordo de investigação deferido"). Para tanto, a empresa deve aceitar se autoincriminar, revelando todas as suas práticas e, se necessário, denunciando seus próprios empregados. Também deve se comprometer a implementar um programa interno de luta contra a corrupção e aceitar a presença de um "monitor" – um inspetor que faz relatórios ao DOJ por um período de três anos. Se todas essas condições forem atendidas, o juiz valida o *deal* com a empresa, o que geralmente termina com o pagamento de multa. E, geralmente, nenhum executivo é preso na sequência (mesmo se, em tese, esse tipo de acordo não acarreta o fim dos processos individuais).

Foi exatamente assim que, antes da Alstom, duas outras empresas francesas, a Total e a Technip, concordaram em pagar multas de 398 e 338 milhões de dólares, em 2013 e 2010. Mas a Alstom, ou melhor, Patrick Kron, como eu viria a saber mais tarde, quis ser ardiloso. A empresa levou o DOJ a acreditar que iria cooperar, enquanto na realidade fazia o contrário. Quando o DOJ tomou consciência de que havia sido ludibriado, seus procuradores ficaram enfurecidos e decidiram mudar de estratégia. Passaram à ofensiva.

Aí está a "verdadeira" razão da minha prisão de surpresa! O DOJ agora quer mostrar à Alstom quem é mais forte para obrigá-la a se declarar culpada. Sou presa de uma arapuca sórdida, vítima da estratégia adotada por Patrick Kron e reduzido à condição de fantoche nas mãos do judiciário estadunidense. Aliás, dentro de alguns instantes, terei a confirmação disso da própria boca do procurador David Novick. Quando Joan Margolis, a juíza que preside a audiência do tribunal, lhe concede a palavra para suas requisições, Novick revela cruamente os bastidores da batalha que ele travou contra a Alstom:

— Depois de ter se comprometido a cooperar, essa empresa traiu por diversas vezes a confiança do Departamento de Justiça! A Alstom, que deveria nos ajudar em nossa investigação, agiu, na verdade de forma lenta e fragmentária. Sua atitude é opaca, para dizer o mínimo. Gostaria também de salientar que a OCDE recentemente apontou a atitude da

França, que se omitiu de tomar medidas contra a Alstom, quando essa multinacional é alvo, já há muitos anos, de acusações de corrupção em diversos países, dentre os quais a Suíça, o Reino Unido, a Itália e os Estados Unidos.

E o procurador prossegue, implacável:

— Temos todas as provas. Documentos revelam discussões entre os co-conspiradores para subornar funcionários indonésios. Temos também extratos bancários, e temos testemunhas que estão prontas para vir testemunhar.

Uma vez mais, me pergunto: como o judiciário estadunidense obteve essas peças? Durante nossa conversa, que precedeu a abertura dos debates, Stan e Liz satisfizeram minha curiosidade contando-me a os bastidores dessa batalha. No início, não acreditei neles. A maracutaia estava muito visível. Parecia filme. Não, eu me dizia, isso só se vê no cinema. Eu estava enganado. Era real... Para obter provas contra a Alstom, o DOJ lançou mão, dentre outras coisas, do serviço de um "infiltrado". Um informante colocado no coração da empresa que cooperou plenamente com os investigadores. Ele chegou a usar, durante muitos anos, escondido sob o terno, um microfone que lhe permitiu gravar inúmeras conversas com seus colegas. O FBI o usou como um espião no seio da sociedade. Como esse executivo, já com quase 65 anos, pôde se prestar a esse papel? Que pressão os agentes do FBI e do DOJ exerceram sobre ele para forçá-lo a se tornar um "traidor"? Será que o ameaçaram a vários anos de prisão? Mal tenho tempo para dar curso a essas indagações, porque o procurador Novick começa a tratar do meu caso. E não usa luvas de pelica. Segundo ele, sou um dos urdidores de um dos maiores empreendimentos de corrupção que ele conheceu ao longo de sua carreira.

— Frédéric Pierucci é um executivo que ocupa um posto elevado na Alstom. Seus superiores, nos últimos anos, atribuíram-lhe sem cessar responsabilidades consideráveis. Sua empresa está oferecendo agora pagar uma fiança de 1,5 milhão de dólares para que ele seja libertado. Mas essa sociedade está implicada nesse caso. Ela é uma "co-conspiradora", mesmo que não tenha sido formalmente acusada. Também me pergunto se um "co-conspirador" está em condições de assumir uma fiança. Além disso, ainda não sabemos exatamente que rumo esse caso irá tomar. O que acontecerá se, em algum momento, os interesses da Alstom e de Frédéric Pierucci divergirem? O que acontecerá se esse alto executivo decidir se declarar culpado? Como reagirá a Alstom? Quem assumirá a fiança? Além disso, convém lembrar que usar uma tornozeleira eletrônica não constitui segurança suficiente. Frédéric Pierucci pode a qualquer momento desligá-la e fugir. Quanto aos guardas que sua empresa concorda em pagar para que seja vigiado, o que acontecerá se ela, de uma hora para outra, decidir não mais pagá-los? O Departamento de Justiça aceitou, há dois anos, a presença de vigias guardas em torno do apartamento de outro cidadão francês, o senhor Dominique Strauss-Kahn. O caso hoje é bem diferente. No caso DSK, quando o juiz acatou esse arranjo, a acusação era frágil. A principal testemunha de acusação contra Dominique Strauss-Kahn estava desacreditada. Aqui, ao contrário, nosso caso é sólido e fundamentado. Finalmente, vossa excelência sabe: a França não extradita seus cidadãos. Se vossa excelência o libertar, nunca mais veremos Frédéric Pierucci! Ele está bem ciente de que enfrenta uma sentença muito pesada nos Estados Unidos... Prisão perpétua.

Volto imediatamente o olhar para meus advogados. Stan Twardy desvia o olhar. Liz Latif tampouco tem coragem de me encarar. Prefere ficar imersa em suas anotações. Corro o risco de prisão perpétua. Uma condenação por toda a vida. Tenho quarenta e cinco anos e talvez terei de passar os próximos trinta ou quarenta anos atrás das grades... Faz cinco dias que estou encarcerado em Wyatt e já não aguento mais. Não sei sequer se vou conseguir suportar esse pesadelo por mais algumas horas, e agora devo considerar a possibilidade de ficar enclausurado pelo resto dos meus dias? E tudo isso por quê? Por ter sido, há dez anos atrás, um dos executivos da Alstom que aprovou, em nível intermediário na hierarquia, a seleção de um consultor que eu nunca vi mais gordo, que talvez tenha pagado propina para ajudar o grupo a ganhar um contrato. Mas eu não roubei, nem feri, nem matei ninguém, nem recebi qualquer retrocomissão. Não me beneficiei de nenhum enriquecimento pessoal. Além disso, tudo foi feito seguindo estritamente os procedimentos internos da Alstom. Prisão perpétua! Simplesmente não é pensável. Isso é chantagem. Esse procurador quer me assustar. Ele joga para me amedrontar, ainda que, ao se sentar, David E. Novick, ao contrário dos meus dois advogados, está olhando diretamente para mim e não aparenta estar se divertindo ou blefando. E se ele estiver falando a verdade? E se eu realmente estiver correndo o risco de terminar meus dias na prisão?

Estou tão perplexo que mal escuto Liz Latif pedir minha soltura. Eu a ouço fracamente, como se estivesse em uma bruma, tentando demonstrar uma falha no processo de acusação. Segundo ela, os atos de que sou acusado já estariam prescritos, porque teriam sido cometidos entre 2003 e 2004, ao passo que a acusação contra mim data de novembro de 2012, sendo que o prazo de prescrição é de cinco anos em matéria de violação à lei FCPA. Mas por que ela se enreda nessa argumentação jurídica? Por que não diz simplesmente a verdade? É tão complicado assim explicar ao tribunal que estou tendo um tratamento diferente de forma injustificável? David Rothschild, que já admitiu sua culpa, não foi preso. E a fiança imposta a ele – 50.000 dólares – não guarda nenhuma proporção com o montante proposto para minha soltura. Ademais, seria admissível que o procurador público Novick me usasse como meio de pressão no braço de ferro que ele exerce sobre Kron? Ele mal disfarça: sou seu refém! Sou um peão seu no jogo de xadrez que ele joga contra minha empresa. Isso é justiça?

A juíza Margolis retirou-se por alguns instantes para deliberar. Quando ela voltou, imediatamente compreendi que a causa já estava decidida.

— Este é um caso incomum para o nosso tribunal, ela perora. Normalmente estudamos pedidos de famílias muito modestas. As fianças não ultrapassam 1.500 dólares e, em muitos casos, trata-se das economias de uma vida inteira. Nesse caso, a defesa oferece uma fiança de mais de um milhão de dólares. Mesmo assim, me parece insuficiente. Gostaria que, além do milhão e meio adiantado pela Alstom e dos 400.000 dólares propostos pelo acusado, um cidadão americano se comprometa em colocar sua própria casa sob fiança. Se vossas excelências voltarem a mim com esse compromisso, concordarei em reexaminar um pedido de soltura.

Em síntese, Joan Margolis desconfia da Alstom e não confia em mim. Para mudar de ideia, ela precisará do compromisso de cidadãos... estadunidenses. Em contrapartida, o procurador Novick a convenceu sem dificuldade. Aliás, ele sai do tribunal a passos largos, empertigado como uma estaca e aparentando estar bem satisfeito consigo mesmo.

Por meu turno, estou simplesmente arrasado. E com muita dificuldade para conter a raiva da minha dupla de advogados. A soma astronômica proposta pela Alstom para servir de fiança foi um erro estratégico. Esta solução voltou-se contra mim. Confiei neles – como não? – e me enganei. Como um advogado tão experiente como Stan, ele próprio um ex-procurador do Connecticut, não viu o imenso risco de um conflito de interesses com minha empresa e não previu a reação de Novick e da juíza? Começo a ter sérias dúvidas a seu respeito. Para quem ele de fato trabalha? No final da audiência, descubro ainda que um de seus colegas de gabinete Patton Boggs (que defende os interesses da Alstom) estava presente na sala como observador. Ele espionava cada movimento meu. Minha empresa pode ficar tranquila: eu não disse nada. Mas a mensagem que me foi enviada é nítida: estou sob vigilância, premido entre a Alstom e o DOJ e sob o controle de um advogado que não escolhi.

125 ANOS DE PRISÃO

Eu pensava que jamais voltaria a ver aquelas paredes... mas foi forçoso dizer a mim mesmo: estou de volta à minha cela em Wyatt. E ficarei encarcerado neste lugar ainda por muitos dias, talvez mesmo por muitas semanas, o tempo de poder solicitar um novo pedido de libertação: o terceiro.

Na prisão, onde cada hora parece uma eternidade, ainda permaneço sem nenhuma notícia da Alstom. Stan me disse que Keith Carr, o diretor jurídico, havia viajado a Washington para negociar com o Departamento de Justiça. Ele chegou exatamente vinte e quatro horas depois da minha prisão, mas não foi incomodado pelo FBI – o que não cessa de me intrigar. Porque esse advogado por formação ocupa, há dez anos, uma posição estratégica dentro da empresa. Ele conhece todas as suas engrenagens. Em 2004, foi vice-diretor jurídico do setor de Power. Um ano depois, foi nomeado responsável pelo contencioso, antes de ser alçado, em 2011, à chefia do departamento jurídico de todo o grupo. Ele está, portanto, perfeitamente informado de todas as "práticas" comerciais da empresa. Ele sabe melhor do que ninguém como a Alstom recruta e remunera seus "consultores". Por que os investigadores não o prenderam? Eles certamente teriam aprendido mais com ele do que comigo. Por que alvejaram a mim? Isso me parece incompreensível.

Eu esperava também que Keith Carr aproveitasse sua vinda aos Estados Unidos para me visitar em Wyatt. Mas ele não me mandou o menor sinal. Os outros dirigentes também sumiram. O mundo dos negócios e da indústria não é para amadores, eu sei disso, mas isso não me impede de sentir um profundo desgosto. Da noite para o dia, me tornei a ovelha negra do grupo. Agora não sou mais frequentável, eles fogem de mim como se eu fosse um pestilento. Dos colegas da alta administração com quem convivi por quase vinte anos, eu esperava um pouco mais de solidariedade. Mas de que adianta reclamar. No momento, minhas prioridades são outras, bem diferentes.

Stan e Liz voltam para me ver no meio da semana. E estamos procurando entre meus amigos e meus contatos profissionais estadunidenses, pessoas dispostas a colocar suas casas sob fiança para que eu possa sair da prisão.

— Como o senhor me sugeriu, relata Stan, pedi a Tim Curran, chefe da Alstom Power nos Estados Unidos, e a Elias Gédéon, vice-presidente de vendas. Ambos se recusaram. Eles me deram a mesma resposta: cabe à Alstom atender às requisições da juíza encarregada da liberdade condicional, e não a eles.

— Com toda franqueza, eu os entendo – enfatizo para Stan. Afinal, provavelmente, eu tampouco teria assumido esse risco.

— O senhor tem amigos, parentes nos Estados Unidos?

— Muito poucos. Saímos do país há sete anos e não temos família aqui. Mantive alguns contatos, mas não somos íntimos o suficiente. Mesmo assim, Clara entrou em contato com todos. Nossa maior esperança é uma de suas melhores amigas, Linda. Estamos esperando todas as respostas, incluindo a dela. E se oferecêssemos a casa que temos na França como fiança?

— Não, a juíza vai recusar. O judiciário estadunidense já enfrentou, no passado, todo tipo de dificuldades para confiscar bens em seu país.

Ainda o escorregão. Estou em um túnel sem fim com paredes lisas. Nada em que me agarrar. Tão logo vejo uma solução, ela imediatamente se esvai. Já sei o que Stan vai me dizer. E o mínimo que podemos dizer é que ele não doura a pílula.

— Por enquanto, o senhor vai continuar na prisão, ele resume. Esta manhã recebemos em nosso escritório uma primeira proposta de data para o seu julgamento: 26 de junho de 2013. Em dois meses.

Ainda tento encontrar algo em que me agarrar na parede do túnel:

— Mas se a Alstom me incluir em sua negociação com o DOJ, a situação deveria se inverter, não?

— Temo que não, responde Stan. São dois processos diferentes. O departamento pode indiciar uma pessoa jurídica e fazer um acordo com ela, mas isso não o impede de processá-lo como indivíduo.

— Isso eu entendo. Mas eles podem mesmo assim me incluir em sua negociação.

— Em teoria, sim, mas é mais difícil depois que já se foi indiciado, que é o seu caso. Também duvido que o façam, porque os advogados da empresa vão tentar convencê-los do contrário a fim de minimizar a multa que têm de pagar e, sobretudo, para proteger os outros executivos que ainda não foram processados.

— E eu? Também posso negociar?

— Sim, o senhor pode se declarar culpado.

— Eu quis dizer negociar uma multa em troca da minha libertação.

— Não. O senhor pode se declarar culpado e caberá à juíza decidir se o senhor será ou não condenado à prisão em regime fechado.

— Então, se eu me declarar culpado como fez David Rothschild fez, arrisco-me a cinco anos de prisão ...

O fim do túnel. Um longo túnel. Mas pelo menos termina em algum lugar. Se for para passar por isso... mas, a dar ouvidos a Stan, nem mesmo esse triste desfecho me é permitido.

— Infelizmente, ele me explica, sua situação é mais delicada do que a de Rothschild. Veja, ele foi abordado primeiro pelo FBI e imediatamente concordou em cooperar, de modo que conseguiu condições de negociação melhores. O senhor chegou em segundo lugar, então provavelmente tem menos capacidade de ajudá-los na investigação. Ademais, o senhor não aceitou imediatamente o negócio que o procurador Novick lhe ofereceu.

Negócio! Mercado. Negociações! Desde que começamos nosso briefing, Stan e Liz só me falam em negociar, nunca em julgar com base em fatos e provas. Uma discussão de negociantes de tapetes, exceto que o tapete aí sou eu! OK, já que é isso que eles querem, vamos lá. Sejamos pragmáticos, como se diz por aqui. Às favas com a justiça e a verdade. Vamos mercadejar. Deixemos de lado as emoções, a insuportável sensação de expiar por todos. Vamos falar a linguagem deles. Vamos tentar. Eu respiro fundo:

— Então, retomemos, se o senhor não se importar. Qual é a pena de que corro o risco? Novick me ameaça com prisão perpétua. Presumo que deseja me assustar, mas não fala sério?

— Humm, faz Stan, em teoria, ele não está longe da verdade ... O senhor tem dez processos nas costas. O primeiro é uma acusação de *"conspiracy of FCPA"*. Para resumi-la, o senhor é suspeito de ter conspirado junto com outros executivos para subornar um deputado indonésio, que tinha assento no Comitê de Energia no parlamento de Jacarta, a fim de firmar o contrato de Tarahan. Esse delito é passível de cinco anos de prisão. Ora, como os procuradores têm provas que atestam quatro pagamentos sucessivos em dinheiro a um parente desse parlamentar, o senhor é, portanto, processado pelo primeiro delito de conspiração, ao qual se juntam as quatro remessas de dinheiro, que são consideradas, cada uma, um delito suplementar. Portanto, o senhor corre o risco de ser condenado a cinco vezes cinco anos de prisão, ou seja, um total de vinte e cinco anos. A isso, é preciso acrescentar o segundo delito grave de que o senhor é acusado: o de *"Conspiracy of Money Landering"*, uma conspiração com o objetivo de lavar dinheiro. Esse crime de lavagem de dinheiro é punível com vinte anos de prisão. Pena que também precisa ser multiplicada por cinco, levando em conta os pagamentos em dinheiro comprovados. Então, o senhor corre o risco de cem anos de prisão por lavagem de dinheiro e vinte e cinco anos por corrupção. No final das contas, portanto, e sempre em teoria, chegamos a um total de cento e vinte e cinco anos.

Já não é um túnel. É um abismo. Por pouco, não disparo a gargalhada. Mas ainda tento raciocinar.

— Peraí, Stan, isso é totalmente delirante. Trata-se de um só e o mesmo contrato de consultoria! Como, a partir de um mesmo evento, um procurador pode processar dez vezes por FCPA e lavagem de dinheiro?

— É assim que funciona o nosso sistema judicial, Sr. Pierucci. Nossa definição de lavagem de dinheiro não é a mesma que a da Europa. Aqui, se uma transação monetária for ilegal, o DOJ considera que também há lavagem de dinheiro.

— Mas é assustador! Preciso que o senhor me dê muito mais informações sobre o FCPA e sua jurisprudência.

Stan enrijeceu-se, como se eu o tivesse atacado pessoalmente.

— Não creio que seja o momento de discutir isso – ele me corta secamente. A primeira coisa a fazer é negociar seu caso da melhor maneira, não?

Pronto, eis-nos de volta. Negociar, fazer *deals*. Eu sabia, já tinha lido, já tinha ouvido falar: o judiciário estadunidense é um mercado. Mas é preciso viver na pele para entender o que isso significa. Eu me pergunto se advogados, juízes, procuradores não estão todos unidos pelos mesmos laços "comerciais". Para quem Stan trabalha? Por que esse quadro apocalíptico dos riscos envolvidos? Cento e vinte e cinco anos de prisão! Será que ele também está tentando me dobrar? Eu disparo:

– Para negociar, como vocês dizem, seria preciso primeiro que eu soubesse um pouco mais sobre as acusações que o procurador pode ter contra mim. Que provas ele apresenta? No que estou pessoalmente implicado? Já faz mais de uma semana que fui jogado na prisão e até agora vocês não me relataram nada de concreto!

Desta vez, foi Liz que pareceu se sentir atingida.

— A peça de acusação que detalha as imputações contra o senhor tem 72 páginas ... Vamos lê-las e arregaçar as mangas!

A PEÇA DE ACUSAÇÃO

A peça de acusação que me alveja é sobriamente intitulada: "Os Estados Unidos da América contra Frederic Pierucci". Um programa completo! Este título sozinho já me embrulha o estômago. O documento tem noventa e um parágrafos, mais cerca de quarenta páginas de apêndices, a maioria cópias de e-mails que recebi ou escrevi quando morava em Windsor, no Connecticut. Os procuradores citam cerca de vinte deles. O primeiro, que remonta a mais de onze anos, é datado de fevereiro de 2002. No início dos anos 2000, lembro-me de que a pressão sobre os executivos era enorme. Tínhamos uma única missão: salvar a Alstom da falência. Fomos, portanto, firmemente "convidados" pela administração geral a disputar o máximo possível todas as licitações! "Resultados, mais que esforços" era a palavra de ordem. Foi nessas condições que abordamos a licitação de Tarahan, na Indonésia, que previa a construção de duas caldeiras de 100 megawatts, no valor total de 118 milhões de dólares. Tratava-se de um mercado bem modesto para o nível da Alstom. Mas era um dos poucos que estávamos em condições de conquistar nesse período delicado. Ele logo se tornou, então, altamente estratégico, e foi rotulado como "prioridade" pela administração geral.

No entanto, uma das preocupações era que esse mercado estava na Indonésia. Na época, a Indonésia era um dos países mais corruptos do planeta, mesmo que a situação tivesse melhorado um pouco após a queda em 1998 do ditador Suharto e sua família. Sob o "reinado" do autocrata apoiado com mão de ferro pelos Estados Unidos, não era incomum ver empresas pagando 15% ou até 20% do valor de um contrato em comissão a intermediários próximos à família Suharto. De qualquer forma, com ou sem Suharto, era público e notório que nenhum acordo poderia ser negociado em Jacarta sem propinas.

Mas sabíamos que tínhamos chances reais de ganhar. Na verdade, durante a época do ditador, os contratos tinham sido concedidos principalmente a empresas estadunidenses ou japonesas. No que diz respeito a caldeiras, um truste de um duopólio estadunidense monopolizava todos os mercados: de um lado, a Babcock Wilcox e, de outro, a Combustion Engineering, subsidiária estadunidense da ABB, que a Alstom tinha acabado de adquirir.

Estávamos, portanto, bem-posicionados para entrar na concorrência de Tarahan. Além do mais, a PLN (correlata indonésia da estatal Eletrobrás) tinha escolhido uma tecnologia que se adequava bem à nossa gama de produtos: o "leito fluidizado circulante", uma técnica conhecida como de "carvão limpo" que permite queimar carvões difíceis retirando uma grande maioria de poluentes. A Alstom era uma das duas líderes mundiais neste setor de ponta, juntamente com outra concorrente estadunidense, a Foster Wheeler. Em síntese, as coisas se anunciavam bastante alvissareiras. E eis como foram os desdobramentos.

Um dia, em agosto de 2002, fui procurado por um representante de vendas da equipe de Windsor, David Rothschild. Ele me pedia para validar a contratação de um consultor que deveria nos ajudar a ganhar o contrato. Sendo a Indonésia um de seus grandes mercados históricos, presumi que a equipe de Windsor sabia como manobrar nessa área delicada. No dia 28 do mesmo mês, respondi por e-mail. Um e-mail que encontro transcrito com precisão palavra por palavra na peça de acusação elaborada pelos procuradores (documento 43 da peça de acusação): "Vá em frente e envie-me os dados-chave que eu possa aprovar oficialmente". Lembro-me muito bem dessa mensagem. E me revejo, imediatamente depois de escrever esta mensagem, ter sido tomado por uma dúvida e então chamar Rothschild a meu escritório para obter mais detalhes sobre esse intermediário que estávamos prestes a contratar. Rothschild então me diz com a maior naturalidade do mundo que se tratava do filho de um certo Emir Moeis, deputado encarregado da comissão de energia no parlamento indonésio! Naquela época, o FCPA contra a corrupção de agentes públicos estrangeiros, apesar de estar em vigor nos Estados

Unidos desde 1977, não parecia preocupar muito meus novos colegas estadunidenses. Por que haveriam de estar se, afinal, até 2002, essa lei raramente foi aplicada nos Estados Unidos (menos de uma vez por ano) e que, em vinte e cinco anos, nem a Combustion Engineering, nem nenhuma de suas concorrentes estadunidenses no setor de produção de energia jamais foram perturbadas.

De minha parte, mesmo que eu fosse, naquela época, pouco informado sobre esses dispositivos jurídicos, o pagamento de uma comissão ao filho de um parlamentar me pareceu uma manobra assaz grosseira. Por isso, ordenei imediatamente a Rothschild que interrompesse a contratação desse consultor. Sabia que estava pisando em ovos, porque esse intermediário tinha sido escolhido por Reza Moenaf – uma figura-chave, pois era quem dirigia a unidade caldeira de Jacarta e pilotava a rede internacional da Alstom na Indonésia. Mas Rothschild seguiu minhas recomendações e obedeceu.

Os procuradores também mencionaram o e-mail que ele enviou na sequência (Anexo 44 da acusação). "Não finalizar nada. Falei sobre isso com Pierucci. Temos preocupações com o político". Suspeitei que, ao interromper este processo dessa forma, talvez fizesse alguns inimigos, mas estava longe de imaginar a que ponto. Só mais tarde entenderia que minha recusa havia certamente bloqueado o pagamento de retrocomissões em benefício de certas pessoas que iriam me fazer pagar muito caro mais tarde.

Alguns dias depois, no início de setembro de 2002, Rothschild me informou que Moenaf havia encontrado um novo consultor, um certo Pirooz Sharafi, um estadunidense de origem iraniana que mora em Washington, mas passa metade do tempo na Indonésia, onde tem negócios há muitos anos. Sua agenda é tão volumosa quanto uma lista telefônica. Fiquei sabendo então que Sharafi já trabalhou para a ABB como consultor em outros contratos com a Indonésia, e com sucesso, Rothschild me assevera. Esse novo consultor me é descrito como um lobista de alto nível que não recorrerá ao pagamento de propinas. É óbvio que tenho severas dúvidas, mas é difícil para mim opor-me uma segunda vez ao ex-ABB de Windsor. De qualquer forma, cabe às equipes de compliance em Paris realizar as investigações de integridade sobre os consultores. Minha função restringe-se a integrar o custo desses intermediários no preço de venda. O resto não é da minha alçada.

Alguns meses depois, nosso futuro consultor, Pirooz Sharafi, foi recebido na sede da Alstom em Paris acompanhado de... Emir Moeis, o deputado responsável por energia no parlamento indonésio. Na ocasião, ele também é apresentado a Lawrence Hoskins, chefe da Alstom International Network Asia (a rede comercial da Alstom). Posteriormente, Sharafi também se reuniria com os responsáveis do departamento de compliance. Houve inclusive planos de usar seus serviços para um segundo contrato na Indonésia. De qualquer maneira, no final de sua visita a Paris, o departamento de compliance, bem como Lawrence Hoskins (que era do segundo escalão abaixo de Patrick Kron), validaram sua contratação como consultor para o contrato de Tarahan. Meus superiores pareciam muito satisfeitos com as garantias fornecidas por esse intermediário. O que mais se podia querer?

A missão da Sharafi é simples: organizar reuniões com o cliente, os políticos, os financiadores, os engenheiros consultores, para exaltar os méritos da nossa oferta. Em suma, o trabalho clássico de um lobista. Sua remuneração foi fixada em 3% do valor total da venda. Também aqui se tratava de uma porcentagem bastante comum para esse tipo de serviço.

Nos meses que se seguiram, Sharafi começou a trabalhar. Nesse contrato, nos associamos em um consórcio 50-50 com um sócio japonês, Marubeni (que também validou a escolha de Sharafi como consultor) e concorríamos com uma grande empresa estadunidense. No início, tudo parecia estar indo bem. Ficamos sabendo que a nossa oferta era a mais barata e a mais bem avaliada tecnicamente. É claro, portanto, que estávamos na melhor posição e não deveríamos perder o contrato. Mas sabíamos que é sempre muito delicado desbancar uma empresa estadunidense, principalmente na Indonésia, país situado na zona de influência dos Estados Unidos. Por isso, fiz uma visita à Embaixada dos Estados Unidos em Jacarta, com Sharafi e Moenaf, para defender nossa causa e tentar apaziguar as suscetibilidades do gigante americano.

Eu provavelmente não tinha encontrado os bons argumentos, porque, no verão de 2003, as notícias não foram boas. Contra todas as expectativas, a situação favoreceu nosso concorrente estadunidense. Obviamente, seus consultores "converteram" a equipe de avaliação de PLN pagando ou prometendo pagar propina a pessoas-chave. Corríamos o risco de perder a licitação. Nosso parceiro japonês fez a mesma análise. O chefe de Marubeni então entra diretamente em contato com Patrick Kron para partilhar suas preocupações sobre Tarahan. Em Paris, a perspectiva de um fracasso nessa negociação teve o efeito de uma bomba. Imediatamente, recebi uma ordem de meu chefe, Tom Pajonas, para correr para a Indonésia a fim de tentar reverter a situação. A direção geral também delegou Lawrence Hoskins, o chefe da Alstom International Network Asia, para tratar pessoalmente da questão no local. A pressão sobre meus ombros era colossal. De minha parte, intimo minha equipe a fazer de tudo para reverter a situação. Esse clima de pânico transparece muito bem em um dos meus inúmeros e-mails que os procuradores brandem hoje (Anexo 55 da acusação). Assim foi que, em 16 de setembro de 2003, escrevi para William Pomponi, que sucedeu a David Rothschild como representante comercial deste caso, e que está em Jacarta: "Quando conversamos sobre isso na sexta-feira, você me disse que tudo estava sob controle. E agora fico sabendo que somos o número 2! Dê-me um plano amanhã para recuperar isso. NÃO PODEMOS PERDER ESSE PROJETO!".

Uma reunião de crise foi organizada no final de setembro de 2003 no hotel Borobudur em Jacarta. Marubeni, nosso parceiro japonês, confirmou (como eu fortemente suspeitava) que nosso concorrente estadunidense se comprometeu a pagar propina a vários membros do comitê de avaliação e à administração da PLN. As equipes da Alstom International Network, que, de sua parte, obtiveram as mesmas informações, combinaram com os japoneses a contratação de um novo agente, um certo Azmin. Não conheço este Azmin e jamais o encontrei, mas eles já haviam trabalhado com ele em um outro contrato na Indonésia: "Muara Tawar 2". Quanto a mim, minha atribuição era apenas garantir que o apelo a esse segundo consultor não sobrecarregasse nossas contas. Por fim, ficou decidido que o percentual do primeiro consultor, Sharafi, seria revisado para baixo. Ele iria receber apenas 1% de comissão, ou seja, cerca de 600.000 dólares, sendo que os 2% restantes seriam prometidos a Azmin. Algo mais fácil de falar do que fazer, mas o tempo urgia. Lawrence Hoskins rapidamente o encaminhou à sede em Paris, e a administração geral lhe deu sinal verde em vinte e quatro horas. Em setembro de 2003, Azmin entrou em cena. E com sucesso inegável, pois acabamos ganhando o contrato em 2004. No entanto, esse recurso a dois consultores obrigou a administração da Alstom a montar dois circuitos de financiamento paralelos. A unidade estadunidense de Windsor ficou responsável pela remuneração de Pirooz Sharafi, e a subsidiária suíça da Alstom (Alstom Prom) assumiu a remuneração de Azmin, que, para justificar seus emolumentos, forneceu "falsas provas de serviço". E seriam funcionários do departamento de compliance da Alstom Prom quem iria ajudá-lo a redigir esses documentos.

Pouco antes da assinatura definitiva do contrato de Tarahan, em 24 de maio de 2004, Eddie Widiono, o diretor da PLN, fez jus ao tapete vermelho ao ser recebido na sede da Alstom. Para recebê-lo, Patrick Kron se cercou de toda a sua equipe. Quanto a mim, participei do almoço que sucedeu a essa recepção na companhia da alta hierarquia do grupo. Todos estavam perfeitamente cientes das condições de obtenção deste futuro contrato, que foi finalmente assinado em 26 de junho de 2004.

De minha parte, eu praticamente não acompanhei esse dossiê. Sei apenas que Sharafi (o primeiro intermediário) só recebeu a última parte de sua comissão muito mais tarde... em 2009. No que me diz respeito, em meados de 2006, fui transferido e voltei para a França.

Hoje os procuradores me acusam de ser um dos "co-conspiradores" nesse caso de corrupção. Mas, como repiso com veemência para meus dois advogados Stan Twardy e Liz Latif:

— Não recebi nenhuma vantagem pessoal neste dossiê, sequer toquei um único dólar em "retrocomissão". Aliás, na peça de acusação, os procuradores são formais nesse ponto. E se eles tivessem alguma dúvida, eles deixariam registrado. Fiz meu trabalho e ponto final! Tal como meus chefes, a começar por Patrick Kron, me pediram para fazer naquela época! Então, o que estou fazendo na prisão? E por que eu e não os outros?

— Exato, retruca Stan, mas o senhor sabia muito bem de que era ilegal ou sabia muito bem que estava ao menos numa zona cinzenta, certo?

— Claro, eu não disse que não. Mas não conheço ninguém que tenha desempenhado funções semelhantes às minhas em uma grande empresa francesa no início dos anos 2000, que tivesse sido denunciado por essas práticas.

Fico furioso com o semblante resignado de meus conselheiros estadunidenses. Obviamente, eles se recusam a me acompanhar nesse caminho. Não me ouvem ou fingem que não me entendem. E então Stan Twardy me dá informações que arruínam o pouco de esperança que me restava.

— Há uma última coisa que você precisa saber. Além dos e-mails e das conversas, os procuradores também têm nas mãos testemunhos disponíveis.

— Eu sei, Stan, o de David Rothschild...

— Não apenas. Pirooz Sharafi também falou muito ... Inclusive, foi certamente ele o primeiro a denunciar tudo. O FBI o interrogou por ocasião de um caso de evasão fiscal. Para evitar vários anos na prisão, ele fez um *deal* com os investigadores. Em troca de imunidade total, ele entregou o caso de Tarahan. Então ele denunciou o senhor. O senhor e outros.

ACOSTUMA-SE COM TUDO, MESMO COM A PRISÃO

Pela primeira vez desde o início do meu encarceramento, acordo um pouco menos cansado do que nas manhãs precedentes. Finalmente consegui dormir. Meus dois codetentos, Cho, o falsário, e Mason, o traficante, chegaram a dizer que ronquei a noite toda!

— Vê só, *Frenchie* – eles brincaram – a gente avisou, a gente acaba se acostumando com tudo, até com a prisão...

No mesmo instante, e como que para provar o contrário – não, você nunca se acostuma com a prisão, principalmente com Wyatt – um guarda bate na porta. Ele nos manda sair rapidamente para o corredor. Revista geral no estabelecimento.

Alguns segundos depois, dez homens de preto, com capacetes e armados como as equipes da SWAT que vemos nas séries de televisão, irrompem em nossa cela. Eles estão acompanhados pelo diretor, flanqueado por dois assistentes. A inspeção começa. Tudo passa por ela: colchões, cobertores, lençóis, fronhas. Mesmo o menor recanto é vasculhado, cada centímetro quadrado é examinado, tudo é revirado. A seguir, temos que ir, um por um, para os chuveiros para sermos revistados nus, antes de podermos voltar aos nossos lugares. Depois, todos somos convocados para conversas individuais com uma *counselor* (equivalente da assistente social).

— Diga-me, Sr. Pierucci – ela me pergunta com uma voz grave – sei que o senhor está conosco há pouco tempo, mas não notou nada de anormal?

Tenho dificuldade para conter uma risada nervosa. Ela está realmente falando sério? Em Wyatt, TUDO me parece anormal! Mas o momento em que os guardas estão revirando a prisão de ponta-cabeça, não parece a ocasião mais apropriada para lhe confidenciar minhas queixas. Prefiro ficar em silêncio. Ela encadeia mecanicamente suas perguntas:

— O senhor já foi vítima de violência? Já testemunhou tráfico de drogas ou medicamentos? Não ouviu nenhum rumor? Não viu agressões entre detentos?

Será que ela me acha um debiloide? Será que ela realmente acredita que eu, o pequeno *Frenchie*, o delinquente de colarinho branco perdido entre os mais empedernidos criminosos, vou quebrar a omertà da prisão? Ela deseja minha morte ou o quê? Como quer que seja, desta vez, não vi nada. Mas meu silêncio não a perturba nem um pouco. Ela realizou seu trabalho. Fez suas perguntas. Ela me libera impassível. Direção: os banheiros. Um guarda entrega a cada um de nós um pequeno frasco para urinarmos. Sob seus olhos. É um teste para verificar se consumimos entorpecentes secretamente. Negativo! De volta à nossa cela. Clique-claque. A porta se fecha. Ela ficará assim o dia todo. E que pena se não podemos usar nossas pias ou banheiros. A água foi cortada durante a revista total do centro de detenção, por temor que os presos se livrassem de drogas ou de outros itens jogando-os nos ralos. À noite, ficaríamos sabendo que três detentos foram enviados para a solitária após esta inspeção geral.

No dia seguinte, Cho nos deixa. Ele foi transferido para a Califórnia para cumprir o restante de sua sentença. Esta não é uma notícia muito boa. O jovem dominicano que agora ocupa seu beliche permanece inerte por longas horas, deitado em seu colchão, os olhos bem abertos, o olhar vítreo. Ou então se põe a berrar, gritando coisas delirantes. Obviamente, seu cérebro fritou por causa do consumo excessivo de crack. A atmosfera em nossos onze metros quadrados torna-se irrespirável.

Felizmente, de Singapura, Clara finalmente conseguiu creditar minha conta na cantina e agora podemos conversar por telefone. Também poderei fazer minha primeira encomenda ao *commissary*: escova de dentes, pasta de dente, barbeador, espuma de barbear, cotonetes, algumas roupas extras, cuecas.

A única vantagem no passar dos dias e na duração da minha detenção foi que meu período de quarentena na prisão acabou. Pude então sair da minha cela, ir para a sala comum, ter acesso aos telefones, conhecer outros detentos, descobrir a microssociedade de Wyatt, com seu cortejo de horrores e sua cota de humanidade. Veja o Chris. É um verdadeiro gangster. Sua "láurea" é impressionante: cerca de vinte assaltos a banco e o mesmo montante de condenações. Com cinquenta e sete de idade, ele acumula vinte e seis anos atrás das grades! Ele tem dois filhos: um filho de vinte e seis anos que ele nunca viu e uma filha que concebeu em uma sala de visitas. Ele também tem três netos, mas não faz ideia de como são. Por outro lado, ele conhece de cor o sistema prisional estadunidense – já passou por uma dúzia de prisões federais – e tem uma obsessão: os advogados.

— *Frenchie*, ele não se cansa de me repetir, jamais confie em seu advogado. A maioria deles trabalha nos bastidores para o governo. Acima de tudo, nunca confesse nada a seu advogado, caso contrário, ele o forçará a fazer um *deal*, nos termos dele, e se você não fizer, ele vai denunciar tudo ao procurador. E tome cuidado com os outros detentos também. Há muitos *snitchers*. Tão logo ficam sabendo de algo, se apressam em contar, para tentar obter uma pena mais leve.

Chris vê complôs por toda parte, o tempo todo! Ele está convencido de que, como ex-procurador-geral, Stan não é um bom advogado, porque é demasiado condescendente e ligado ao DOJ. Ele me aconselha a trocar de defensor e ficar com outro: o dele.

— Você não vai encontrar melhor. Ele foi advogado dos Hells Angels!

E o pior é que, por meu turno, me deixei levar por sua psicose, passei um dia inteiro pensando em seguir seu conselho, antes de mudar de ideia em um último lampejo de lucidez. Ao menos foi nisso que acreditei. A sequência dos acontecimentos iria me provar que Chris não estava necessariamente enganado. Em que inferno eu caí? Como tudo pôde mudar em tão poucos dias?

Tenho a sensação de ter sido abandonado por todo mundo, exceto por minha família. Ainda que, para minha surpresa, tenha recebido uma visita muito especial ontem à tarde. "Pierucci! *Lawyer visit*", grita um carcereiro. As reuniões com advogados ou representantes da administração acontecem em uma sala separada em Wyatt. São *"contact visit"*. Nas outras, as *"non contact visit"*, ao contrário, uma parede de vidro nos separa do nosso interlocutor. Depois de passar por treze portas de segurança blindadas e ser submetido a outra revista completa, entro em uma sala onde uma jovem senhora está esperando por mim:

– Fui enviada pela representação francesa em Boston. O cônsul queria vir pessoalmente ao seu encontro, mas foi impedido no último momento.

Muito magra, na casa dos quarenta anos, elegante, a sra. L. não parece muito à vontade em seu papel de visitante de prisão. Visivelmente desconcertada com o lugar – o que é de se esperar – e, sem dúvida, de índole ansiosa, esqueceu o essencial. Ao invés de perguntar sobre minha situação e em que ela poderia me ser útil, ela se põe a me contar sua vida: sua última viagem à Indonésia, o grande amor que ela conheceu lá, os contratempos de seu filho e até mesmo seu último cardápio em um restaurante da moda! Eu a escuto perplexo, sem saber se devo me enfurecer ou deixá-la dar azo a sua tagarelice inadequada sob tais circunstâncias, sem a interromper. Mas por que ela veio me ver? Eu finalmente entendi no final de nossa conversa. Quando ela se prepara para se despedir, a enviada do cônsul de repente se torna muito profissional:

– Uma última coisa, Sr. Pierucci, nem pense em pedir sua transferência para uma prisão francesa. Os estadunidenses não vão deixá-lo partir antes de terem pronunciado seu próprio julgamento. Eles consideram os franceses demasiadamente complacentes nos processos por corrupção.

Então era esse o motivo de sua visita. A mensagem foi cem por cento captada. Terei que me defender sozinho, as autoridades em meu país não irão se mexer. Algumas semanas depois, entretanto, a Sra. L. foi substituída por Jérôme Henry, vice-cônsul em Boston. Ao contrário de sua colega, ele dará mostra de grande disponibilidade. De pés no chão, ao mesmo tempo pragmático e acolhedor, esse diplomata virá visitar-me várias vezes durante a minha detenção e me garantirá um vínculo constante com a minha família. Ao longo de todo esse período, ele foi uma das raríssimas e eficazes pessoas que me apoiaram, em que pese sua margem de manobra fosse muito limitada.

Estou agora voltando para minha cela, depois desse encontro surreal. Através da única e estreita "janela" em forma de fenda, vejo uma primeira grade, depois alguns metros mais adiante, uma cerca de arame farpado, depois outra grade e, ainda mais longe, uma colina, com, por assim dizer, colocado por sobre ela, uma marmota. Fico para observá-la. É a presença deste animal ou o céu azul que envolve Wyatt naquela manhã? Um guarda me permite excepcionalmente, pela primeira vez, a ir ao pátio de recreio. Fazem 15 graus, o tempo está fresco, o céu é imenso. É uma manhã de primavera da costa leste dos Estados Unidos do jeito que eu gosto. Estou sozinho e tento fazer algumas cestas de basquete. Quase me sinto livre. Uma diversidade de perguntas fervilha em minha cabeça. O que meu pai estará fazendo agora? Será que Raphaella, minha última filha, finalmente encontrou o remédio certo para evitar a queda de cabelo? O que minha mãe fez durante sua viagem a Singapura? E Clara, como ela está se virando com os quatro filhos? E a declaração de renda, será que ela vai conseguir preencher corretamente? E...

A FAMÍLIA COMO ÚNICO APOIO

Clara está se virando bem, aliás, muito bem. Em Singapura, ela decidiu enfrentar pessoalmente o problema. Faz uma semana que ela tem movido céus e terras para encontrar um cidadão estadunidense que concorde em colocar sua casa sob fiança. Sem essa garantia, nenhum juiz vai me conceder liberdade condicional. Minha esposa também se aproximou da Alstom. Ela teve uma longa conversa com Mathias Schweinfest, diretor jurídico da divisão Thermal Power, chefiada por Andreas Lusch, que foi meu chefe por sete anos. Mathias presta contas a Keith Carr, o responsável jurídico de todo o grupo.

— Foi um choque, ela me disse ao telefone. No começo, ele foi muito gentil. Me explicou que a empresa estava lhe dando suporte, mas depois, quando entramos nos detalhes, percebi que era bazófia...

— O que você está querendo dizer? Explique-me exatamente o que ele lhe disse.

— Para começo de conversa, a Alstom não vai nos ajudar a encontrar uma pessoa para a casa. O judiciário estadunidense se opõe. Os procuradores acreditam que seria um subterfúgio, uma forma de ajuda disfarçada.

— Isso eu já tinha entendido ...

— Sim, mas piora. Se conseguirmos encontrar nós mesmos um estadunidense que se arrisque a assumir sua fiança, e se você for liberado, você não poderá mais trabalhar na Alstom!

— O quê? Mas é impossível, eles não vão fazer isso comigo!

— Vão sim, Fred. Mathias Schweinfest foi formal. Como a Alstom também está sendo investigada pelo DOJ, você certamente será proibido de se encontrar com seus colegas em Windsor, pelo menos durante a investigação. Nem mesmo eu tenho mais direito de encontrá-los. Eles me proibiram de falar diretamente com um gerente da Alstom!

Sinto como se tivesse levado uma bordoada na cabeça. Todos os meus planos para o futuro desmoronam. Até aquele momento, eu havia aceitado a ideia de que depois da minha libertação – mesmo sendo forçado a permanecer nos Estados Unidos enquanto aguardava o julgamento – eu teria a possibilidade de retomar meu trabalho a partir da sede do grupo nos Estados Unidos em Windsor, que abriga a unidade estadunidense do business caldeiras. Agora, depois do que Clara acaba de me anunciar, tudo fica incerto. E não só para mim. Sem o apoio da Alstom, como toda a família vai poder enfrentar a situação? Clara prenuncia minha pergunta.

— Pelo menos, enquanto você não se declarar culpado, eles continuarão a pagá-lo. Mas do jeito que as coisas estão indo, você corre o risco de ter que entrar com uma ação trabalhista contra a Alstom mais cedo ou mais tarde. É vergonhoso abandonarem você assim! Eu me sinto um pouco perdida, mas fique tranquilo, estou em contato com toda a sua família, principalmente com sua irmã, que tem me ajudado muito. Também encontrei algum material interessante na Internet sobre o FCPA, inclusive um relatório de um escritório de advocacia especialista no assunto. Vou mandar para você.

Sei o quão valioso deve ser o apoio de minha irmã Juliette. Ela tem uma sólida formação em direito e – como me confidencia em uma carta – já analisou em detalhe a peça de acusação contra mim (o documento foi publicado quase na íntegra na página da internet do Ministério da Justiça estadunidense, no dia seguinte à minha prisão).

— Querido Fred – escreveu Juliette em sua mensagem eletrônica –, quando Clara me avisou de sua prisão pelo FBI, fiquei tão desorientada que, tremendo muito, precisei me sentar imediatamente nos degraus que margeiam a praça do mercado. Eu sentia Clara prestes a se debulhar em lágrimas. Assim que cheguei em casa, pude descobrir, apenas digitando seu nome em um mecanismo de busca, que você foi objeto de um *Indictment F. Pierucci vs United States*, em linguagem simples, de uma acusação por parte do governo dos Estados Unidos. Para minha surpresa, ao clicar no documento postado pelo Ministério da Justiça, o anexo foi aberto e pude consultar um texto de quase setenta páginas! Para nós, franceses, é simplesmente alucinante que essas acusações sejam levadas ao conhecimento do público quando você ainda não foi sequer julgado! Acima de tudo, li atentamente o dossiê. Como eles puderam prendê-lo? Com base em quais provas? Estou realmente indignada, escandalizada, com o funcionamento do judiciário estadunidense. E mesmo que tudo isso fosse correto, na França e na Europa, se casos de corrupção forem comprovados, são antes de tudo as próprias empresas que são visadas, e não seus funcionários, a menos que os executivos tenham agido por conta própria ou tenham tido enriquecimento pessoal, o que obviamente não aparece em seu arquivo. Fred, por favor, não desanime, aguente firme, estou convencida de que em breve eles serão obrigados a libertá-lo e eu vou alertar o Quai D'Orsay[8] para sensibilizá-los sobre sua situação.

Falemos sobre o Ministério das Relações Exteriores! Tendo sido preso no aeroporto JFK, que depende do Consulado de Nova York, e depois transferido para Wyatt em Rhode Island, que é alçada do Consulado de Boston, os representantes do Quai d'Orsay simplesmente perderam a minha pista e me esqueceram, antes de Juliette alertá-los.

Foi depois desse alerta que o Consulado de Boston enviou até mim a Sra. L., minha visitante na prisão. Se minha irmã soubesse do conteúdo de nossa entrevista, se tivesse ouvido a representante do Quai d'Orsay me explicar, em síntese, que meu país não mexeria um dedo, ela teria caído da cadeira e sem dúvida perdido suas derradeiras ilusões...

Por telefone, também pude falar pela primeira vez com as crianças sem lhes dizer onde estava. Pierre pareceu bastante surpreso porque não o repreendi quando me contou a nota ruim que obteve no último exame de matemática.

Quanto tempo vamos conseguir esconder a verdade deles? Eu preciso ser liberado. Por minha esposa, por meus filhos e por meu próprio equilíbrio. Se eu ficar muito tempo em Wyatt, vou desmoronar. Não aguento mais o barulho infernal de discussões entre presidiários, suas histórias de dinheiro, carros, drogas, prostitutas...

---

[8] Local onde se situa o Ministério das Relações Exteriores francês. Por essa razão, esse ministério é habitualmente designado por essa metonímia. N. T.

A JUSTIÇA ESTADUNIDENSE, VISTA DE WYATT

Eu não quero mais vê-los ou ouvi-los e, no entanto, devo aprender a sobreviver ao lado deles. E, ao contrário dos conselhos que Chris (o gangster não tão paranoico) me dá, decido explicar a dois ou três detentos os motivos de minha prisão. É preciso dizer que eu destoo um pouco da paisagem. De fato, não pareço um traficante de drogas, muito menos um ladrão. Se eu tivesse ficado em silêncio, eles teriam acabado me tomando por um pedófilo. O horror... Então, sem revelar tudo – afinal, sempre desconfio dos "X9" –, eu contei o essencial. E meus companheiros de prisão foram unânimes: os procuradores não iriam me deixar ir enquanto eu não concordasse em me declarar culpado. Mesmo que eu fosse obrigado a avançar às cegas, sem saber o que os magistrados iriam manter ou tirar do dossiê de acusação contra mim, mesmo sob essas condições profundamente desiguais e fundamentalmente injustas, eu deveria aceitar negociar com o DOJ. Do contrário, poderia dar adeus aos meus sonhos de liberdade e me preparar para apodrecer na cadeia por longos meses, talvez anos.

Porque em Wyatt, a justiça não é como o que vemos nos filmes. Se estamos todos acostumados às séries ou filmes estadunidenses, que alardeiam um sistema em que muitas vezes, durante uma audiência espetacular, um advogado tarimbado faz uma defesa heroica de um acusado, fazendo crer que a causa dos mais fracos pode ser ouvida e defendida, a realidade se mostra bem diferente, visto que, em matéria penal, simplesmente quase não há processo organizado. Em 90% dos casos, os acusados preferem desistir. A razão é simples: os indiciados têm de arcar totalmente com os custos exorbitantes de uma defesa, e apenas os mais ricos – e você precisa ser realmente muito rico – podem pagar as custas de um escritório de advocacia.

De fato, no sistema estadunidense, as pessoas processadas encontram-se diante de um procurador que investiga exclusivamente para acusar. Ao contrário do juiz de instrução francês que investiga tanto para a acusação quanto para a defesa. Os acusados se veem então forçados a pagar do próprio bolso as análises de documentos, segundas opiniões ou a busca de depoimentos que possam pesar a seu favor. Em assuntos financeiros, isso geralmente significa estudar dezenas ou centenas de milhares de documentos. São muito raros, portanto, os indiciados que têm recursos para (por vários meses, até anos) pagar (o montante de várias centenas de milhares de dólares) um verdadeiro defensor, ou recorrer aos serviços de um detetive particular para realizar uma contra-investigação. Já os procuradores, em contrapartida, têm à sua disposição todas as ferramentas e advogados qualificados em número suficiente. Porque a justiça estadunidense – outra diferença notória em relação à França – é rica. Há na base, portanto, uma assimetria nos meios de investigação. Se, além disso, um acusado estiver em prisão preventiva e, portanto, tiver acesso muito limitado a seus advogados, será praticamente impossível que ele seja ouvido, e mais ainda, se ele estiver encarcerado em uma prisão de segurança máxima como Wyatt.

Certamente, em matéria penal, no nível federal, os procuradores só podem iniciar um processo após obter o consentimento de um "grande júri" (um grupo de cidadãos – entre 16 e 23 anos – escolhidos ao acaso). Esse dispositivo é, em teoria, estimado funcionar como uma barreira para evitar acusações abusivas. Mas, na realidade, é bem diferente. De acordo com estatísticas do Ministério de Justiça dos Estados Unidos, em 2010, dos 162.351 casos apresentados aos os "grandes júris", eles se opuseram a acusações em apenas 11. E para completar, se um acusado decidir ir a julgamento de qualquer maneira, ele se verá diante de um juiz com muito menos liberdade de apreciação do que na França. Há um sistema de penas mínimas nos Estados Unidos e, acima de tudo, uma escala de penas muito restritiva, as *sentencing guidelines* (literalmente as diretrizes de determinação da pena, que eu não tardaria a descobrir) que enquadram de forma muito restrita o trabalho dos magistrados.

Os detentos, portanto, encontram-se totalmente à mercê de procuradores omnipotentes que têm todos as cartas nas mãos para incitá-los a se declarar culpados. Resultado: o DOJ tem uma taxa de sucesso em matéria penal digna de resultado eleitoral sob Ceausescu: 98,5%! Isso significa que 98,5% dos acusados pelo DOJ acabam sendo considerados culpados!

E, para atingir seus objetivos, os procuradores estão dispostos a manter sua presa em banho-maria pelo tempo que for necessário. Em Wyatt, alguns presos esperam por acordos há dois, até mesmo há cinco anos. Eles recusaram as primeiras ofertas dos procuradores por as terem considerado excessivamente elevadas em termos de anos de prisão. Depois, também rejeitaram a segunda oferta. E agora aguardam a terceira, sem garantia sobre seu futuro. É psicologicamente insuportável. Muitos perdem a saúde (física e mental). Uma das pessoas das quais eu viria a ficar mais próximo em Wyatt, apelidado de The Transporter, que coletava o dinheiro das máfias em Nova York e transportava o dinheiro vivo em voos privados para Las Vegas, onde era lavado, teve a oferta inicial de vinte sete anos de prisão. Tendo-a recusado, depois de doze meses de prisão, os procuradores propuseram-lhe um novo *deal* de quatorze anos. Segunda recusa. Então, depois de mais um ano de prisão preventiva, ele finalmente assinou uma confissão de culpa na qual os procuradores se comprometeram a não pedir ao juiz uma sentença maior que sete anos. No final, The Transporter foi condenado a cinco anos, o que é excepcional, porque, na grande maioria dos casos, os juízes seguem as recomendações dos procuradores. Outros não tiveram tanta sorte, e suicídios são frequentes, tamanha é a pressão. Tudo depende do limite de resistência dos detentos.

Para evitar perder um caso, os procuradores estadunidenses também estão dispostos fazer qualquer arranjo. Assim, eles incitam os acusados a cooperar, delatando seus cúmplices. Mesmo na ausência de qualquer prova material. Esse sistema penal é simplesmente delirante e completamente perverso. E leva a comportamentos extremos. Cada um pensa em primeiro salvar a própria pele, como aquele fraudador de cartão bancário que delatou a própria esposa. Ela foi condenada a oito anos de prisão, ao passo que ele terminou com uma sentença de apenas dois anos. Quando esses casos ficam conhecidos, esses detentos são habitualmente postos em isolamento, por medo de represálias de outros presos que abominam os X9.

Os advogados estadunidenses, por seu turno, acomodam-se a esse sistema. Na sua maior parte, eles iniciam suas carreiras no Ministério Público, como procuradores-adjuntos ou assistentes, antes de ingressar em um grande gabinete. A grande maioria deles nunca irá atuar em um julgamento criminal. Eles não são realmente defensores como entendemos na França, são acima de tudo negociadores. Sua principal tarefa é convencer o cliente a concordar em se declarar culpado. A seguir, negociam da melhor forma possível a sentença com a acusação. Em suas discussões com os procuradores, esses "advogados" baseiam-se, portanto, em grades de pontos, as famosas *sentencing guidelines*. Um sistema ubuesco com o qual terei que aprender a lidar.

MINHAS *SENTENCING GUIDELINES*

Preciso me blindar. Forjar uma carapaça para não me deixar esmagar por esta máquina infernal. Estar o menos vulnerável possível em minha próxima reunião na grande "mesa de pôquer" do judiciário estadunidense. Sim, é assim que vejo agora. Todos dissimulam suas cartas e tentam ganhar a partida. Mas como posso ficar confiante quando Liz Latif, que desde a minha prisão, mantém meus objetos profissionais (telefone, computador, iPad...), acaba de me dizer, durante nossa entrevista, que fui desligado dos registros informáticos da Alstom, que não recebo mais nenhuma mensagem da minha empresa, que meu iPad não está mais conectado e que a conta do meu celular profissional foi suspensa? Eles cortaram todos os vínculos comigo. Do ponto de vista deles, essa é uma lógica inexorável. Culpado ou inocente, sou um galho morto do qual é imperioso se livrar sem demora.

Era de se esperar, mas me destrói, como se de repente eu não existisse plenamente, como se uma parte de mim tivesse sido tirada de mim. Vinte e um anos de bom e leal serviço reduzidos a nada. Preciso me recompor. E rápido. Porque logo terei uma decisão capital a tomar: entrar ou não em negociações com os procuradores. Eles propõem uma reunião para 5 de maio, três semanas após o início da minha prisão. Eles devem estar dizendo a si mesmos que já estarei suficientemente marinado. Que estarei maduro. Stan me expôs as implicações desse procedimento. Anotei cada uma das suas palavras nos blocos de nota A4 onde, desde o início da minha detenção, venho registrando preto no branco a lápis, entre as quatro paredes da minha cela, cada pormenor do dia, dos menus da cantina aos insultos dos meganhas, passando pelas histórias que outros detentos me contam. Obviamente, é aí que registro todas as etapas do processo. Eis então o que Stan me disse naquele dia:

— Os procuradores oferecem uma *reverse proffer*. Resumindo, é uma entrevista confidencial que serve de pré-negociação. Eles vão lhe mostrar algumas das provas que acumularam contra o senhor para forçá-lo a se declarar culpado. Isso os poupará de organizar um processo. E, claro, os ajudará a aumentar a pressão sobre os dirigentes da Alstom, para que eles próprios se declarem culpados e cooperem verdadeiramente com a investigação. A Alstom então terá que pagar uma multa enorme.

— E eu, o que eu ganho nesta história?

— Em troca de sua confissão de culpa, eles retirarão certas acusações, o que reduzirá sua pena de prisão. O senhor tem contra si dez processos. Se conseguirmos negociar bem, podemos esperar que mantenham apenas uma só acusação: uma simples acusação de conspiração de corrupção. E então o senhor terá um máximo de cinco anos como um Rothschild. Com a condição, é claro, de que tudo corra sem incidentes e que o juiz aceite sua declaração de culpa...

— E se eu recusar?

— Bem, eu não recomendo. Eles têm dois trunfos nas mãos, suas duas testemunhas: Sharafi, o primeiro consultor que já lhes delatou tudo e que acusa o senhor de estar ao corrente das propinas que ele pagou ao deputado indonésio E. Moeis. E há David Rothschild, que diz quase a mesma coisa. Além disso, Sharafi e Rothschild já negociaram com os procuradores.

— Exatamente, quanto vale a palavra deles nessas condições?

— Acho que pode ser o suficiente para convencer um júri. Se o senhor for a julgamento, apostará seu futuro na Roleta Russa.

— Talvez, mas afora essas "testemunhas", eles não têm verdadeiras provas contra mim. Os e-mails dos quais eles se valem na acusação não me implicam diretamente. Se formos a julgamento, acho que tenho uma chance real de ser solto.

— A preocupação é justamente quanto a esses e-mails ... Os procuradores nos mandaram ontem uma cópia completa do seu dossiê: onze

CDs, que contêm pelo menos 1,5 milhão de peças. São essencialmente mensagens eletrônicas, correspondências entre vários executivos da Alstom por um período de quatorze anos. Também há gravações feitas pelo informante infiltrado pelo FBI. O procurador nos disse que o senhor não é ouvido nas fitas. Mas, não se sabe exatamente o que está nelas.

— Bem, temos que analisá-los! Essa é a prioridade antes de tomar uma decisão, me parece óbvio.

Stan parece ofendido:

— Não sei se o senhor consegue imaginar o trabalho que isso significa. É titânico! 1,5 milhão de peças! Isso levará pelo menos três anos e custará vários milhões de dólares de honorários.

Então é assim que a arapuca, perfeitamente azeitada, se fecha. É medonho. E aqueles que a manuseiam são os que sempre saem ganhando. Em síntese, se eu quiser ter alguma esperança de ser solto, tenho que me declarar culpado. Caso contrário, devo me preparar para uma longa detenção antes do meu julgamento. Meus codetentos não estavam enganados. Seja qual for a sua intenção inicial, os procuradores sempre acabam o incitando a aderir a negociações...

O que fazer nessas condições? 5 de maio está se aproximando. E meu cérebro não passa de um carrossel onde suposições, cálculos, relações de prós e contra dão voltas e mais voltas.

No dia fatídico, o regulamento da prisão me traz de volta à realidade. Aqui estou novamente, acorrentado como um condenado, jogado no meio de outros onze detentos amontoados em um furgão blindado, em direção à corte de New Haven, onde os procuradores estão prestes a me fazer sua *reverse proffer*.

Entro no tribunal e encontro, junto com Stan e Liz, David Novick, o procurador distrital de Connecticut que por duas vezes se opôs vigorosamente aos meus pedidos de libertação. Ao lado dele está outro procurador que eu nunca tinha visto antes, que eu teria preferido jamais ter conhecido: Daniel Kahn[9], que viajou especialmente de Washington.

---

[9] Sobre esse procurador, e seus estreitos vínculos com os procuradores que compuseram a Operação Lava Jato no Brasil, ver jornal DCM: *Procurador dos EUA revela que só conseguiu multar Petrobras graças à Lava Jato*. Em: https://www.diariodocentrodomundo.com.br/procurador-dos-eua-revela-que-so-conseguiu-multar-petrobras-gracas-a-lava-jato/ (publicado em: 11/05/2019; consultado em: 11/06/2021). Ver também jornal GGN: *Xadrez*

Ele é procurador federal do Departamento de luta contra a corrupção do Departamento de Justiça. Jovem, ambicioso, brilhante, esse graduado de Harvard, especialista em casos de *Foreign Corrupt Practices Act*, construiu sólida reputação por seus processos contra colarinhos brancos. Ele chegou a ganhar o prêmio de melhor procurador adjunto.

Na sala do tribunal de New Haven, ele imediatamente assume a direção das operações, projetando suas evidências. São essencialmente quatro recibos – que estou descobrindo pela primeira vez – de transações bancárias realizadas entre 2005 e 2009 de uma das contas do nosso lobista Sharafi (nosso primeiro "intermediário" no negócio Tarahan) para uma conta mantida por um parente de Emir Moeis (o deputado indonésio) por um total de cerca de 280.000 dólares. Segundo ele, é a prova da corrupção, pelo menos é o que Sharafi dirá se eu for a julgamento. Dada as relações comerciais regulares de anos entre Sharafi e Moeis (de acordo com Sharafi, eles eram até co-investidores em empresas comuns na Indonésia), essas transferências não me surpreendem. No que elas estariam forçosamente ligadas ao contrato da usina de Tarahan? E mesmo que estivessem, eu jamais fui informado nem por Sharafi nem por ninguém sobre essas transferências, muito menos sobre seus valores, bem ao contrário. Mas preferi ficar em silêncio. Permaneci impassível. Como Liz Latif me aconselhou com veemência pouco antes da audiência:

— Acima de tudo, Fred, não importa o que aconteça, não manifeste nada, mesmo que tentem desestabilizá-lo. Não mova um cílio.

Permaneci, portanto, impassível. Cada uma das palavras de Kahn, no entanto, faz-me sentir como uma miserável mosca presa na cola, afundando nela inevitavelmente, pouco importa se se debate ou não. Em sua apresentação, Kahn e Novick se referem a mim apenas como um "elo da corrente". Tudo o que importa para eles, dizem, é subir na hierarquia dos culpados, até o Diretor Executivo da Alstom, Patrick Kron. Nossa sessão termina depois de cerca de meia hora. Os dois procuradores não me fizeram nenhuma pergunta. Por hoje, basta-lhes mostrar

---

do pacto que garantiu R$ 2,5 bi para a fundação da Lava Jato. Em: https://jornalggn.com.br/editoria/politica/xadrez-do-pacto-que-garantiu-r-25-bi-para-a-fundacao-da-lava-jato/ (publicado em: 12/05/2019; consultado em: 11/06/2021). O procurador deu uma entrevista ao jornal O *Estado de São Paulo*, disponível em: https://politica.estadao.com.br/noticias/geral,nao-sera-surpresa-se-aparecer-outro-caso-de-corrupcao-diz-procurador-americano,70002824444 (publicado em: 11/05/2019; consultado em: 11/06/2021). N. T.

seus músculos. A bola está do meu lado. Cabe a mim chutá-la ou não. E não posso procrastinar por muito tempo. Porque, como Stan Twardy me disse na saída dessa audiência, o relógio é meu principal inimigo.

— Há ainda uma coisa que eles não lhe contaram – diz meu advogado – mas que torna sua situação ainda mais delicada. Eles acabam de indiciar um terceiro oficial da Alstom: Bill Pomponi (aposentado já há muitos anos e que tinha sucedido Rothschild). Eles estão, portanto, tentando ganhar tempo.

— Não estou entendendo nada, Stan. No que a acusação contra Pomponi afeta minha situação?

— Bem, eles certamente farão a ele também uma oferta de negociação. E se Pomponi concordar em se declarar culpado antes do senhor, e der novas informações ao procurador, você perderá valor aos olhos deles e não poderá mais negociar uma declaração de culpa no mesmo nível. Pode ser inclusive que eles percam totalmente o interesse pelo senhor, e então podem "esquecê-lo" na prisão até um eventual processo. É realmente preciso que o senhor decida o mais rápido possível. O senhor tem dois ou três dias, não mais!

— Mas vou me decidir com base em quê, Stan? Isso tudo é macabro. Se eu me declarar culpado, a Alstom não cobrirá mais seus honorários advocatícios e me demitirá. Se não me declarar culpado, corro o risco de cento e vinte e cinco anos de prisão, caso haja processo. E tenho que tomar essa decisão em dois dias porque Pomponi pode "roubar" minha vez. E tudo isso, quando eu sequer posso ter acesso realmente a meu dossiê por ele ser demasiado volumoso, por conter 1,5 milhão de peças e seu escritório não ter condições de analisá-las. Fala sério!

— Eu não poderia estar falando mais sério, Frédéric. Isso dito, não se fixe nos cento e vinte e cinco anos de prisão, isso é realmente em teoria.

— Mas então, qual é realmente o risco que corro? O senhor vai afinal me contar? O que são essas famosas *guidelines* das quais os outros presos me falaram?

Liz faz um gesto com a mão, como se estivesse lidando com uma criança mimada.

— Calma, Sr. Pierucci. E ouça com atenção.

O que ele diz é uma das coisas mais aberrantes que já ouvi.

— Fizemos um estudo – ele me conta – Uma violação da FCPA vale doze pontos. A seguir, é preciso levar em conta o valor da margem bruta feita pela Alstom sobre os contratos incriminados, ou seja, uma soma de 6 milhões de dólares, o que equivale a dezoito pontos a mais. Por fim, as propinas foram pagas a um parlamentar, portanto a um eleito, o que é um agravante. Portanto, é preciso acrescentar quatro pontos. Depois, é preciso acrescentar dois pontos porque houve vários pagamentos, então, de acordo com o DOJ, várias propinas. Isso dá um total de 36 pontos. Dito isso, se o senhor tivesse sido considerado pelo procurador como o líder da "conspiração", teria sido preciso acrescentar outros quatro pontos, mas não foi o caso, então ficamos com aquele total de trinta e seis pontos.

— Aonde a senhora quer chegar, Liz, com esse seu cálculo de pontos? O que me importa é quanto tempo vou ficar na prisão?

— Vou chegar lá! Em seguida, é preciso relatar seus trinta e seis pontos em uma tabela de dupla entrada, contendo, na horizontal, o número de vezes que o senhor já foi condenado e, então, na vertical, os pontos correspondentes à infração da qual o senhor é acusado. Na sua situação, caímos uma faixa de pena entre 188 meses e 235 meses. Se o senhor for a julgamento, em caso de condenação, se o juiz seguir essa escala – o que ele quase sempre faz – sua pena será de no mínimo quinze anos e oito meses, e pode chegar a dezenove anos e sete meses...

— Mas Liz, como o DOJ pode contar desse jeito? Em primeiro lugar, por que levar em conta a margem feita pela Alstom para calcular minha pena teórica? Esse dinheiro não caiu no meu bolso, mas sim no da empresa, portanto, dos acionistas. Não ganhei um dólar, não houve nenhuma retrocomissão. Então um funcionário que atuou em nome de sua empresa sem compensação financeira é tratado da mesma forma que aquele que atuou tirando vantagens pessoais?

— De modo algum. O DOJ considera que o funcionário agiu para manter seu emprego, conseguir uma promoção ou ganhar um bônus. Então estima que ele que obteve vantagem.

— Mas nesse caso seria preciso quantificar esse pretenso benefício...

— Ouça, não adianta discutir. O senhor não vai reescrever a lei americana, vai? A regra de cálculo é o que é, ponto final!

— E quanto aos pagamentos? Este é apenas um contrato de consultoria, mesmo que o valor da comissão de Sharafi tenha sido pago em prestações. Por que mais dois pontos para vários pagamentos?

Vi que Liz ficou toda vermelha e estava prestes a explodir. Stan interveio seco para me lembrar que a FCPA foi feita assim e que "de nada adianta argumentar". Eu emudeço.

No meu retorno a Wyatt, após três horas de translado, estava tão cansado que não conseguia pensar. Aterrorizado, perambulo pela sala comum, o único lugar de vida comum na prisão. Observo os detentos imersos em um jogo de xadrez. Um é excelente. Seus golpes são insuperáveis. Depois de ter vencido o jogo, ele veio conversar comigo e começou a me contar como, algum tempo antes, foi pego com quinhentos quilos de maconha escondidos em sua casa. Quando ele tinha treze anos, sua mãe, uma prostituta, fugiu de casa e depois o pai o abandonou em uma floresta... Sinto-me no *João e Maria*. Claro que ele roubou para sobreviver, depois, pouco a pouco parou, ou quase. Ele começou a cultivar cânhamo...

Na minha cabeça, começo a converter os quinhentos quilos de cannabis em pontos e depois os pontos em anos de prisão. Como ele forçosamente já deve ter sido condenado, a isso deve se somar a reincidência... Paro, como se tomado por uma vertigem. "Para sobreviver na prisão – não se cansa de me dizer Mason, meu codetento – feche os olhos e continue respirando". Continue a respirar. E então simplesmente viva. Pela primeira vez, nesta noite de 5 de maio de 2013 em Wyatt, me juntei aos outros prisioneiros para assistir televisão com eles no refeitório. Excepcionalmente, é um jogo de futebol europeu com retransmissão tardia: a final da Liga dos Campeões. Contra todas as probabilidades, o Bayern de Munique venceu o Barcelona por três a zero.

A ALA A

No dia seguinte, eu não podia acreditar no que estava ouvindo quando um homem baixo, careca, meio desdentado, aparentando ter pelo menos uns setenta e cinco anos, me cumprimenta com um vigoroso *"Bonjour, monsieur!"* pronunciado na língua de Molière praticamente sem sotaque. A administração da prisão acabou de mudar minha alocação e me transferiu para a ala A.

— *Salut, le Frenchie*, continua alegremente o septuagenário que me saúda. Sou Jacky, mas aqui todo mundo me chama de O Velho. Você é esperado faz tempo!

Diante do meu ar surpreso, Jacky me explica que tem "algumas relações" na administração de Wyatt e que está por trás da minha transferência para a Ala A.

— Desde que você chegou ao centro, estou reclamando sua vinda. Com você, pelo menos, poderei exercitar meu francês.

Jacky é um dos personagens mais curiosos que já conheci. Figura lendária do crime organizado, é um dos raros sobreviventes da French Connection, a famosa rede de traficantes de Marselha que, entre os anos 1930 e 1970, abasteceu a máfia estadunidense de heroína. Jacky começou sua carreira como mafioso na cidade de Nova York, no Bronx. Ele foi preso em 1966, condenado a cinco anos e novamente preso em 1974. Ele conseguiu fugir para a França com destino a Marselha. A brigada de narcóticos interrompeu mais uma vez sua carreira em 1978. Extraditado para os Estados Unidos, cumpriu pena de 12 anos em uma penitenciária. Questão de somenos. Após sua libertação em 1997, ele voltou a vender heroína, recebendo uma quarta e depois uma quinta condenação. Ao todo, trinta e seis anos de prisão, quatro dos quais na França. Foi assim que ele pousou em Wyatt. É dispensável dizer que, com tal pedigree, ele tem algum apoio atrás das grades. Na verdade, ele conhece a todos e, principalmente, todos os detentos o conhecem e o respeitam. Ele é o verdadeiro chefe da prisão. Além disso, apesar de seus antecedentes, ele é muito amigável e caloroso. Apaixonado pela França, reuniu ao seu redor dois outros falantes de francês: um grego, Alex, formado pela escola de negócios de Marselha e ex-funcionário do BNP, e um canadense de origem grega, o famoso Transportador. Todos os três me receberam como um príncipe. Ofereceram-me café, açúcar, leite em pó, rádio, espelho de folha de alumínio, tênis novos (enquanto espero os que encomendei ao *commissary*) e, verdadeira felicidade, um bom travesseiro e um segundo colchão.

Ao contrário da ala D, em que fiquei desde a minha chegada, a ala A não tem celas. É um grande dormitório com cinquenta e seis lugares. Os detentos são divididos em pequenos compartimentos de quatro pessoas, separadas umas das outras por paredes baixas de um metro e trinta de altura. Cada compartimento tem dois beliches e não ultrapassa nove metros quadrados. Além da promiscuidade, o mais difícil de suportar é a falta de luz natural. Ela só entra na ala através de três minúsculos basculantes, cobertos por uma película opacificante. Portanto, vivemos permanentemente sob as luzes de néon, das quais a metade fica acesa durante a noite para poder identificar os encrenqueiros em caso de briga. Quem, como eu, tem beliches superiores, precisa se acostumar a adormecer com lâmpadas colocadas a meio metro acima de suas cabeças. Levei três noites para conseguir dormir, os olhos desesperadamente fixos para as paredes cobertas por uma tinta amarela horrível, descascada em muitos lugares. Já faz quase dez anos que a Ala A não via nenhum real trabalho de manutenção. O princípio é sempre o mesmo: reduzir ao máximo os custos de funcionamento da prisão em nome da rentabilidade.

Má surpresa, nessa zona: não só os chuveiros são comuns, mas os banheiros também! Cinco vasos sanitários estão alinhados contra uma parede, separados um do outro só por uma parede de um metro de altura e nada na frente!

Algumas semanas após o encarceramento, os detentos são devidamente classificados e distribuídos a seus alojamentos definitivos: ala por idade ou ala por periculosidade. zona de "gangues", zona de "trabalhadores", etc. A Ala A é destinada a prisioneiros com mais de quarenta anos, em princípio menos inquietos. Há uma forte comunidade latina (dominicanos, jamaicanos, mexicanos), alguns asiáticos e, estranhamente, nove gregos ou estadunidenses de origem grega. Sou o único francês. A grande maioria de meus companheiros foram presos por assassinatos, roubos, tráfico de drogas ou, às vezes, simplesmente por fraude de cartão de crédito (especialmente os de origem vietnamita). Nesse leque de crimes e contravenções, afinal bastante clássico, um caso único de FCPA, o meu: uma incriminação da qual nenhum prisioneiro jamais ouvira falar, antes da minha chegada à Ala A.

Essa zona é supostamente reservada aos indivíduos mais pacíficos. Prefiro não imaginar como são as outras. Porque na ala A as brigas, os furtos no dormitório e o tráfico de drogas e remédios são frequentes. É difícil haver uma semana sem que um preso seja enviado para a solitária, por um período que pode ir de algumas semanas a vários meses. Regra básica para evitar problemas: nunca olhe fixamente ou toque em outro detento. Sem tapas no ombro, sem as mãos cerradas. E se você estiver esperando na fila para distribuição de comida, tome cuidado para não tocar em ninguém. O menor gesto é imediatamente interpretado como agressão.

O pátio de lazer, adjacente à ala, embora minúsculo (meia quadra de basquete), é um refúgio de paz. As regras tácitas estabelecidas entre os presos para ele são draconianas. Das 8h às 11h, o pátio é ocupado por praticantes de ginástica ou caminhada. O resto da manhã e da tarde se transforma em uma quadra de pelota basca que os detentos praticam com as próprias mãos. Finalmente, entre as 20h00 e as 21h00, as caminhadas são novamente autorizadas.

Durante minha instalação em meu compartimento, meus novos companheiros também me iniciaram em outro ritual, que rege o ordenamento da sala comum. Na hora das refeições, os detidos devem sempre sentar-se à mesma mesa e no mesmo lugar. Entre as refeições, vai saber o porquê, os lugares mudam, mas o ritual permanece: cada hora do dia corresponde a um assento que o recém-chegado deve conhecer. É bem confuso, principalmente no início, depois você aprende a se curvar a esse regulamento informal.

É nos meus novos "aposentos" que recebo as primeiras fotos das crianças. Clara escolheu as mais bonitas. Eles riem satisfeitos e isso me faz um bem enorme. Alex e O Transportador não veem suas esposas e filhos desde que foram encarcerados. Ou seja, quinze e vinte e dois meses, respectivamente. Antes da sua prisão, garantem-me, a relação deles era muito sólida e depois, aos poucos, foi se complicando...

Ontem, por telefone, minha irmã Juliette e Clara me disseram que papai estava se preparando para vir aos Estados Unidos me visitar. Não quero que ele faça essa viagem exaustiva para ele. A perspectiva de vê-lo durante uma hora por trás de um vidro blindado e só poder falar com ele através de um interfone me entristece. Não quero fazê-lo submeter-se a essa humilhação aos setenta e quatro anos de idade. E tenho medo de ficar paralisado pela vergonha. Eu me protejo enquanto me culpo por meu egoísmo. Se eu estivesse no lugar dele, é claro que teria corrido para um avião para apoiar meu filho na prisão e acalmar minhas próprias aflições. Sei que o estou privando desse apaziguamento, que é relativo, porque ele deve estar angustiado, perguntando-se o que pode fazer para me ajudar. Mas se papai soubesse o que me espera, ele entenderia.

Amanhã tenho uma decisão muito importante a tomar: se devo ou não me declarar culpado às cegas. Ligo para Clara para lhe explicar o dilema, já que isso terá um impacto imenso sobre ela e as crianças. A única coisa que importa para ela é que eu seja liberto, pouco importam as consequências para a família e para o meu trabalho. A liberdade não tem preço.

Tenho ainda a noite toda para refletir... E pelo menos com uma boa notícia em mente, a única: Linda (uma amiga estadunidense que conhecemos quando eu estava baseado em Windsor, no Connecticut) concordou em colocar sua casa sob fiança para que eu seja liberado. É uma grande esperança, mas será o suficiente?

ALSTOM ME LARGA

A primeira noite na ala A foi difícil. Com cinquenta e seis em um dormitório, entre roncos, peidos, quem se masturbava discretamente ou menos discretamente, ir ao banheiro, as rondas barulhentas dos guardas...

Depois do café da manhã, ligo para Stan. Na verdade, ainda não decidi nada. Tudo vai depender do que ele me disser sobre a sentença de prisão.

— Fred, tenho informações boas e ruins para lhe comunicar – começa Stan.

O tom já foi dado.

— Comece com a ruim.

— Desde sua prisão, a Alstom parece ter adotado uma tática diferente. Até agora, sua empresa tinha sido muito relutante em cooperar. Mas agora eles estão passando documentos para o DOJ. Os procuradores receberam dezenas de milhares de peças adicionais, incluindo 3.000 em que você é mencionado. Tenho a impressão de que...

— Impressão do quê, Stan?

— Não sei... mas... Eu me pergunto se dentro da Alstom, alguns não tentam aproveitar isso para lhe empurrar outros contratos além de Tarahan, a fim de se protegerem.

— Mas qual seria o interesse deles? Não vejo por que eles fariam isso. O tiro pode sair pela culatra se eles me empurrarem para o abismo.

— Ouça, senhor Frédéric, sua prisão os fez tomar consciência de que o assunto é muito grave. Eles agora sabem que vão ter que prestar contas. E pagar uma multa enorme. Mas, acima de tudo, eles também devem estar com medo de outros processos individuais, principalmente o Diretor Executivo e outros executivos seniores. Portanto, eles têm interesse em querer limitar os danos, acusar aquele que já está na prisão.

— Só que, se eles jogarem esse jogo, também posso implicar dezenas de executivos! E toda a própria liderança.

— Eu sei, Frédéric, mas se a Alstom cooperar plenamente e pagar a multa, o DOJ certamente se mostrará mais compreensivo com seus superiores. O que quero lhe dizer é principalmente que isso pode prolongar os prazos, porque os procuradores vão querer interrogá-lo sobre os documentos transmitidos pela Alstom que lhe dizem respeito.

— Isso demora muito?

— Nem tanto. Dos 3.000 documentos, talvez algumas centenas sejam importantes. Então, se o senhor concordar, eles enviarão a Wyatt alguns CDs que o senhor pode revisar no computador da prisão e depois eles marcarão reuniões no tribunal de New Haven onde lhe farão perguntas sobre essas peças. Se eles ficarem satisfeitos com suas respostas, só então concordarão em retirar as acusações.

— E se eu não concordar?

— Na verdade, não há alternativa! Se o senhor não concordar, permanecerá preso em Wyatt aguardando julgamento.

— Mas confirme-me uma coisa. Ainda podemos pedir minha liberação? Uma amiga estadunidense, Linda, concordou em colocar sua casa sob fiança.

— Podemos. Mas não tenho certeza de que a Alstom, após essa reviravolta, ainda esteja disposta a pagar os guardas e o aluguel do apartamento. Se esses encargos ficarem sob sua responsabilidade, o custo de segurança do apartamento vinte e quatro horas por dia, sete dias por semana, será exorbitante. Além disso, os procuradores irão se opor à sua libertação enquanto todos os documentos não tiverem sido analisados.

— O senhor me falou de uma boa notícia, apesar de tudo.

— Sim, a boa notícia é que se o senhor concordar em revisar esses documentos e responder às perguntas deles, eles recomendarão uma sentença de seis meses de prisão.

No momento, fiquei feliz em ouvir esse número. E esse é exatamente o efeito esperado. Eles o fazem ficar com muito medo de sentenças de muitos anos se for a julgamento para, no final, induzi-lo a se declarar culpado em troca de uma sentença bem reduzida. Eis-me entrando no sistema do qual quase ninguém escapa!

Já faz mais de quinze minutos que estamos conversando ao telefone e a linha pode ser cortada a qualquer momento, já que cada conversa é limitada a vinte minutos. Ainda tenho dezenas de perguntas sobre as modalidades de declarar-se culpado, sobre as sessões de interrogatório dos procuradores, sobre as garantias a respeito dos seis meses e as acusações que serão retiradas, mas Stan está me pressionando.

— É preciso tomar uma decisão. Os procuradores certamente propuseram o mesmo a Pomponi e, se ele concordar, já não serão mais seis meses para o senhor, mas certamente muito mais, e talvez até mesmo nenhuma proposta, exceto se declarar culpado do conjunto das acusações.

Tento uma última pergunta:

— Que garantias tenho de que a juíza seguirá o pedido do procurador pelos seis meses?

— Nenhuma, os juízes decidem o que querem. Mas na grande maioria dos casos, eles seguem as solicitações dos procuradores, sobretudo aqui em Connecticut.

— Se o senhor tiver a confirmação de que os procuradores irão recomendar seis meses de prisão ao juiz, então, ok, Stan.

Eu deveria estar aliviado. Finalmente, tomei essa decisão! E, no entanto, milhares de outras perguntas me atormentam. Como a administração da Alstom reagirá quando souber que me declarei culpado? Se a empresa corta minha remuneração, o que acontecerá com minha esposa e meus filhos? Eles certamente não poderão ficar em Singapura, certamente serão forçados a voltar para a França. Quanto a mim, estarei livre, com certeza, mas obrigado a ficar sozinho sob fiança nos Estados Unidos, aguardando minha *sentencing* (o pronunciamento da minha pena) sem poder trabalhar. Não seria mais prudente pedir o divórcio? Deixo a casa na França para a Clara. Pelo menos ela terá algo a partir do que recomeçar.

RETORNO AO TRIBUNAL DE NEW HAVEN

Deu errado. Muito errado mesmo. A julgar pelos rostos raivosos dos procuradores Kahn e Novick, minhas respostas não foram as que eles esperavam. Acabaram de interromper nossa entrevista para "me dar tempo para pensar". Meu advogado aproveita para me xingar. Ele me passa um verdadeiro sabão.

— Mas o que aconteceu com você? Por que você negou?

— Não neguei nada! Eu só disse a verdade, veja você! Sim, a Alstom pagou comissão de 1% ao nosso lobista Sharafi. Mas não, eu jamais conjeturei com ele um eventual pagamento de propina ao parlamentar indonésio Emir Moeis que, aliás, não teve nenhum papel oficial no processo de atribuição do projeto.

— Mas você poderia ter desconfiado que uma propina iria ser paga, não? Você sabia que era uma possibilidade! Além disso, Sharafi já testemunhou. E ele delatou todo mundo na Alstom... Então pare de rodeios e diga o que eles querem ouvir, caso contrário, estou avisando: tudo vai parar e você vai voltar para a prisão imediatamente, e pode se esquecer dos seis meses!

— Tenho que mentir, Stan? Mas é completamente insano! Se eles querem uma confissão, estou completamente pronto a reconhecer que, sim, quando a Alstom recrutou Azmin, o segundo consultor, dessa vez a administração geral e eu mesmo estávamos plenamente a par do pedido de propina. Portanto, havia poucas dúvidas sobre as razões para contratar Azmin. Mas com Sharafi, no início, quando ele foi recrutado, estava fora de questão que ele pagaria propina. De qualquer forma, foi o que ele me disse.

— Sim, mas o segundo intermediário, Frédéric, por enquanto, eles não estão nem aí! Eles construíram toda a sua acusação contra você a partir do testemunho do primeiro, de Sharafi. E agora eles não vão mudar de estratégia.

— Então o que eu faço?

— Bem ... Ouça com atenção o que vou lhe dizer.

Então vem meu advogado com seu ardil para me convencer a mudar minha narrativa, em que eu evitava mentir, a fim de que a negociação que ele estava fazendo não acabasse malogrando: a *willful blindness* (cegueira voluntária). Resumindo, consistia em que eu tinha me feito de avestruz. Mesmo que os e-mails não comprovem meu envolvimento pessoal, mesmo que eu não soubesse o destino de uma parte dos pagamentos a Sharafi, mesmo assim sou culpado de não ter querido saber! Eu "me ceguei voluntariamente". E para o DOJ, as consequências são as mesmas.

Eu então, decorei a declaração que Stan estava me sussurrando e depois voltei ante os procuradores e recitei tudo para eles. O que mais eu poderia ter feito? Novick e Kahn se mostraram extasiados com minha mudança.

Mais tarde eu viria a saber por que eles não estavam interessados em Azmin, o segundo intermediário, mas em Sharafi, o primeiro, apesar da corrupção ter sido bem mais evidente de um lado do que do outro: Azmin havia sido totalmente pago nos doze meses subsequentes à entrada em vigor do contrato, ou seja, o mais tardar em 2006, então os fatos já estavam prescritos (a prescrição é de cinco anos em matéria de FCPA), ao passo que, no caso de Sharafi, o último pagamento pela Alstom ocorreu em 2009. Ele estava, portanto, ainda no período de não prescrição para minha acusação em novembro de 2012...

Ao voltar para Wyatt, depois de um dia difícil, liguei para Clara. Ela tinha dividido com minha irmã Juliette as tarefas para me socorrer. Juliette, com a ajuda do marido bilíngue, coordena os processos judiciais com meus advogados e minha esposa se encarrega de manter o contato com a Alstom. Ou melhor, ela tenta. Porque agora, já não há mais a menor sombra de dúvida de que, para a empresa, tornei-me nada menos que uma ovelha negra. Clara ficou sabendo de informações (ou rumores) circulando internamente na Alstom. Ainda não consigo acreditar no que ela soube. Os advogados da firma, que não se dignaram a me dar nenhum sinal de vida, tiraram suas conclusões com seus próprios botões. Eles avaliaram que eu seria obrigado, quaisquer que fossem minhas intenções iniciais, a me declarar culpado (no que eles não se enganaram). Eles quiseram como prova a "colaboração" de Rothschild e Sharafi que já chegou aos seus ouvidos. Diz-se até mesmo que ambos conseguiram obter o estatuto de *wistleblowers* (os, "vazadores") e que, conforme previsto na legislação estadunidense com a lei Dodd-Franck[10], receberão o preço da sua "traição". Eles poderiam ser pagos em uma base percentual: entre 10 e 30% da multa aplicada à empresa denunciada (um ex-funcionário do UBS ganhou mediante esse dispositivo uma bolada de 104 milhões de dólares).

Todo esse boato sobre Rothschild são imprecisos. Que eu saiba, ele nunca será pago pelo Departamento de Justiça, que o forçou a cooperar, prometendo-lhe uma redução de pena. Mas um clima de pânico realmente tomou conta da empresa depois da minha prisão. Todos os meus colegas passaram a tentar rememorar suas inúmeras discussões. Cada um se perguntava se o "informante" estava presente em tal dia, se este estaria usando um microfone e, sobretudo, se disse algo de que pudesse ser acusado. Todo mundo temia ver o FBI desembarcando em seu escritório. Ex-funcionários chegaram ao ponto de solicitar um advogado do departamento jurídico da empresa, para o caso de eles também serem importunados. Muitos consideraram que, a partir daquele momento, o Diretor Executivo, Patrick Kron, estava em um assento ejetável e poderia ser inculpado. Na sede em Paris, tinha soado o alarme.

Aliás, mais tarde eu ficaria sabendo que, imediatamente após minha prisão, o departamento jurídico enviou um e-mail para cerca de cinquenta executivos sobre os quais o DOJ havia interrogado a Alstom desde o início da investigação. Um aviso muito incomum na Alstom:

"Como vossa senhoria sabe, uma investigação judicial está em andamento nos Estados Unidos sobre suposta corrupção em certos projetos estrangeiros. Uma avaliação interna da empresa mostra que vossa senhoria foi implicada em projetos estadunidenses... É possível que as

---
[10] Dodd-Franck Wall Street Reform and Consumer Protection Act of 2010.

autoridades americanas queiram interrogá-la caso vossa senhoria viaje para os Estados Unidos", pode-se ler neste documento. "Consulte Keith Carr antes de ir aos Estados Unidos por seu trabalho ligado à Alstom", também recomenda à administração, antes de enviar uma lista de conselhos aos seus executivos: "Em caso de prisão, vossa senhoria deve saber que tem o direito falar ou não falar com os investigadores. A escolha é de vossa senhoria e o governo dos EUA não pode forçá-la a concordar com uma entrevista".

Por que esperar minha prisão para alertar esses funcionários quando a Alstom sabia há muito tempo que eles estavam na mira do judiciário estadunidense? E por que Keith Carr me disse pouco antes de minha prisão para eu não ter medo? Então, eu não deveria estar nesta lista. Foi o que me foi confirmado mais tarde por outras pessoas familiarizadas com o dossiê. Por que, em face dessas condições, fui preso? Por que eu? Por muito tempo eu me fiz essa pergunta e ainda me faço. As funções que eu estava prestes a ocupar (futuro chefe de uma joint-venture entre a Alstom e a Shanghai Electric) tinham algo a ver com isso? Caso tivesse acontecido, essa parceria teria permitido ao grupo criar um líder mundial no campo das centrais elétricas a carvão. Também prenunciava, aos olhos dos analistas, uma ligação mais global entre a Alstom Power e a Shanghai Electric, que teria destronado nossa principal concorrente, a General Electric – o que, evidentemente, os estadunidenses temiam...

Na esperança de obter respostas às minhas perguntas, posso facilmente imaginar o clima de suspeita e angústia que deve reinar na sede em Levallois e nas unidades do grupo no exterior. Aliás, eu não me surpreenderia se em pouco tempo assistíssemos a uma dança das cadeiras dentro do comitê executivo, para proteger os dirigentes mais expostos. Para mim, minhas batatas já assaram.

AS *EVIDENCES*

Tenho que aguentar firme. Psicológica e fisicamente. Tenho que ser vigilante comigo e começar a praticar esportes. Pelo menos aqui tenho tempo. Faz três dias que me juntei a um grupo de três detentos que fazem ginástica todas as manhãs no pátio. Catastrófico. Impossível fazer mais de três flexões consecutivas. Mas eu aguento. Elaborei todo um programa para mim. De manhã: voltar à forma. Tarde: trabalho sobre as *evidences* (as provas) no escritório. Uma pequena sala equipada com seis computadores dos tempos de Matusalém. Este equipamento informático é colocado à disposição dos prisioneiros para permitir que consultem seus processos criminais, especialmente as *evidences* recolhidas pelos procuradores.

Na entrada, uma vigia entrega-nos envelopes com nossos nomes, enviados pelos nossos advogados. Liz enviou quatro CDs. Posso visualizá-los em uma tela e fazer anotações, mas não tenho permissão para imprimir nenhum documento. Os CDs contêm as infames 3.000 peças enviadas pela Alstom, mas suspeito que os procuradores acrescentaram outras, que obtiveram por outros meios. Aliás, muitos são carimbados como provenientes da polícia da Suíça (em 2010, a Alstom já havia sido objeto de investigação e condenação por corrupção nesse país).

Trata-se de e-mails que enviei, recebi ou apenas estava em cópia, entre 2002 e 2011. Quanto aos mais antigos, certamente será muito difícil lembrar os detalhes dos projetos. Faço um cálculo rápido na minha cabeça: se eu precisar ler os 1,5 milhão de peças que os procuradores amealharam, levando um minuto por documento, e sabendo que temos acesso a esta sala por apenas uma hora por dia, vou demorar sessenta e oito anos para ler todo o meu arquivo. Grotesco e escandaloso. Esse sistema judicial zomba dos direitos mais básicos. Os representantes do Departamento de Justiça têm perfeita consciência de que o tempo está a seu favor. É de propósito, portanto, que eles afogam os acusados sob toneladas de papel. Seguem sempre a mesma lógica implacável: privar os "indiciados" – salvo os mais ricos – de meios reais de defesa, para obrigá-los a se declararem culpados. Mesmo assim, todos os dias eu examino os CDs, ainda que uma voz sinistra dentro de mim me sussurre que essas consultas frenéticas provavelmente serão em vão. Quem sabe? Com muita sorte, posso encontrar uma pepita. "Aquela" peça que calará as bocas dos meus acusadores. Os CDs me proporcionam, acima de tudo, um objetivo. E a oportunidade de exercitar minhas capacidades intelectuais.

Em poucas semanas, a prisão relaxou meus neurônios. Nada de relógios, de computadores, iPads, aviões a pegar, reuniões, escritório, projetos profissionais, enfim, mais nada! Agora, a parte mais emocionante da minha vida se resume em saber se teremos direito de comer uma coxa de frango (três vezes ao mês) ou se ganharemos um pequeno pote de sorvete no próximo domingo!

Na ala A, o ambiente se deteriorou repentinamente. As disputas e as agressões se multiplicaram. Dois dias atrás, um homem negro bem grande roubou meu espelho e um turco, que o viu fazer isso, interveio imediatamente. Tentei acalmá-los, eles começaram a gritar e xingar um ao outro. Toda a ala assistiu a cena. Os dois homens foram lutar nos chuveiros, único lugar sem câmeras, e guardas armados apareceram a tempo de impedi-los de se matarem. Os dois beligerantes foram enviados para a solitária, que não tem ficado vaga ultimamente. Vivo com medo de represálias. Afinal, foi por causa do meu espelho que a briga começou.

Aqui, a violência pode recair sobre você a qualquer momento. Algum tempo depois, eu ficaria sabendo que os guardas haviam instalado um recém-chegado, um valentão grosseiro, na mesma divisória em que estava um pequeno idoso que todos conheciam bem. Esse novo residente também era um estuprador recorrente. Talvez os guardas tivessem pensado consigo mesmos que não havia risco de atacar um idoso, ou sem dúvida simplesmente não pensaram nada. Eles simplesmente se contentaram de preencher as divisórias e ocupar os beliches vazios. À noite, foram ouvidos gritos e se entendeu o que estava acontecendo. De manhã já era tarde demais. O idoso foi levado para a enfermaria.

Há uma semana, decidi ir à missa. Todos os latinos e, claro, os gregos da ala vão. A última vez que eu havia botado os pés em uma igreja foi para a primeira comunhão do meu sobrinho-neto, lá se vão quatro anos. O padre tinha feito um sermão sobre o perdão. Saber perdoar os outros e a si mesmo. Não acredito em Deus, mas a mensagem de Jesus Cristo é universal. Eu disse a mim mesmo que talvez houvesse uma razão profunda para minha presença entre estas paredes. Talvez, ao sair, eu conseguisse existir de uma forma mais profunda, mais equilibrada, mais real? Quem sabe amanhã eu venha a ser um pai melhor? Um filho melhor? Um irmão melhor? Um marido melhor? Eu fiz Clara passar tantos maus momentos...

Ao menos, depois de um mês de incertezas, vemos tudo de modo um pouco mais claro. Se eu tivesse recebido liberdade condicional, teria sido forçado a ficar nos Estados Unidos e Clara teria vindo ao meu encontro com as crianças. Ela já tinha organizado tudo: a mudança de Singapura, a procura de emprego para ela, a matrícula das crianças na escola. Ela já tinha até encontrado um apartamento em Boston. Despendeu uma energia louca para nada. Com permanência da minha detenção continuada, todos esses planos caíram por terra. Também foi preciso decidir a respeito do início do ano letivo de setembro, porque o colégio internacional de Singapura, onde nossos quatro filhos estudam, é muito demandado, então é preciso reservar a vaga e pagar um adiantamento substancial no início de maio. A família permanece, portanto, na Ásia, pelo menos por este ano letivo. É sem dúvida mais fácil para todos.

Esta semana, também recebi a visita do meu amigo Tom, um franco-estadunidense que conheci quando cheguei aos Estados Unidos em 1999. Encontro-o na sala coletiva de Wyatt onde temos que falar por telefone, separados por um vidro blindado. Como muitos visitantes vêm com as famílias, muitas vezes com crianças pequenas, o burburinho é enorme e é muito difícil de se escutar. Pouco importa, sinto um prazer imenso ao ver um rosto familiar. Ele está em contato com Clara e prometeu-lhe que ligaria assim que saísse para tranquilizá-la sobre minha saúde e meu estado psíquico. Temos direito a uma hora de discussão, nem um minuto a mais, após a qual o telefone é automaticamente desligado. Todas as conversas são gravadas, portanto, nossas discussões sobre o procedimento são limitadas. Peço a ele para tranquilizar a todos. A hora voa e novamente estou de volta à Ala A. Tom será um dos meus pouquíssimos amigos a me visitar na prisão. Outros, que eram próximos a mim, quando vivíamos nos Estados Unidos de 1999 a 2006, não se atreveram a adentrar as portas de Wyatt, com medo de serem posteriormente fichados pelos serviços estadunidenses, o que compreendo perfeitamente. Com alguns dias de intervalo, eu receberia também a visita de Linda, a quem jamais poderei agradecer o suficiente por colocar sua casa sob fiança para que eu possa ser libertado. É um gesto excepcional de generosidade.

A VOLTA AO MUNDO DOS PROCURADORES

Os procuradores parecem não conseguir prescindir de mim. Entre meados de maio e o início de junho, Kahn e Novick já me convocaram três vezes a New Haven para interrogatório. Eles empreenderam uma verdadeira volta ao mundo. Por longas horas, eles brandem e-mails trocados no interior da empresa entre 2002 e 2011 sobre contratos assinados ou mesmo apenas esperados pela Alstom na Índia, na China, na Arábia Saudita ou na Polônia. Suas perguntas são extraordinariamente precisas. "O que essas iniciais significam?" Por que esse interlocutor chama seu correspondente de 'amigo'? O senhor conheceu essas pessoas? Se sim, quando? E quem estava com o senhor? O senhor usou algum consultor neste caso? Se sim, quem? Com que remuneração? E quais foram as condições de pagamento?"

Na pilha de documentos que eles me apresentam, os projetos indianos de Sipat e Bahr I parecem atraí-los particularmente. Lembro-me de que esses negócios, empreendidos entre 2002 e 2005, provocaram inúmeros conflitos entre os diversos setores da Alstom. De um lado estavam o Power Environment, do qual dependia o ramo caldeira, e o Power Turbo-Systems, responsável pelas turbinas e, de outro, estavam as organizações International Network e Global Power Sales. A principal divergência repousava na escolha de "consultores" entre as redes históricas da ABB e as da Alstom. Era um verdadeiro campo de batalha! De minha parte, nunca encontrei nem estive em contato com os intermediários contratados. Aliás, o resultado dessas negociações foi um fiasco total para a Alstom, já que, na Sipat, a Alstom não fez nenhuma oferta e, no Bahr I, o preço das nossas propostas não estava competitivo. Enfim, a Alstom perdeu os dois negócios. Fim da história. Quer dizer..., exceto para o DOJ, que, neste ano de 2013, ressuscita esses negócios perdidos em 2004-2005! Por quê?

A cada sessão, os procuradores me bombardeiam com perguntas. Tento responder da melhor maneira que posso, limitando-me estritamente ao meu papel nos acontecimentos. Mas tudo está muito longínquo no tempo. Só penso em uma coisa: terminar essas sessões intermináveis para poder ser liberado. A quarta e última audiência com os procuradores deve acontecer no final da primeira semana de junho. Normalmente, é uma formalidade. Dan Kahn e Dave Novick me farão repetir minha confissão. Vou poder enfim fazer meu pedido de liberação, e ninguém poderá se opor. Mesmo porque Clara finalmente conseguiu reunir os 400.000 dólares necessários para minha libertação e nossa amiga Linda assumiu o risco de colocar sua casa em fiança. De acordo com Liz, isso deve ser suficiente. Se o cronograma for respeitado, estou confiante de que poderei sair por volta do dia 15 de junho.

Meu codetento, Jacky, por seu turno, lamenta ver seu Frenchie partir em breve. Ele me faz prometer lhe enviar, assim que eu for liberto, um CD de Nicole Croisille, sua cantora favorita que ele viu cantar no Olympia em 1976, quando era fugitivo na França. Ele se lembra, e ainda se emociona, de sua interpretação de "Parlez-moi de lui". À noite, durmo como um bebê, sob a luz neon, sonhando com Paris. Faltam menos de vinte e quatro horas para minha audiência final com os "procs".

O que acredito ser a última sessão começa. Todos os documentos enviados pela Alstom foram revistos. Com Stan também, está tudo certo. Ensaiamos detalhadamente a derradeira comédia que deve satisfazer a intratável dupla Dan e Dave, Dave e Dan, meus Dupont e Dupond, muito menos simpáticos do que os de Tintin e o capitão Haddock. Quando de repente, no final dessa última reunião, Dan pede para falar em particular com meu advogado.

Eles todos se retiraram para uma sala adjacente. Por que me excluir dessa conversa? Será que, tal como na nossa primeira entrevista, respondi de uma forma que eles não gostaram? Será que Pomponi forneceu outras informações? Será que a Alstom produziu alguma peça nova?

Será que pretendem me acusar de novos "crimes"? Seu conciliábulo não acaba nunca.

Então a porta se abre. Stan Twardy volta sozinho e se senta na minha frente:

— Bem, vou resumir a situação para o senhor. Se o senhor mantiver seu pedido de fiança, eles se oporão.

— O que eles inventaram desta vez, Stan?

— O problema permanece o mesmo, eles querem dar exemplo. Sharafi, que foi preso primeiro, obteve uma imunidade absoluta. Rothschild, por sua vez, preso em segundo lugar, pôde negociar sua pena. O senhor, infelizmente, vem em terceiro lugar, além de estar em uma posição mais elevada na hierarquia da Alstom. Na lógica deles, o senhor tem que pagar mais. Seja qual for a natureza da declaração de culpa que conseguir negociar com eles, em qualquer caso, eles querem que o senhor fique seis meses na prisão para evitar riscos de contato com o mundo exterior, especialmente com a Alstom!

— Mas isso é completamente absurdo! Se prenderam Rothschild antes de mim foi só porque ele é um cidadão estadunidense e vive nos Estados Unidos, ao passo que eu estava no exterior.

— Pela primeira vez, concordo com você, Frédéric, mas estamos manietados. Ou você aceita e cumpre seus seis meses, ou mantemos a audiência de liberdade de amanhã, mas nossas chances estão reduzidas.

— Eu gostaria de pelo menos consultar Clara.

— Lamento, Frédéric, é impossível. O senhor tem que se decidir agora. Ou mantemos a audiência ou a adiamos novamente. Eles lhe deram dez minutos para se decidir.

Dez minutos. Mais uma vez, aplico o método recomendado por Mason, meu antigo companheiro da ala D. Respiro fundo. Afinal, a equação é muito simples. Se eles quiserem me trancar por seis meses, não importa o que eu faça ou diga, não vou escapar. Como já passei quase dois meses na prisão, só me restam mais quatro. Ou eu os cumpro agora ou terei que cumpri-los, após meu *sentencing*. Neste último caso, eu certamente ficaria encarcerado em uma prisão menos dura do que Wyatt, mas também podemos acabar com isso de uma vez! Eu me rendo aos argumentos de Stan. Vou voltar para Wyatt por quatro meses, já que Dan e Dave assim decidiram. O que acho difícil de entender é a razão para serem tão implacáveis. É evidente que, para eles, não se trata de eu meramente me declarar culpado. Não, deve haver outra coisa que ainda desconheço. Ainda precisarei de mais algum tempo para descobrir.

O FCPA

F.C.P.A. Essas quatro letras quatro letras me obcecavam. Elas me renderam essa estadia forçada em Wyatt (por mais quatro meses a partir de agora) e, no entanto, não sei quase nada sobre esse dispositivo jurídico. Stan e Liz até me passaram algumas informações, mas, apesar dos meus pedidos reiterados, eles me deram apenas uma documentação muito resumida. Felizmente, Clara conseguiu desenterrar um estudo de 800 páginas realizado por um gabinete estadunidense listando todos os processos por corrupção já sucedidos. Desde que o recebi, não parei de examinar minuciosamente todos os casos antigos e compará-los com meu próprio dossiê. Fazendo praticamente só isso ao longo desses meses, tornei-me um verdadeiro especialista em FCPA. Mas naquela primavera de 2013 eu ainda não havia chegado lá, estava apenas começando minha formação.

Foi então que descobri que essa lei foi promulgada em 1977, após o famoso caso Watergate. Ao investigar o escândalo político que levara Richard Nixon à renúncia (a invasão da sede do Partido Democrata), a justiça estadunidense revela um gigantesco sistema de financiamento oculto e corrupção de agentes públicos estrangeiros. Quatrocentas empresas estadunidenses estão envolvidas. O Comitê do Senado dos EUA encarregado da investigação revela, em suas conclusões, que membros do conselho de administração da Lockheed, uma das grandes empresas de defesa dos EUA, pagaram dezenas de milhões de dólares em propina a responsáveis políticos e chefes de empresas públicas na Itália, Alemanha Ocidental, Holanda, Japão e Arábia Saudita para vender seus aviões de combate. Aliás, a Lockheed admitiu ter pago ao Príncipe

Bernhard, marido da Rainha Juliana da Holanda, mais de um milhão de dólares para favorecer a venda de seus F-104 que concorriam com os Mirages 5 franceses. Em reação a este enorme escândalo, a presidência de Jimmy Carter legisla para daí por diante proibir as empresas estadunidenses de pagar comissões a "agentes públicos estrangeiros" (funcionários públicos, dirigentes políticos, pessoas que exercem uma missão de serviço público). Duas agências são responsáveis por fazer cumprir esta lei: o DOJ, na esfera penal, que processa empresas e indivíduos que infringem a lei, e a SEC (Security Exchange Commission), na esfera civil, que visa empresas suspeitas de terem falsificado suas contas (e, portanto, de terem enganado os investidores) para esconder em sua contabilidade despesas relacionadas ao pagamento de propinas. Em princípio, a SEC só intervém se a empresa estiver cotada no mercado estadunidenses (NY Stock Exchange, Nasdaq).

Desde que entrou em vigor no final dos anos 1970, no entanto, o FPCA foi vigorosamente contestado pelas principais empresas estadunidenses. Não sem motivos, já que elas consideravam que essa lei poderia prejudicá-las gravemente nos mercados de exportação (energia, defesa, telecomunicações, produtos farmacêuticos etc.). Efetivamente, as outras grandes potências econômicas, especialmente as europeias (França, Alemanha, Grã-Bretanha, Itália etc.) ainda não haviam adotado medidas semelhantes. Pelo contrário, as empresas nesses países continuaram a usar os serviços de "consultores" em muitos países onde a corrupção é endêmica. Algumas nações, como a França, até instituíram, no Ministério da Fazenda, um sistema oficial para empresas declararem propinas, de modo que estas pudessem ser deduzidas do imposto sobre as empresas! Esse dispositivo perduraria na França até 2000. Outra era, outros costumes. O resultado foi que as autoridades estadunidenses – que não são suicidas e não desejavam penalizar sua própria indústria de exportação – não foram zelosas na aplicação do FCPA. Entre 1977 e 2001, o DOJ sancionará apenas vinte e uma empresas, geralmente de segunda linha. Sequer uma por ano!

Mas o patronato estadunidense não se deu por satisfeito com esse mero "congelamento" da lei. As grandes empresas estadunidenses também compreenderam os proveitos que podiam tirar dele. Para tanto bastava que suas concorrentes nos mercados internacionais fossem colocadas sob a mesma regra. E, em 1998, elas obtiveram ganho de causa: o Congresso alterou a lei para torná-la extraterritorial. O FCPA poderia, a partir daí, ser aplicado também a empresas estrangeiras. Os Estados Unidos se consideram no direito de processar qualquer empresa que tiver celebrado um contrato em dólares estadunidenses, ou até mesmo quando meras correspondências eletrônicas – consideradas instrumentos de comércio internacional – tiverem sido simplesmente trocadas, armazenados (ou tiverem transitado) por servidores sediados nos Estados Unidos (como Gmail ou Hotmail). Com esta emenda na lei, os estadunidenses conseguiram fazer um grande truque. Eles estão transformando uma lei que poderia fragilizar a indústria deles em uma ferramenta fabulosa de ingerência e guerra econômica. A partir de meados dos anos 2000, o DOJ e a SEC não pararam de testar os limites dessa extraterritorialidade. Não hesitaram, por exemplo, em considerar médicos estrangeiros como "agentes públicos" – sob a alegação de que exercem uma missão de serviço público – a fim de instaurar processos contra empresas farmacêuticas internacionais.

Enquanto em 2004 o total de multas pagas por empresas sob a FCPA era de apenas dez milhões de dólares, em 2016, elas explodiram para 2,7 bilhões de dólares. Um salto enorme possibilitado pela promulgação do *Patriot Act* em 2003, após os ataques de 11 de setembro de 2001, que deu às agências estadunidenses (NSA, CIA, FBI) o dircito de espionar massivamente empresas estrangeiras e seus funcionários, sob o pretexto da luta contra o terrorismo. No âmbito da obtenção de contratos públicos, isso se revela, na grande maioria dos casos, completamente infundado. Os beneficiários da corrupção obviamente são, em primeiro lugar, funcionários desonestos ou partidos políticos, ao invés do Daesh ou da Al Qaeda. Essa espionagem veio à tona quando o escândalo do PRISM estourou em 2013, após as revelações de Edward Snowden. O mundo então percebeu que as grandes empresas digitais estadunidenses (Google, Facebook, YouTube, Microsoft, Yahoo, Skype, AOL e Apple) também estavam compartilhando informações com agências de inteligência estadunidenses.

Isso não é tudo. Não contentes em possuir recursos extraordinários de informação, as autoridades estadunidenses fizeram uma campanha incessante junto à OCDE para que os países membros da organização também adotassem uma legislação interna anticorrupção. É o que a França fará a partir de maio de 2000. Só que as nações europeias não tinham nem meios e nem ambição de promulgar leis extraterritoriais. Eles, portanto, se viram presas em uma arapuca. Ao aderir à Convenção Anticorrupção da OCDE, elas deram autorização *de facto* para que os Estados Unidos processassem suas empresas, sem ter se municiado dos meios jurídicos para retaliar as indústrias estadunidenses! O mecanismo é diabólico. E todos caíram na armadilha... ou quase. Porque China, Rússia ou Índia, que não fazem parte da OCDE, não adotaram leis anticorrupção focadas em suas empresas exportadoras.

Longe de mim a ideia de que não devemos lutar contra a corrupção, pelo contrário. As somas colossais que vão parar nos bolsos de altos funcionários corruptos, potentados ou membros influentes de famílias governantes seriam muito mais úteis para o desenvolvimento de países pobres ou em desenvolvimento. Sim, a corrupção é um flagelo. Segundo estimativa do Banco Mundial, em 2001-2002, um trilhão de dólares teriam sido desviados em propinas. Um montante que representa 3% do comércio mundial do mesmo período. É claro que esse dinheiro poderia e deveria possibilitar a construção de escolas, hospitais, clínicas ou universidades em muitos países. É evidente que temos de combater esse mal endêmico. Mas não devemos nos enganar nesse combate.

Sob o pretexto de moralidade, o FCPA é, mais que tudo, um instrumento notável de dominação econômica. Será que a corrupção realmente diminuiu significativamente entre 2000 e 2017? Podemos duvidar seriamente disso. Uma coisa, porém, é certa: essa lei é um ótimo negócio para o Tesouro dos Estados Unidos; aliás, uma verdadeira mina de ouro! As penalidades impostas, que por longo tempo foram bem módicas, literalmente explodiram a partir de 2008. E as empresas estrangeiras são as mais oneradas. Se entre 1977 e 2014, apenas 30% das investigações (totalizando 474) visavam empresas não estadunidenses, estas, no entanto, pagaram 67% do total das multas! Das vinte e seis multas acima de 100 milhões de dólares, vinte e uma se referem a empresas não estadunidenses[11]. Há as alemãs: Siemens (800 milhões), Daimler (185 milhões). As francesas: Total (398 milhões), Technip (338 milhões), Alcatel (137 milhões), Société Générale (293 milhões). As italianas: Snamprogetti

---
[11] Ver anexo 3.

(365 milhões). As suíças: Panalpina (237 milhões). As inglesas com sistemas BAE (400 milhões). As japonesas: Panasonic (280 milhões) ou JGC (219 milhões). Um butim impressionante para uma lei, vamos lembrar, "estadunidense".

Certamente, empresas estadunidenses também foram alvejadas, mas é surpreendente que em quase quarenta anos de aplicação da FCPA, o DOJ nunca tenha encontrado nada de errado com as práticas das gigantes nos setores de petróleo (como Exxon ou Chevron) ou de defesa (Raytheon, UTC, General Dynamics). Como imaginar que essas grandes empresas estadunidenses são as únicas que conseguem assinar contratos nesses setores tão suscetíveis sem recorrer a comissões robustas? Trabalhei nessa área por vinte e dois anos. Eu não acredito. É simplesmente impossível. É preciso abrir os olhos e reconhecer que o DOJ não é independente e que há muito tempo está sob o controle das mais poderosas multinacionais estadunidenses. Ao aprofundar minha pesquisa, também irei descobrir que, quando grandes empresas estadunidenses são processadas (o que graças a Deus chega a acontecer), isso se deve, na maioria das vezes, a iniciativas estrangeiras. E os Estados Unidos acabam conseguindo assumir essas investigações, para tratá-las "em casa" e ao seu gosto!

O caso KBR/Halliburton é uma ilustração perfeita disso. Em meados da década de 1990, a estadunidense KBR, subsidiária da Halliburton então dirigida pelo futuro vice-presidente dos Estados Unidos Dick Cheney, uniu-se com a francesa Technip e as japonesas JGC e Marubeni (a mesma do meu caso Tarahan) para equipar o campo de petróleo Bonny Island na Nigéria. Para conquistar esse mercado de 2 bilhões de dólares, a KBR providencia para o consórcio o pagamento do 188 milhões de dólares em propinas a dirigentes nigerianos por meio de um advogado de Londres. O caso veio a público e acabou na mesa de um juiz de instrução francês que indiciou o intermediário de Londres em maio de 2004. Os estadunidenses não tiveram outra opção a não ser também iniciar uma investigação. Finalmente, a França e os Estados Unidos chegaram a um acordo: o magistrado francês desiste do processo contra a Halliburton e sua subsidiária KBR, na medida em que as autoridades estadunidenses iniciaram suas próprias investigações. Os procuradores dos EUA descobrem então que os dirigentes da KBR se beneficiaram de retrocomissões enormes. Ficou impossível não os indiciar. Mas as sanções infligidas serão extremamente leves se comparadas aos valores em jogo. Assim, Albert "Jack" Stanley, o CEO da KBR, que havia providenciado o pagamento desses 188 milhões de dólares de propinas, tendo ele próprio embolsado dez milhões de dólares, será condenado a apenas trinta meses de prisão. A KBR pagará uma multa total de 579 milhões de dólares e a Technip, 338 milhões de dólares. Assim, em um caso revelado por um juiz francês, uma empresa francesa foi condenada a pagar 338 milhões de dólares ao governo estadunidense, e não ao governo francês! Isso se chama dar um tiro no pé! E eu, um simples executivo na época da conclusão do contrato de Tarahan, em um caso de magnitude financeira muito menor do que o caso KBR, sem ter recebido nenhuma retrocomissão, corro o risco de quinze anos de prisão, porque Patrick Kron não quis cooperar desde o início da investigação com o DOJ. Como é possível tamanha desproporção nas sanções? Quanto mais prossigo em minhas leituras, mais aumenta minha frustração e meu asco.

Assim, constato que no sistema estadunidense – e não só no que me diz respeito – tudo é decididamente uma questão de negócios. O DOJ, quando suspeita que propinas foram pagas, entra rapidamente em contato com o CEO da empresa em causa. E então oferece várias possibilidades: ou a empresa concorda em cooperar e se autoincriminar, e aí começa uma longa negociação (o que acontece em 99% dos casos), ou a empresa resiste e prefere ir a julgamento. (das várias centenas de ações judiciais que estudei, isso só aconteceu duas vezes), ou, enfim, a empresa tenta vencer pela astúcia tentando retardar o andamento (como no caso da Alstom), mas então é por sua própria conta e risco.

Portanto, todas as empresas preferem negociar com o DOJ e/ou a SEC e chegar a um acordo. Aliás, quem já ouviu falar dos acordos assinados sucessivamente pela Alcatel, Technip ou Total?

Para mim, infelizmente, as coisas não se passaram assim. Patrick Kron aparentemente tentou enganar o DOJ fazendo-o crer que estava realizando uma faxina interna, mas brincou com fogo. O maquinário do FBI, que dispõe de meios colossais, é colocado em movimento. De fato, as autoridades estadunidenses fixaram o combate à corrupção como a segunda prioridade nacional, logo depois do combate ao narcotráfico.

Mais de 600 agentes federais estão trabalhando em sua implementação, incluindo um grupo especial, a ICU (International Corruption Unit), responsável por rastrear exclusivamente empresas estrangeiras. O FBI não hesita, por exemplo, em encurralar empresas urdindo *sting operations* (induções à infração) o que é proibido pela lei francesa, a não ser na luta contra o tráfico de drogas. Assim, em 2009, os estadunidenses utilizaram os serviços de vários agentes secretos (incluindo um francês, Paul Latour) para se passarem por intermediários atuando em nome do Ministro da Defesa gabonês. Esses falsos intermediários então ludibriaram cerca de vinte empresas, prometendo-lhes contratos em troca de pagamento de comissões. Claro que tudo foi gravado. Da mesma forma, os estadunidenses não hesitam em recrutar informantes dentro das empresas, como foi o caso no meu processo, a fim de coletar provas. O FBI é, portanto, capaz de tudo para provocar empresas visadas ou dobrar empresas recalcitrantes, e infelizes daquelas que tentam resistir a ele.

Mesmo assim – e o aparato policial estadunidense é mesmo um mecanismo infernal – quanto mais avanço em minhas pesquisas, quanto mais me documento, mais minha situação me parece muito singular. Mesmo levando em consideração os erros estratégicos cometidos por Patrick Kron que levaram a meu encarceramento, o tratamento que me é reservado é único. Ele não se parece com nenhum outro caso do FCPA.

MINHA DECLARAÇÃO DE CULPA

Detive-me particularmente na situação de um ex-executivo francês, Christian Sapsizian, ex-vice-presidente adjunto da Alcatel para a América Latina. Seu caso, que remonta a 2008, é muito semelhante ao meu. Inclui a contratação de consultores para fechar um contrato na Costa Rica com a ICE, a empresa de telecomunicações local. A Alcatel e a Alstom pertenciam ao mesmo grupo industrial até 1998. Eu próprio ingressei na Alstom via Alcatel Cabos, uma subsidiária, pela qual eu já havia passado dezesseis meses como voluntário do serviço nacional no exterior (VSNE) na Argélia de 1990 a 1992. Os processos internos de seleção de intermediários, até a separação em 1998, eram, portanto, mais ou menos idênticos. Na Alcatel, assim como na Alstom, os consultores eram remunerados em pagamentos parcelados. A única diferença, e uma diferença de monta, em relação à minha situação era que Christian Sapsizian, o executivo da Alcatel preso na Flórida, beneficiou-se no negócio. Ele embolsou 300.000 dólares em retrocomissões.

No entanto, quando examino em detalhe a investigação contra ele, noto que a sentença em que ele incorreu é muito menor do que a minha: dez anos para ele – que admitiu ter enriquecido pessoalmente – em contraste com cento e vinte e cinco anos de prisão para mim. Quando questiono Stan sobre este ponto, ele se põe a me explicar doutamente que, mesmo que a lei seja aplicada de forma idêntica no nível federal, pode haver "nuances" entre Connecticut, onde estou sendo processado, e Flórida, onde Sapsizian foi acusado! As incontornáveis *sentencing guidelines* são previstas, continua ele, precisamente para remediar esse descompasso.

Obviamente, ele se recusa a admitir que eu possa ter sido pessoalmente alvo e não tem intenção de medir forças com o DOJ. Diante da apatia manifestada por meu próprio advogado, eu apelo então para os recursos internos de Wyatt e recorro a quem tem mais experiência, Jacky, o veterano da French Connection.

Com quase meio século de processos nas costas e 36 anos de prisão, meu codetento se considera muito mais escolado do que a maioria dos advogados e talvez não esteja totalmente errado. Há anos que ele mesmo escreve todas as suas petições legais, pedindo aos seus advogados apenas para relê-las e enviá-las ao juiz:

— Juízes e procuradores devem ser encurralados, ele me confidencia. Com uma *binding plea* (declaração de culpa vinculante), você os coloca contra a parede. Você faz um *deal* com o procurador sobre uma sentença predeterminada, e depois assina, e mais ninguém pode rever, nem mesmo o juiz. Espero que tenha sido isso que seus advogados negociaram com o *proc*!

— Não sei. Eles me disseram que os procuradores propuseram uma sentença de seis meses, então penso que é isso.

— Você pensa, mas tem que ter certeza. Acima de tudo, não assine um *open plea*, em que a pena não está fixada, porque depois os procuradores podem te ferrar no momento do *sentencing*. Os procuradores têm carta branca ... Entende? Isso se chama: se foder.

Eu não diria nesses termos, mas talvez ele tenha razão. Sinto que estou sendo ludibriado. E no entanto, antes de atuarem em escritórios de advocacia, meus advogados trabalharam como procuradores assistentes. Eles devem conhecer esse tipo de truque. Por que não me falaram sobre os diferentes tipos de "declaração de culpa"? Como eu poderia ficar sabendo da existência deles sem os conselhos de Jacky?

No dia seguinte, liguei para Stan novamente para pedir detalhes sobre a declaração de culpa:

— Não, este não é um *binding plea*. Esse tipo de declaração de culpa não é usado em Connecticut, embora seja, eu admito, usado em muitos estados, sobretudo em Massachusetts e Nova York. As pessoas que falaram com você sobre isso certamente têm seus casos relacionados a essas jurisdições.

— Definitivamente, outra particularidade de Connecticut que joga contra mim. Que tipo de declaração de culpa você quer que eu assine?

— Um *open plea*.

— Como posso ter certeza de que minha sentença será de apenas seis meses se isso não estiver escrito na declaração de culpa?

— No Connecticut é mais sutil. Os magistrados não gostam de ser manietados. Mas todos confiam uns nos outros. Juízes, advogados, procuradores, trabalhamos juntos há décadas. Ninguém volta atrás na palavra dada. Se Novick me disse seis meses, será de seis meses. Acredite em mim, não se preocupe com isso, porque temos uma nova complicação.

— Ah, é? Qual?

— Você terá que se declarar culpado de duas das dez acusações, não apenas uma, como inicialmente planejado.

— O quê? Mas, há um mês, você tinha me assegurado do contrário!

— De fato, foi o que eu havia discutido com Novick, mas a decisão não foi tomada por ele, e sim pelo chefe de Kahn em Washington, na sede do DOJ.

— E por que eles mudaram de ideia?

— Eles compararam o seu caso ao da Alcatel, em que Sapsizian teve de se declarar culpado de duas acusações.

— Mas Sapsizian embolsou cerca de 300.000 dólares de retrocomissão, não tem nada a ver com a minha situação. Tenho a impressão, Stan, de que você diz amém a tudo o que o DOJ lhe oferece sem reagir. Encontre casos de funcionários que não tiveram benefício pessoal! Faça seu trabalho!

— Vou fazer, mas temo que isso não adiante nada. Lembre-se, Frédéric, é preciso que você aceite se declarar culpado antes de Pomponi. Caso contrário, perdemos toda a margem de negociação...

Por mais desproporcional e escandalosa que seja, a proposta do DOJ permanece sendo, portanto, pegar ou largar. Aqui estou novamente diante de um dilema insolúvel. Uma escolha entre o "pior" e a mera possibilidade de um "menos pior". Apostas em peste ou cólera. E como sempre, faço meus cálculos com os *ou* e os *ou então*, os *senões* e os *supondo que*... Eu formulo equações, e a última pode ser resumida da seguinte forma: *seja que* eu aceite me declarar culpado de duas acusações, com a consequência de uma possível condenação de dez anos de prisão (mas que será na verdade de seis meses, se eu confiar em Stan), *seja que* eu rejeite definitivamente e decida ir a julgamento, correndo o risco de receber uma pena de quinze a dezenove anos, estou convencido de que esse novo golpe baixo dos procuradores tem por alvo tanto a Alstom quanto a mim. Trata-se de mais um sinal enviado aos executivos que ocupam os cargos mais elevados. "Vejam do que somos capazes! Vejam o que pode acontecer com vocês se não cooperarem plenamente conosco!". Em todo esse processo, eu decididamente não passo de um instrumento, um refém, um prisioneiro de interesses que estão além de mim. Mas, naquela época, eu estava longe de entender o plano todo.

Stan e Liz, apesar de sua decepção, fingida ou real, me pressionam insistentemente a aceitar. Então, com a alma dilacerada, dou-lhes minha anuência para me declarar culpado em duas acusações. Na realidade, não tenho escolha. Mas, primeiro, peço que me enviem o texto que terei que assinar.

Será então que irei descobrir as condições muito específicas de uma declaração de culpa ao estilo americano. Devo assumir o compromisso de jamais contradizer publicamente minha admissão de culpa, não terei o direito de apelar da sentença, nem terei a oportunidade, na redação das minhas conclusões para o julgamento, de mencionar o caso Tarahan! O memorial em minha defesa deve incluir apenas argumentos pessoais (família, educação, religião ...). Portanto, não poderei dar minha versão dos fatos nem explicar minha posição na organização no seio da Alstom. Como, nesse caso, o juiz poderá avaliar meu papel em relação ao de outras pessoas, sejam acusadas ou não? "Ela terá a versão dos fatos exposta pelo procurador", Stan responde suavemente. Mais curiosamente ainda, o cálculo da pontuação e a grade teórica da punição, realizada a partir das *sentencing guidelines*, também não aparece. O que é contrário a todas as declarações de culpa que estudei. Quando questiono Stan, o que ele responde é que, de novo, isso é comum em Connecticut. E que "É ... pegar ou largar!".

Finalmente eu disse sim. Como poderia ter feito de outra forma? Fui intimado a New Haven em 29 de julho de 2013 para assinar minha declaração de culpa.

A audiência foi presidida pela mesma magistrada que, três meses antes, em 19 de abril, havia recusado minha libertação. Faz cem dias que estou preso. Para mim, parece um século.

— Frédéric Pierucci – dispara a presidenta Joan G Margolis –, antes de receber sua declaração de culpa, gostaria de lhe pedir que preste juramento. Escrivão, por favor, providencie o juramento do acusado.

O escrivão então apenas me pede para que me levante e erga minha mão direita. A audiência pode começar.

— Sr. Pierucci, o senhor entende que agora tem o compromisso de dizer a verdade e suas respostas podem ser punidas por perjúrio ou falsidade ideológica?

— Sim, meritíssima.

— O senhor poderia declinar sua identidade completa, sua idade e dizer-nos se tem algum diploma escolar?

— Pierucci, Frédéric, Michel. Tenho quarenta e cinco anos. Obtive um diploma de engenharia na França. E tenho um MBA da Universidade de Columbia em Nova York.

— O senhor compreende a língua inglesa?

— Sim.

— O senhor teve alguma dificuldade com seus advogados?

— Meritíssima, estou encarcerado em Wyatt, então isso não é fácil...

Meu advogado se levanta, mal me dando tempo para terminar minha frase:

— Meritíssima, é verdade que as comunicações telefônicas do senhor deputado Pierucci sendo limitadas, nem sempre foi fácil dialogar, mas, juntamente com minha colega Liz Latif, já o encontramos três vezes e hoje pudemos falar com ele sem dificuldade.

Certo, entendi... Estou aqui para recitar minha declaração, ensaiada em detalhes com Stan. Agora não é hora de reclamar, muito menos o dia de criticar o sistema judicial estadunidense.

— Sr. Pierucci, prossegue a presidenta calmamente, o senhor está em tratamento médico?

— Sim. Estou tomando tranquilizantes para suportar o estresse associado ao meu encarceramento e para poder dormir.

— Esses medicamentos comprometem sua compreensão dos debates nesta audiência?

— Não, meritíssima.

— O senhor fez uso de narcóticos ou álcool nas últimas quarenta e oito horas?

— Não, meritíssima.

— Foi informado pelo seu advogado da pena máxima que lhe pode ser infligida e já discutiu esse assunto com ele?

— Sim, meritíssima.

— Portanto, o senhor já entendeu perfeitamente o acordo que está prestes a fazer?

— Sim, meritíssima.

— O senhor sofreu ameaças?

O que responder a essa pergunta? Ameaças físicas? Obviamente não. Mesmo... sendo mantido em uma prisão de alta segurança sem acesso ao arquivo da acusação contra min... Isso não seria ameaça? Mas se eu mencionar isso, ficarei impedido de me declarar culpado. Então eu respondo negativamente. E a justiça estadunidense continua seu curso.

— Senhor Pierucci, insiste a Presidenta, para ter a certeza de que compreende o alcance de sua decisão, gostaria que resumisse em poucas palavras o que fez e do que é culpado.

Aqui estamos. Chegou a hora de servir-lhes o refrão preparado com Stan Twardy. Uma ladainha em que admito minha culpa. Eu começo:

— Meritíssima, entre 1999 e 2006, fui vice-presidente da atividade de venda de caldeiras do grupo Alstom, no mundo inteiro. Na época, eu estava baseado em Windsor, Connecticut. De 2002 a 2009, uma conspiração foi implementada entre vários funcionários da Alstom Power, outras entidades da Alstom, funcionários da nossa parceira Marubeni, bem como consultores externos. O objetivo dessa conspiração era pagar propinas a funcionários estrangeiros para obter o contrato de uma usina elétrica em Tarahan, na Indonésia. Eu, assim como meus comparsas, disfarçamos essas propinas como se fossem comissões. Eu e meus comparsas trocamos correspondências eletrônicas para discutir os detalhes dessa transação. Eu e meus comparsas conseguimos obter o contrato de Tarahan.

— Obrigada, Sr. Pierucci. O procurador Novick está satisfeito com esta declaração?

— Plenamente, Meritíssima, diz Dan, que também desempenha seu papel magistralmente.

— Sr. Pierucci, permita-me resumir. Então o senhor se declara culpado de duas acusações. Cada uma delas é passível de uma pena de até cinco anos de prisão e multas que podem chegar a 100.000 dólares para a primeira e 250.000 dólares para a segunda. Sua declaração de culpa também pode ter consequências atinentes às leis que regulam a imigração no país. O senhor está ciente disso?
— Sim, meritíssima.
— Ouça-me com atenção agora, senhor Pierucci. O senhor será interrogado em breve por um agente do judiciário em um futuro próximo. Esse oficial será responsável por redigir um relatório de *pre-sentencing* (pré-julgamento). Este relatório será então submetido a um tribunal para ajudá-lo a determinar a sentença apropriada que lhe será infligida. O senhor está entendendo?
— Sim, meritíssima.
— Esse relatório deve ser apresentado o mais tardar até 10 de outubro. E o procurador terá até o dia 17 de outubro para responder. O tribunal, por seu turno, se reunirá em 25 de outubro de 2013 para determinar sua condenação. Obviamente, é imperioso que o senhor esteja presente nessa audiência.
— Sim, meritíssima.
— Bem, terminamos. Desejo a todos uma boa tarde e, principalmente, boas férias.

A "Meritíssima" não está de brincadeira. Ela faz seu pronunciamento com a maior seriedade do mundo. As datas correspondem mais ou menos aos seis meses de detenção mencionados pelos procuradores a Stan, o que me deixa um pouco mais tranquilo. Agora tenho um horizonte para minha libertação: 25 de outubro!

Enquanto isso, naquele 29 de julho de 2013, juízes, procuradores e advogados entram no período de recesso. O Connecticut está derretendo de calor. O camburão blindado, que me leva de volta a Wyatt, se transformou em uma fornalha. Ao meu lado, um jovem presidiário está com a cabeça entre as mãos. Sua "sentença" definitiva acaba de ser anunciada: noventa e seis meses por tráfico de drogas. Sinto cada vez mais calor, mas tento consolá-lo como posso. "Você pode reduzir sua sentença em 15% com bom comportamento, você pode sair aos trinta e cinco anos. Você terá então toda a vida pela frente, tempo de constituir família, de ter filhos, de encontrar trabalho...". Falo tanto por mim quanto por ele. *Nada está perdido.* Mas, no calor do furgão, minhas palavras soam vazias: quais são as chances de um jovem negro de trinta e cinco anos reconstruir sua vida após tão longo período de detenção? O que este país tem a lhe oferecer? E quanto a mim, o que ele me reserva? O furgão está quente como o inferno. Estou prestes a desmaiar.

A VISITA DE CLARA

Ela está aqui. Atrás do vidro blindado. Sempre tão linda. Com seus longos cabelos negros e olhos escuros. Clara veio. Até agora consegui dissuadir meu pai de me visitar, mas ela não quis me ouvir. Naquele 5 de agosto de 2013, no final da tarde, ela atravessou a porta da penitenciária.

De manhã, como todos os detentos que recebem visitas, fiz a barba para ficar o mais apresentável possível. É preciso passar-lhe a melhor impressão possível da minha situação. Dei uns tapinhas nas minhas bochechas para tentar fazê-las parecer um pouco mais coradas. Mesmo assim continuo muito pálido. A falta de sono, a falta de luz do dia e o estresse me deixaram com olheiras enormes, e a pele das minhas pálpebras tem um tom roxo escuro. E se eu a desagradar? Eu me tranquilizo: Clara é uma rocha, tem aquela índole basca atávica, inabalável. Sei que ela vai agir como se... e me abrir um sorriso largo. Vê-la sorrir é o que mais me faz falta nestes últimos quatro meses.

Às 19 horas, vou para o parlatório. Finalmente a vejo. A espessa divisória de vidro nos separa. Posso vê-la, mas não a tocar, muito menos abraçá-la. Eu daria qualquer coisa para poder envolvê-la em meus braços. Mas em Wyatt, o regulamento imposto aos visitantes não admite nenhuma exceção. Ele contém pelo menos 34 cláusulas. Assim, para as mulheres, muitas roupas são proibidas: nada de shorts, nem vestidos ou saias com comprimento de mais de 15 centímetros acima do joelho, nada de decotes, sutiã obrigatório sem peças de metal, nada de casacos, nada de chapéus, nem luvas, nem lenço, nem joias. Somente alianças são toleradas. Os homens não podem usar capuzes. Também é estritamente proibido trazer caneta ou papel. É proibido fazer anotações. Todas as conversas são gravadas.

Ordem e disciplina imperam. Quer dizer, em teoria. Porque a sala é uma enorme bagunça. Imagine um vasto salão dividido em dois por uma parede transparente. De um lado, os detentos (cerca de vinte), do outro, as famílias. As conversas acontecem por meio de um interfone. Todos falam ao mesmo tempo, muito em espanhol. Para ser ouvido, é preciso encostar o nariz no vidro e não hesitar em gritar.

Após deixar Singapura, Clara foi para a França, onde mal teve tempo de deixar as crianças com os avós, antes de embarcar para Boston. Ela parece exausta com a longa jornada. Ela me observa, quase tímida, com minha roupa cáqui de prisioneiro. Ela parece bem, mas vejo que está transtornada e seus olhos marejam. Em meio ao burburinho, perdida entre todas essas famílias de detentos, a realidade do presídio a abala. Ela não pode mais agir como se tudo isso fosse irreal, ela não pode mais se proteger disso como vem tentando fazer há quatro meses. Ela vê a violência que aflora, toca as paredes sebosas, sente o cheiro da prisão. Ela compreende que já não será mais capaz de esquecer Wyatt. Uma vez tranquilizada sobre minha saúde e para esconder seu desconforto, ela não para de falar. Ela me conta sobre... as crianças, seu trabalho em Singapura, seus colegas, minha mãe, minha irmã. Eu escuto, quase em silêncio. Me faz um bem enorme ouvi-la falar de uma vida... normal.

Mas quando começamos a falar do meu caso, vem a desilusão. Nas primeiras semanas que se seguiram à minha prisão, meus colegas, principalmente Wouter van Wersch, o representante da International Network em Singapura, ligavam para ela regularmente. Então, por ordem da sede, as relações foram rapidamente rompidas e Clara se viu muito só. Mesmo assim, ela solicitou uma reunião na sede com Patrick Kron. Este delegou a Philippe Cochet, o chefe da Alstom Power, com quem sempre tive excelentes relações, a tarefa de recebê-la. Philippe deveria encontrar Clara no dia 5 de agosto em Levallois. Tínhamos grandes esperanças nesse encontro para nos prepararmos para o futuro e saber como a Alstom, apesar das restrições impostas pelo DOJ, nos apoiaria. Infelizmente, Philippe Cochet cancelou a reunião na véspera, devido à minha declaração de culpa em 29 de julho. Ele informou a Clara que, a partir de então, seria impossível para ele entrar em contato com ela. É isso, nós nos tornamos definitivamente pestilentos. O choque para Clara foi terrível. Para mim também.

Como se não bastasse, a pressão sobre a empresa continua aumentando. Em 30 de julho, um dia depois da minha declaração de culpa, a investigação do Departamento de Justiça sobre a Alstom deu um "salto". Coloquei a palavra entre aspas porque acabei por me perguntar se tudo já não estava escrito com antecedência pelos procuradores que, desde o início, tecem sua teia conhecendo cada estampa da tapeçaria. O início da cooperação da Alstom após minha prisão provavelmente não os havia convencido completamente. Então eles decidiram desferir um golpe e indiciar mais um executivo, que ocupava um posto ainda mais elevado do que o meu na época dos fatos: Laurence Hoskins, vice-presidente sênior Ásia da International Network, um dos três últimos signatários para os contratos de consultoria e, principalmente, um executivo de nível 2 de Patrick Kron, que devia estar sentindo a ameaça de uma acusação cada vez mais próxima. Segundo a denúncia, publicada no mesmo dia na página virtual do DOJ, ele foi acusado de ter tido conhecimento das propinas e de ter encoberto o uso de intermediários no contrato de Tarahan. Se no mais alto nível da hierarquia – e Hoskins está muito perto do topo da escala – todos estavam plenamente informados sobre os mecanismos de corrupção implementados pelas equipes da International Network, isso necessariamente me isenta de parte de minhas responsabilidades. Isso prova também que o DOJ tinha compreendido bem as funções e responsabilidades de cada um.

Eu infelizmente já conheço Dave e Dan bem demais para não suspeitar que eles estão tramando um truque do qual eles têm o segredo ... Fico particularmente intrigado que o DOJ tenha tornado pública a acusação contra Hoskins, correndo o risco de não conseguir prendê-lo, ao passo que, no meu caso, se preocuparam em manter meu indiciamento sob sigilo. E se o objetivo não fosse realmente prendê-lo, mas sim pressionar o CEO? Eles estão em ascendendo na hierarquia da Alstom. E agora estão quase no topo. Depois de Hoskins, o próximo na lista deve ser o próprio Kron. Na sede em Levallois, Keith Carr certamente está manobrando para organizar a resposta, ou melhor, a capitulação. Claro, eles vão negociar. Estou em condições de saber que eles não terão outra escolha. A Alstom pode ser uma grande empresa francesa, mas não tem nenhuma força contra o rolo compressor do FBI e do DOJ. A Alstom não vai escapar de uma multa pesada, mas o que meus superiores vão negociar para se safar da arapuca em que eu já estou capturado? Quem eles vão sacrificar? Não me atrevo a pensar nisso, nem tocar no assunto com Clara.

Limitada a uma hora, a visita acaba. Mas uma outra está marcada para daqui a dois dias. Até lá, ela ficará hospedada na casa de nossa fiel amiga Linda. A tristeza me assola quando ela parte. Essa primeira visita foi tão breve. E ter percebido sua preocupação me parte o coração. Ainda assim, sinto-me feliz ao percorrer os corredores de volta até minha cela. Ela me tranquilizou sobre as crianças e sobre meus pais. O simples fato de revê-la me alivia um pouco do meu fardo.

Entre os carcereiros de Wyatt, há aqueles que são bacanas, há aqueles – a maioria – que nos são indiferentes, e há os trastes. Na tarde de 7 de agosto de 2013, dia da segunda visita de Clara, tive que me haver com uma carcereira detestável. Embora minha visita devesse começar às 13 horas, essa carcereira está pendurada no telefone. Se ela não parar de tagarelar, a Recepção não conseguirá avisá-la que minha esposa chegou. Uma, duas, três vezes, tento lhe explicar a situação. Mas ela se recusa a me dar atenção. Finalmente, às 14 horas, ela me diz que posso ir para a sala de visitas. Outros carcereiros ainda me fazem esperar no corredor, quase saio do sério. O que, devo forçosamente saber, não ajuda. Agora todos os meganhas estão contra mim, gritando: "Aqui você está na prisão, então se quisermos fazer você esperar três horas, é nosso direito". Passar por todas as portas e controles leva cerca de vinte minutos. Enquanto isso, Clara espera há duas horas e meia na sala de espera.

Felizmente, no dia seguinte teremos direito a uma visita final, cuja duração será excepcionalmente de duas horas. E desta vez, apesar do barulho das famílias, dos gritos dos guardas que tentam fazer reinar uma aparência de ordem, as cadeiras que arrastam no chão, as portas que abrem e fecham, as lágrimas ou os insultos dos prisioneiros que se amofinam, tornamo-nos íntimos novamente, revisitamos nossa história comum, nosso primeiro encontro, depois nossas dificuldades. De repente, da forma mais incrível, apesar do gelo que nos separa, ou talvez, quem sabe, graças a ele, tenho a sensação de que nunca estive tão perto de minha esposa.

Clara já partiu e tentará aproveitar as três semanas de férias que lhe restam para descarregar um pouco a tensão. As principais decisões já foram tomadas: declarar-se culpado, providenciar o início do próximo ano letivo das crianças em Singapura, prolongar sua atividade profissional até o final do ano letivo em junho de 2014. Até lá, já terei sido posto em liberdade, minha sentença já terá sido pronunciada e, portanto, voltarei para casa ainda este ano, certamente antes do Natal.

Como as coisas vão se passar na Alstom eu não sei, mas a gerência acaba de nomear Tim Curran, o chefe estadunidense do business caldeira, para assumir interinamente minha função. Vejo isso como um presságio feliz. Eles "guardam meu lugar" para mim. Eles não vão me demitir. Neste longo mês de agosto, conto os dias para minha liberação. Mais dois meses para aguentar.

Nesse ínterim, toda a Ala A foi transferida para a Ala L2, onde as gangues estão alojadas. Lá, todas as celas inicialmente individuais de seis metros quadrados foram transformadas em celas duplas. Agora divido a cela com outro grego, Yanis, com quem felizmente me dou bem. Mas na Ala L2, jamais temos acesso a um pátio de lazer ao ar livre.

No início de setembro, recebo a visita de meu pai, que, apesar de minhas recomendações, decidiu fazer a viagem. Em seu lugar, eu teria feito a mesma coisa, então é difícil detê-lo. Mas tive um choque quando o vi no parlatório. Recurvado, ele caminha com grande dificuldade, amparando-se em uma bengala. Sempre tão corajoso e enérgico, ele me parece agora como se tivesse envelhecido dez anos! Ele me contou que há várias semanas padece de um problema no ciático que o impede de se sentar, por isso está preso à cama. Como, nessas condições, ele conseguiu suportar o voo de sete horas de avião na classe econômica de Paris a Boston, alugar um carro e dirigir três horas até aqui? Eu me sinto extremamente culpado e então avalio toda a provação que estou impondo a meus pais e parentes. Assim como Clara, papai virá três vezes e, assim como Clara, sua visita me fará um bem imenso.

A DEMISSÃO

Um *uppercut*. Ou antes, um golpe baixo, covarde e indigno. Eis como recebi a correspondência desta manhã. Ela está datada de 20 de setembro de 2013.

> "Assunto: convocação para entrevista preliminar de demissão.
>
> Informamos que somos obrigados a considerar uma possível medida de demissão em relação ao senhor... Dito isso, estamos cientes de que sua prisão nos Estados Unidos não deve permitir que o senhor compareça a essa entrevista preliminar... Assim sendo, o senhor encontrará em anexo os motivos que justificam o presente processo de demissão, sobre os quais o convidamos a formular as suas observações por escrito".

Bem que eu suspeitava que minha decisão de admitir minha culpa iria ter consequências. Markus Asshoff – o advogado trabalhista, sócio do escritório de advocacia Taylor Wessing em Paris, que minha família escolheu para me representar contra meu antigo empregador e que não se cansará de me assegurar o mais leal apoio – avisou Clara: a Alstom dispunha em teoria de dois meses a partir da data da minha declaração de culpa para me demitir. Então eu já esperava, com certa ansiedade, o fim desse prazo. Mas, não sei bem o porquê, estava convencido de que a administração encontraria uma solução para desistir. Eu me iludia! Desde minha prisão, eles me deixam definhar em meu buraco sem se inquietar sobre meu destino, nem mandar o menor sinal de encorajamento. Pior ainda, embora vários membros do comitê executivo tenham vindo aos Estados Unidos a trabalho, nenhum achou por bem me visitar na prisão. Que desgraçados! Eles preferiram se esquecer de mim e agora me despedem como a um bandido!

No documento que me enviou, Bruno Guillemet, diretor de recursos humanos do grupo, começou por censurar – é o cúmulo! – minha ausência do trabalho: "Sua prisão preventiva impediu-o de cumprir seu contrato de trabalho... Em face do nível de suas responsabilidades, sua ausência impossibilita a manutenção da nossa relação contratual". A seguir, Guillemet aborda minha declaração de culpa. "Sua declaração de culpa – escreveu ele – em breve levará as autoridades judiciais estadunidenses a condená-lo a uma pena de prisão em regime fechado, e essa situação traz um prejuízo inegável para a imagem do grupo Alstom em todo o mundo. Com efeito, a natureza de suas ações, estritamente contrárias às políticas e valores do grupo Alstom, agora gera um clima de suspeita e desconfiança das autoridades de supervisão, principalmente na gestão cotidiana dos nossos negócios no mundo".

Por mais que eu leia e releia essa diatribe, é difícil entendê-la. Minha ausência do trabalho! Eles ousam usar isso como argumento... foi assim que contornaram a prescrição dos fatos. Não fui demitido por causa do caso de Tarahan ou por causa de minha declaração de culpa, mas porque não estou em meu escritório em Singapura! Como se eu tivesse escolha! E é vergonhoso me repreender por causa da minha declaração de culpa quando eles sabem muito bem que eu não tive escolha. Esta carta é o cúmulo da hipocrisia. Será que o diretor dos recursos humanos tem noção do que escreveu? Quando o próprio Patrick Kron, sob pressão do DOJ, for finalmente forçado a admitir a culpa da empresa que ele dirige há mais de dez anos e, portanto, a sua própria, será preciso demiti-lo também, assim como a todos os membros do comitê executivo, começando pelo diretor de RH? Duvido. E como eles podem me imputar atos "contrários às políticas e valores do grupo"? Será que devo lembrá-los de que, durante os vinte e um anos que passei na Alstom, cumpri rigorosamente os processos previamente definidos pela direção da Alstom, nem mais nem menos?

Igualmente monstruoso: segundo eles, eu teria "faltado com as obrigações de probidade, honestidade e lealdade". Mas fui eu que decidi contratar consultores? Fui eu que decidi passar todos os contratos globais de nossos intermediários pela nossa subsidiária suíça, por uma questão de discrição? Fui eu que decidi pagar propinas? Fui eu quem montou a International Network, a organização da compliance, os procedimentos de seleção de consultores, etc.? Claro que não. Mas, em contrapartida, eu segui à risca todas as instruções, como qualquer executivo em funções semelhantes às minhas. Além disso, nos últimos dez anos, o grupo, ou suas subsidiárias, foram processados, condenados ou suspeitos de corrupção em cerca de dez países. No México, no Brasil, na Índia, na Tunísia, não menos que na Itália, na Grã-Bretanha e na Suíça. E também na Polônia, na Lituânia, na Hungria e até na Letônia. Preciso continuar a lista? Duas entidades da Alstom também foram marcadas pelo Banco Mundial, que em 2012 as colocou na lista negra por força de um caso de propina por uma barragem hidrelétrica na Zâmbia. Agora a Alstom se atreve a escrever que prejudiquei a imagem da empresa quando nunca estive envolvido em nenhum desses contratos pelos quais o grupo foi processado ou condenado! É simplesmente acintoso!

Aliás, o diretor de compliance na época dos eventos de Tarahan, Bruno Kaelin, também representante legal da "Alstom Prom", a empresa suíça que reúne a grande maioria dos contratos dos consultores, chegou a ser detido pela polícia suíça em 2008 e passou quarenta dias na prisão. E a Alstom concordou em pagar uma multa de dezenas de milhões de euros às autoridades suíças em 2011 para encerrar o processo.

A realidade é brutal: um sistema generalizado de corrupção foi mantido em grande escala no coração da empresa e em todos os continentes.

Tudo isso a equipe corporativa sabe melhor do que ninguém e não foi preciso esperar minha declaração de culpa para que a reputação da Alstom ficasse maculada. Hoje eles simplesmente foram apanhados pela patrulha, capturados pelos estadunidenses, que têm meios de retaliação bem diferentes daqueles do Banco Mundial ou do Ministério Público na Letônia ou na Suíça.

Então, em Paris, eles resolvem ceder. Depois de tergiversar, de se recusar a colaborar com o FBI por três anos, eles tentam dar mostras de sua "boa fé" ao DOJ. Eles querem mostrar aos estadunidenses que estão dispostos a fazer sacrifícios. E o enviado para a fogueira sou eu!

Quando recebeu uma cópia de minha carta de rescisão, Clara decidiu apelar diretamente para Patrick Kron. Depois de ter lhe prometido uma reunião, o CEO (agora meu ex-chefe) a cancelou no último momento. Clara escreveu uma carta para ele e a enviou para mim.

Ela fala sobre minhas condições de detenção, que pioraram nas últimas semanas: "O estado de saúde física e mental de Frédéric continua piorando. Ele experimenta coisas que nunca imaginou que que um dia viveria em sua vida: estupro de um preso em uma cela próxima à sua, tentativa de assassinato pela mistura de caco de vidro na comida, suicídio de um codetento, morte de um preso por falta de acompanhamento médico, brigas recorrentes entre codetentos, principalmente com facas". Clara, com razão, reclama da falta de apoio da Alstom: "A vida do meu marido e de sua família acabou no dia 14 de abril de 2013 e tenho que enfrentar essa situação, sozinha, com meus quatro filhos. Frédéric está agora encarcerado a 15.000 quilômetros de nossa casa. Nossos filhos estão em um estado de angústia emocional que ele não consegue aliviar. Nossas gêmeas de sete anos, Gabriella e Raphaella, choram quase diariamente a ausência do pai". Minha esposa explica que a carta de demissão que me chegou é uma "ferida adicional e um insulto diante da dor" que ela está passando. Ela lembra a Patrick Kron que sempre fui leal à Alstom, que nunca dissimulei ou escondi nada, que sempre respeitei o processo de validação hierárquica e que fui muitas vezes parabenizado pelo meu trabalho, como testemunha o "pagamento de um Bônus de 100% recebido uma semana antes da minha prisão". Ela conclui pedindo que ele interrompa o procedimento de demissão.

Patrick Kron recorre a sua mais refinada pena para responder. Se, por um lado, ele se declara "tocado pelas dificuldades vivenciadas pela minha família" e me chama familiarmente de Fred, chegando a dizer que "essa situação o afeta muito pessoalmente", ele na verdade repete os argumentos já anunciados por seu gerente de recursos humanos. Ele disse que "admiti ter violado as regras internas dos procedimentos internos e os valores éticos da Alstom". Isso é obviamente falso, nunca violei essas regras, pelo contrário, eu apenas as apliquei! Ele prossegue dizendo que, portanto, na condição de CEO, é sua "responsabilidade proteger os interesses da Alstom, de seus acionistas e de todos os seus funcionários". E finalmente pede a Clara que pare de escrever diretamente para ele, porque seus advogados o aconselharam a evitar qualquer contato com minha família!

Então Patrick Kron quer proteger os interesses da Alstom? Que leve, então, sua lógica às últimas consequências. Tudo o que ele precisará fazer nesse caso será marcar uma reunião com os procuradores do DOJ, admitir que toda essa organização foi criada para encobrir o pagamento de propinas, disfarçando-as sob a forma de contratos de consultoria para Tarahan e diversos outros negócios, admitir sua parte da responsabilidade, e propor sua própria demissão aos estadunidenses. Esta seria a melhor prova da sua colaboração e permitiria, sem dúvida, à empresa reduzir o valor da multa. Eis um gesto que poderia ter ajudado a Alstom a sair da enrascada. Mas o sacrifício é, sem dúvida, grande demais! Ao invés de encerrar sua carreira, Patrick Kron preferiu jogar a culpa em um de seus subordinados.

OS SEIS MESES TRANSCORREM

"Papai, queria te fazer uma pergunta: quando você volta?"

Eu vinha me esquivando, dizendo à Gabriella e à Raphaella pelo telefone que não podia lhes dar uma data. Meu "trabalho" nos Estados Unidos estava demorando mais que o previsto... Naquele início de outubro, porém, atrevi-me a dizer-lhes que iria voltar logo e que poderíamos passar o Natal juntos. Estava enganado. Redondamente.

Na verdade, Bill Pomponi opunha resistência. Ele se recusava a se declarar culpado. Por ser cidadão estadunidense, os juízes o deixaram em liberdade e ele então pode preparar sua defesa com tranquilidade. Além disso, se os procuradores falaram a verdade, depois que me declarei culpado, Pomponi tem pouco ou nada a negociar. Ele agora corre o risco de uma pesada sentença de prisão, de ao menos dez anos. Para quem já não é jovem e tem uma saúde frágil, isso equivale praticamente a uma sentença de morte! Ele tem todo interesse, portanto, que o processo se arraste. Eu entendo.

Mas sua estratégia judicial tem forte influência no meu destino. Enquanto Pomponi não se dobrar à pressão, os procuradores não vão querer que eu vá a julgamento. A lógica deles é a seguinte: se Pomponi for a julgamento, eles certamente vão querer que eu testemunhe contra ele. Por isso, eles precisam me manter em "banho maria" e, acima de tudo, não me deixar voltar para a França. A engrenagem, mais uma vez, é diabólica, mesmo que eu tente com meu advogado encontrar uma alternativa.

— E se eu recusar? Afinal, tenho o direito de ser julgado dentro de três meses a partir da minha declaração de culpa, certo?

— Perfeitamente, é você quem decide. Mas se você insistir em manter essa data, os procuradores vão "moê-lo" durante sua audiência de julgamento e pedir dez anos de prisão, não seis meses!

— O que fazemos então? Eles pedem minha libertação sob fiança, eu volto a Singapura e espero uma data de julgamento que seja conveniente para os procuradores?

— Os procuradores não vão deixá-lo voltar para Singapura. Você precisará permanecer em liberdade condicional nos Estados Unidos.

Foi um duro golpe! Isso podia durar meses porque eu já não controlava mais nada. Tudo dependia do que Pomponi decidisse. Mais uma vez senti crescer a raiva, mas eu não tinha escolha. Fui obrigado a aceitar que meu julgamento fosse adiado. Clara ficou arrasada quando lhe contei a notícia. Mas pelo menos a família poderia vir nas férias de Natal para os Estados Unidos e poderíamos passar duas semanas juntos. Ela então começa a procurar um apartamento onde eu possa ficar depois de ser libertado sob fiança.

Dois dias depois, Stan vem me visitar em Wyatt. De cara notei sinais de irritação em seu rosto.

— Tenho uma péssima notícia. Os procuradores, além de adiar o seu julgamento, também se opõem ao seu pedido de liberdade condicional.

— O quê? Mas já se passaram exatamente seis meses. Foi o acordo que você fez com Novick.

— Também estou furioso. Não se procede assim aqui em Connecticut, onde esse tipo de acordo verbal normalmente constitui a base da relação de confiança entre advogados e procuradores.

— Não estou nem aí para o que vocês fazem ou deixam de fazer em Connecticut, Stan!

— Novick contou que as ordens vieram de Washington, de Kahn.

— Sim, mas você sabia disso desde o início.

— Concordo e peço que me desculpe. É a primeira vez que enfrento essa situação.

— O que eles querem?

— Agora querem que você fique na prisão em Wyatt por seis a dez meses.

— Por que entre seis e dez meses? O que está por trás desses dez meses?

— Não sei. Nem Novick nem Kahn, para quem eu obviamente telefonei, quiseram me dar detalhes. Mas tem alguma coisa acontecendo.

— O que você acha que é?

— Só pode ser vinculado à Alstom, mas não sei o que é.

Eis-me novamente preso na arapuca quando já começava a ver o fim do túnel. A decepção é imensa e muito difícil de suportar, ainda mais para Clara e as crianças. Eu me aferro à esperança de ser liberado a qualquer momento entre esses seis e dez meses, mas psicologicamente me preparo para o pior. Mais quatro meses neste inferno de Wyatt. Volto a estudar freneticamente todos os casos da FCPA de empresas e indivíduos acusados no passado, para entender como eles se livraram. Peço a Juliette ou Clara que me enviem todos os documentos que faltam. Virou uma obsessão, eu me tornei um viciado em FCPA.

Tento desesperadamente descobrir qual é o jogo dos procuradores. Para eles, não passo de peão no jogo de xadrez que fazem contra a Alstom. Mas mesmo considerando minha situação sob esse ângulo, há algo de descomunal na fúria deles. A guerra que estão travando contra a Alstom parece ir além do simples desejo de condenar a empresa criminalmente. Eles parecem movidos por um dever moral, uma missão quase divina, como se estivessem incumbidos da tarefa de erradicar a corrupção em todo o planeta. Ou então há outra coisa que não estou enxergando…

No mesmo período, naquele final de 2013, além dos reveses jurídicos, a Alstom passava por uma fase difícil. Foi o que eu soube ao ler o *Figaro*, que papai havia assinado para mim. Clara também me enviava regularmente recortes de jornal de matérias relacionadas à empresa. Só consigo lê-los com doze dias de atraso, mas tanto faz, já que o tempo passa devagar aqui. Com mais de uma semana de atraso, então, fiquei sabendo que, em 6 de novembro de 2013, Patrick Kron anunciou 1.300 cortes de empregos, principalmente na Europa, incluindo cerca de cem na França. Esta decisão me surpreende apenas em parte. No ano passado, os sinais de alarme tinham se multiplicado. O grupo tinha sido atingido pela desaceleração da atividade global. Os países europeus não saíram da crise e o crescimento foi menor do que o previsto nos países emergentes. Como resultado, os pedidos da Alstom caíram 22% em relação a setembro de 2012. A empresa também perdeu alguns contratos: a Eurostar escolheu a Siemens para fabricar seus próximos trens e a Alstom morreu na praia na disputa com a canadense Bombardier pela construção de novos trens na Île-de-France. A contratante, a SNCF, considerou os preços da Alstom altos demais. Além disso, no setor de energia, nossas turbinas a gás continuam com vendas muito baixas... Claro que, nas atividades fundamentais, a situação continua excelente: o grupo tem a maior experiência nuclear do mundo. É a número um no fornecimento de centrais elétricas completas <turnkey, clé à la main>, bem como na sua manutenção, e equipa cerca de 25% do parque mundial. A empresa também é líder mundial na produção de energia hidrelétrica.

Embora o grupo esteja longe de passar por uma crise tão aguda como a de 2003, a situação permanece preocupante, com o fluxo de caixa correndo o risco de ser negativo novamente pela terceira vez em quatro anos. Nessas condições, naquele 16 de novembro de 2013, o CEO, Patrick Kron – conforme relatado pelo *Figaro* – traçou sua estratégia: a venda de parte do ramo de transporte para os russos. A Alstom poderia vender de 20 a 30% de suas ações nessa divisão. Ganho esperado: 2 bilhões de euros, que deveria fornecer o oxigênio necessário para reiniciar as atividades no setor de energia. Essa é a grande vantagem de uma empresa que possui diversos ramos de atividades. Se um ciclo estiver baixo em uma, ele pode compensar com as outras e assim equilibrar os resultados. Mas nesse comunicado de novembro de 2013, uma pergunta ficou sem resposta: e quanto à fusão do business caldeiras anunciada em 2011 com a chinesa Shanghai Electric? Se, em todos os seus anúncios até então, Kron exaltava os méritos da futura aliança a todos os analistas, desta vez, nenhuma palavra sequer. Estranho, realmente estranho. Mas por que ainda estou interessado nesses assuntos?

A carta de Clara – assim como as cartas que meus pais enviaram a Patrick Kron – não alterou nada: em 16 de novembro de 2013, a Alstom me demitiu com um aviso prévio que terminou em 30 de junho de 2014, por justa causa, e uma causa séria, relacionada à minha ausência prolongada, que teria desorganizado a empresa e exigido minha substituição em caráter definitivo (e, portanto, de forma alguma por falta grave devido ao caso Tarahan e minha declaração de culpa). A Alstom consente apenas em se encarregar da repatriação de minha família de Singapura para a França no final do ano letivo. Ao menos isso!

Dezembro está chegando. Já se passaram quase três meses desde a última vez que saí ao ar livre. Estou sufocando. A prisão está me destruindo. Temo minha próxima visita mais do que qualquer coisa. Embora eu tenha pedido insistentemente a elas que não viessem me ver, minha mãe e minha irmã, depois de meu pai e Clara, finalmente decidiram fazer a viagem. Elas chegam amanhã.

A FAMÍLIA SE MOBILIZA

É quase medo que lhes causo. Sou um espectro que flutua em um macacão cáqui. Posso lê-lo em seus olhos. "É incrível como você emagreceu!" – exclamou mamãe logo que abriu a boca. "Você se alimenta bem aqui?" – continuou. "Sério, você tem certeza que está se alimentando como deve?" – insistiu ela.

E então começou a chorar. O choque da prisão, a alegria de me ver e o cansaço de uma viagem extenuante se misturavam nas suas lágrimas.

— Aterrissamos em Boston no final da tarde, ela me disse então, e depois de esperar quase três horas pelo nosso carro alugado, dirigimos tarde da noite para Providence (capital de Rhode Island).

Minha mãe está por completar setenta e seis anos e tem a doença de Parkinson. A pobreza visível de Providence a abalou.

— É triste, senti como se tivesse desembarcado em Fargo, como no filme dos irmãos Coen, como se a cidade tivesse sido abandonada.

Novamente, ela me perguntou se eu estava me alimentando bem. Minha mãe é como todas as mães. Minha irmã Juliette também está muito comovida. Mas ela, que, em virtude da sua profissão, conhece bem o sistema prisional francês, não pôde evitar fazer uma comparação:

— Não tem como negar, aqui é muito profissional, muito clean.

Eu sorri. A sala de visitas é a parte mais apresentável de Wyatt. E é verdade que as famílias são recebidas adequadamente. Mas Juliette reviu seu *satisfecit* na sala coletiva, sempre tão barulhenta e tão pouco propícia para a privacidade. Foi assim que, no dia seguinte, ela conseguiu, "excepcionalmente" e considerando a longa viagem infligida a minha mãe e seu estado de saúde, uma sala individual para uma segunda visita. Ao abrigo das divisórias, ouço-a então me contar seu périplo pelo Ministério das Relações Exteriores a fim de tentar mobilizar as autoridades francesas sobre meu destino:

— Já em abril, no momento de sua prisão, fui eu mesma quem precisou alertar o consulado em Boston, que não sabia de nada. O Consulado de Nova York tinha se esquecido de alertá-los. Depois, em maio, acompanhei o papai que tinha uma reunião no Quai d'Orsay, onde fomos recebidos pela diretora da subdiretoria da Proteção de pessoas e pelo chefe do escritório consular de Proteção dos detentos. Eles se mostraram muito frios, distantes. Como se sua história não lhes dissesse respeito.

Vários meses já haviam se passado, mas minha irmã ainda não digeriu esta entrevista:

— Eles me explicaram que tinham que cuidar dos casos de 2.000 prisioneiros franceses mundo afora, e que o seu caso não era o mais delicado. Tentamos fazê-los entender que sua situação era, no entanto, bastante singular e que, para além do seu caso, era uma grande empresa francesa que estava na mira do DOJ. E você sabe o que eles nos contaram? "De jeito nenhum, minha senhora! Não vemos no que o Estado Francês possa ser atingido por esse dossiê. O caso de Frédéric Pierucci é comparável ao de um pequeno patrão que ficou preso na blitz por não ter pago o IPVA"... Você acredita, Fred?

A raiva de Juliette ao lembrar desta conversa é quase um alento a meu coração. Então não sou o único a pensar que sou vítima de uma história maluca. E quando vejo todos os esforços que minha irmã e minha mãe fazem para me apoiar, fico com mais vontade ainda de lutar para ser liberado o mais rápido possível.

Mas por Deus! As semanas passam lentamente em Wyatt, o Natal está se aproximando e ainda nenhum sinal dos procuradores em relação a uma possível data de fiança. Em 28 de dezembro, minha advogada Liz me pediu para entrar em contato com ela o quanto antes. Depois de oito meses e meio de encarceramento, quem sabe se trate finalmente de uma boa notícia? Cruel desilusão: "Recebemos um telefonema de Jay Darden de Patton Boggs, advogado da Alstom, que nos informou que sua empresa decidiu não nos pagar mais, com efeito retroativo a 29 de julho, que é o dia de sua declaração de culpa. Então você terá que pagar nossos honorários de agosto a dezembro" – diz Liz friamente.

Fiquei sem chão. Depois de recobrar o juízo, tento:

— Vou pedir à minha família que entre em contato com a matriz em Paris para resolver a situação. De onde você acha que veio essa instrução?

— Talvez a Alstom esteja se preocupando em agradar o DOJ, ou então a pressão do DOJ esteja tão grande que eles estejam se sentindo obrigados a fazê-lo ... De qualquer forma, dá na mesma.

Eis-me aqui, então, trancado em uma prisão de segurança máxima, a 15.000 quilômetros de minha família, demitido da empresa para a qual trabalhei por vinte e um anos, abandonado também pelas autoridades do meu país que não querem mover uma palha, obrigado a reembolsar honorários advocatícios gigantescos, sem sequer saber quando poderei ser liberado nem qual será minha sentença final. Não importa o quanto eu tente me manter motivado, estou chegando ao fundo do poço.

No início de janeiro de 2014, uma tênue esperança renasceu quando o vice-cônsul Jérôme Henry me informou sobre a viagem do presidente Hollande aos Estados Unidos em fevereiro. Ele faz questão de me garantir que meu caso será levantado durante esta visita de Estado. Segundo ele, alguns membros do governo começam a duvidar da finalidade das ações do DOJ contra a Alstom.

Pessoalmente, tenho poucas ilusões, mas o consulado e meus pais têm muita esperança de que o Presidente da República possa discutir meu caso durante sua reunião com Barak Obama. Meu pai e minha mãe chegaram a escrever ao chefe de estado:

"Senhor Presidente da República, nosso filho está atualmente em prisão preventiva em uma prisão de segurança máxima... O senhor pode facilmente imaginar a angústia de nossa família mergulhada em um tal pesadelo... O senhor observará que as outras duas pessoas físicas envolvidas neste caso, dois ex-funcionários da Alstom (Rothschild e Pomponi), de nacionalidade estadunidense, não estão presas... Nesse caso específico, não se pode descartar a hipótese de que o DOJ tenha optado por indiciar pessoas físicas em razão do baixo grau de cooperação da Alstom nesta matéria há vários anos. Respeitamos a justiça e sua independência. Pedimos-lhe, portanto, que peça às autoridades executivas estadunidenses que concedam sua graça ou perdão ao nosso filho, no âmbito dos poderes constitucionais de que está investido o chefe do executivo estadunidense. Pedimos-lhe, Senhor Presidente da República, que ouça este apelo de pais desamparados e que aborde este assunto com os seus interlocutores no âmbito das reuniões bilaterais que terão lugar durante a sua visita de Estado".

Essa iniciativa redundará em letra morta. Durante a sua visita aos Estados Unidos, François Hollande, embora tenha sido informado pela embaixada sobre a minha prisão, nunca pediu a clemência de Barak Obama. A lucidez me obriga a reconhecer que os dois homens tinham muitas outras preocupações na pauta de suas conversas: a invasão da Síria, a proliferação de armas nucleares, a guerra contra o terrorismo e o aquecimento global. Sem falar nos casos de espionagem.

Três meses antes, em novembro de 2013, as revelações de Edward Snowden esfriaram as relações entre os dois países. Ainda que François Hollande, ao final de suas conversas com o presidente estadunidense, tenha tentado apaziguar os ânimos ao declarar que "a confiança mútua foi restaurada", as revelações sobre a extensão dos programas de espionagem eletrônica implantados pela Agência de Segurança Nacional dos Estados Unidos (NSA) deixaram sua marca.

Os documentos da NSA revelados por Edward Snowden são intrigantes, para dizer o mínimo. Eles atestam que durante um período de trinta dias, de 10 de dezembro de 2012 a 8 de janeiro de 2013, mais de 70 milhões de dados telefônicos franceses foram registrados por "grampos" estadunidenses. Em média, 3 milhões de dados foram interceptados por dia, e certos números, que eram alvos específicos, acionavam sistematicamente a gravação de conversas. Palavras-chave também permitiam recuperar mensagens SMS e seu conteúdo[12].

---

[12] Esses mesmos documentos testemunham a intensa espionagem de que foi alvo também o governo brasileiro e empresas estratégicas do país. Conforme reportado pelo noticiário internacional e nacional na época, além do telefone celular pessoal de Dilma Rousseff, então Presidenta da República, foram alvos da vigilância em massa da NSA milhões de correspondências e telefonemas no Brasil, especialmente atinentes à Petrobrás, e ao estratégico Ministério das Minas e Energia, umbilicalmente ligado à companhia petroleira.

Outras peças reveladas pelo Wikileaks também me intrigam. Assim é que uma nota intitulada "França: evolução econômica" detalha que é uma missão da NSA coletar informações sobre as práticas comerciais de grandes empresas francesas. Os espiões dos EUA examinam minuciosamente todos os mercados que ultrapassem 200 milhões de dólares em áreas estratégicas: gás, petróleo, energia nuclear ou eletricidade. Ou seja, a maioria dos setores nos quais a Alstom é um ator chave. Essas revelações atestam a amplitude da espionagem comercial praticada pelos Estados Unidos[13]. Trata-se, aliás, de uma prática de longa data, enraizada na cultura de inteligência dos EUA. Desde 1970, o Conselho Consultivo de Inteligência Estrangeira[14] recomendava que "doravante a espionagem comercial deve ser considerada uma função da segurança nacional, gozando de prioridade equivalente à da espionagem diplomática, militar e tecnológica". James Woolley, que foi diretor da CIA de 1993 a 1995 (durante a presidência de Bill Clinton), admitiu, em entrevista concedida ao jornal *Le Figaro* em 28 de março de 2000, que "é um fato: os Estados Unidos acumularam clandestinamente informações contra empresas europeias e creio que isso é absolutamente justificado. Nosso papel é triplo. Primeiro, monitorar as empresas que violam as sanções determinadas pela ONU ou pelos EUA. Segundo, seguir de perto as tecnologias de

Essas revelações desmontaram as alegações da NSA de que sua espionagem não tinha propósitos econômicos. N. T.

[13] É também copiosa a documentação publicada pelo Wikileaks que atesta a espionagem estadunidense de que o governo brasileiro foi vítima. O portal jornalístico elenca 29 linhas telefônicas constantes na lista "top secret" das interceptações da NSA, dez das quais se concentravam em linhas de uso da Presidenta Dilma Rousseff e de seus assessores próximos. Até mesmo o telefone via satélite do avião presidencial foi grampeado. (ver *Wikileaks: Bugging Brazil* <*Grampeando o Brasil*>. Em: https://wikileaks.org/nsa-brazil/ - publicado em 04/07/2015 - consultado em 10/10/2020; ver também *A Pública: WikiLeaks: NSA espionou assistente pessoal de Dilma e avião presidencial*. Em: https://apublica.org/2015/07/wikileaks-nsa-espionou-assistente-pessoal-de-dilma-e-aviao-presidencial/ (publicado em 04/07/2015 - consultado em 10/10/2020). Segundo o jornalista Glenn Greenwald, que obteve o prêmio Pulitzer graças às suas reportagens sobre o material vazado por Snowden, o Brasil está dentre os principais alvos da espionagem dos EUA (ver a respeito *Portal UOL: 'Brasil é o grande alvo dos EUA', diz jornalista que obteve documentos de Snowden*. Em: https://noticias.uol.com.br/internacional/ultimas-noticias/2013/09/04/brasil-e-o-grande-alvo-dos-eua-diz-jornalista-que-obteve-documentos-de-snowden.htm (publicado em 04/09/2013 - consultado em 12/10/2020). N. T.

[14] As informações sobre a inteligência econômica estadunidense são extraídas de um relatório de pesquisa do CF2R (Centre français de recherche sur le renseignement): *Racket américain et démission d'État*, <*Extorsão estadunidense e renúncia de Estado*> par Leslie Varenne e Éric Denécé.

aplicações civis e militares. Finalmente, rastrear a corrupção no comércio internacional".

Com o passar dos anos, os estadunidenses desenvolveram um sistema de duplo alcance. Em sentido ascendente, o poder de seu arsenal de inteligência lhes dá acesso aos maiores contratos assinados por empresas estrangeiras. Em sentido descendente, seu arsenal judicial sofisticado e muito bem estruturado os autoriza a aplicar sua legislação penal a empresas que não respeitem suas regras. Nenhum outro país do mundo dispõe de tamanho aparato. Isso lhes permite enfraquecer, eliminar ou mesmo absorver seus principais concorrentes. "Nenhum indivíduo, nenhuma entidade que prejudique nossa economia está acima das leis", resume de forma lapidar o ex Procurador-Geral dos Estados Unidos, Eric Holder[15]. As empresas industriais não são os únicos alvos. Desde meados dos anos 2000, e especialmente desde a crise financeira do subprime, a administração dos Estados Unidos tem enquadrado uma após a outra as instituições financeiras que não respeitam os embargos que ela editou. No início de 2014, o BNP se viu capturado em uma armadilha. Ele está sendo processado por ter feito transações em dólares com países que os Estados Unidos consideram seus inimigos: Irã, Cuba, Sudão ou Líbia. O banco então será forçado a demitir ou punir cerca de trinta de seus executivos dirigentes e aceitará pagar uma multa colossal de 8,9 bilhões de dólares (este caso do BNP também vem em um momento ruim para mim porque desvia a atenção dos políticos do caso da Alstom). Outras empresas francesas, como a Société Générale e o Crédit Agricole, também serão forçadas a pagar pesadas penalidades ao tesouro estadunidense.

Ainda hoje não consigo entender por que nossos governantes não se opõem com mais firmeza a essa extorsão estadunidense. Do que eles têm medo? Até que ponto nossas empresas se deixarão pilhar?[16] Aceitaríamos uma tal imposição de algum outro País? Não, definitivamente não consigo entender por que nos comportamos como vítimas voluntárias. Tornamo-nos espectadores de nossa própria decrepitude.

---

[15] Citação no jornal *Le Monde* de 19 de novembro de 2014.

[16] Desde que a lei Sapin 2 em 2017 passou a vigorar, o Estado francês pode recuperar parte das multas aplicadas em caso de ação penal conjunta com as autoridades estadunidenses. No do caso da Société Générale, a França pôde, assim, obter o pagamento de uma multa de 250 milhões de euros.

TENHO UM NOVO TRABALHO

Sean é uma espécie de gigante de uma perna só que vive na mesma ala que eu. Todas as segundas-feiras, ele vem assistir à minha "aula de química". Porque agora sou um "professor assistente". Faz um ano que estou encarcerado em Wyatt. Um ano. Mesmo em meus piores pesadelos, essa ideia nunca passou pela minha cabeça. Doze meses circulando entre os muros de uma fortaleza de alta segurança. No meu infortúnio, pelo menos tive a sorte de conseguir um emprego no início de março. "Professor assistente", portanto. E, desde então, minha agenda tornou-se consideravelmente cheia: dou até três horas de aula por dia. Segunda, aula de biologia e química. Terças e quintas, aulas de inglês. E às quartas e sextas-feiras, aulas de matemática.

Tive uma longa conversa com Stan e Liz. Desde que Patton Boggs (portanto, a Alstom) parou de pagar seus honorários, eles se tornaram muito discretos. Como preciso guardar todas as minhas economias para pagar minha fiança, eles sabem que não posso pagá-los. No entanto, o código de ética dos advogados obriga-os a garantir a minha defesa. Não creio que estejam felizes... Verei mais tarde como regularizar essa situação. Por enquanto, não é minha preocupação, agora a prioridade é sair da prisão. Depois de minha detenção, as horas me parecem dias para mim, os dias parecem semanas, e o tempo parece um túnel cujo fim luminoso avançava toda vez que eu pensava o estar atingindo. Se me tivessem dito, quando fui algemado no aeroporto, que iria vagar por tanto tempo nesta caverna sem fim, eu teria chorado como um louco. Mesmo assim... Stan e Liz confirmaram para mim que, apesar de seus reiterados pedidos, os procuradores do DOJ permanecem inflexíveis. Doze meses se passaram, os procuradores nem sequer vinculam meu destino ao possível julgamento ou declaração de culpa de Pomponi, que continua a resistir a eles. O que está acontecendo? O que eles estão esperando para me libertar? Estou completamente no escuro.

Enquanto isso, dou aulas ... Ou melhor, "eu ajudo". Estou auxiliando a professora titular: Sra. Watson. Uma pequenina mulher, com pouco mais de um metro e meio de altura, toda redonda com cabelos louros ralos. Essa sexagenária divorciada duas vezes e mãe de cinco filhos, trabalha em Wyatt há quinze anos. Antes, ela ensinou em um centro de detenção de menores. Ela transborda de entusiasmo e é uma verdadeira usina de palavras. Não sei como ela consegue manter a fé em seu trabalho. Na aula de matemática, ajudo um presidiário de vinte e oito anos cujos neurônios parecem ter sido irreparavelmente comprometidos por anos de uso excessivo de cocaína. Mas ele é corajoso, quer sair dessa e estou fazendo o melhor que posso para ajudá-lo. Mas, embora esteja acompanhando as aulas da senhora Watson há mais de quatro meses, ele ainda não atingiu o nível de uma criança do último ano do jardim de infância. Ele não domina a adição nem a subtração. Parte meu coração vê-lo contando nos dedos, se escondendo dos outros prisioneiros, humilhado pela vergonha. Outros jovens, em contrapartida me despertam admiração. Alguns, que abandonaram a escola aos doze anos, são capazes de assimilar a regra dos três muito rapidamente ou conseguem resolver sem nenhuma dificuldade equações de segundo grau nas quais todos quebramos a cabeça durante a nossa escolarização. Se tivessem tido um outro destino, esses detentos teriam tido seus lugares na universidade. A Sra. Watson também agendou "sessões de psicologia e comportamento".

Dizer que ela tem um abacaxi para descascar é muito pouco. A maioria dos detentos foi criada por mães solteiras que deram à luz vários filhos de pais diferentes. Inevitavelmente, eles reproduzem o mesmo padrão. Alguns têm enorme desprezo pelas mulheres, que dividem em duas categorias: as *bitch* (putas) de um lado, e as *big mama*, aquelas com quem tiveram filhos, do outro. E, neste caso, alguns passam o tempo se gabando de seus filhos. Quanto mais filhos eles têm, mais se sentem consolados em sua virilidade. Um deles se orgulha de já ter dezenove filhos no seu "currículo", mesmo mal tendo completado seus trinta anos ... Paradoxalmente, todos veneram suas mães e preparam os cartões mais decorados para o Dia das Mães. É o grande acontecimento do ano, ao contrário do Dia dos Pais, que fica no esquecimento.

Quando não estou ensinando, estou aprendendo. Eu continuo coletando toda a jurisprudência do FCPA e passo meus dias fazendo tabelas, gráficos em todos os sentidos, para tentar identificar tendências e envio o resultado de minhas pesquisas aprofundadas para Stan e Liz, a quem inundo com dezenas e dezenas de páginas escritas com os meios disponíveis, isto é, o lápis. Mas, embora agora eu tenha o procedimento FCPA na ponta da língua, duas questões continuam a me intrigar. Por que a Alstom ainda não assinou um acordo com o DOJ se a empresa já está cooperando há mais de um ano? E, principalmente, por que nenhum outro funcionário da Alstom foi processado desde a acusação contra Hoskins, dado que o DOJ (de acordo com os documentos que me foram apresentados durante os meus interrogatórios) já possui todas as provas da corrupção no seio do grupo? Quando fui preso, o procurador Novick só externava um único desejo: remontar a cadeia de responsabilidades dentro da empresa até o topo. Como será que Patrick Kron vai conseguir se livrar da arapuca que o DOJ armou para ele? Se ele realmente cooperar, acho difícil que ele consiga escapar da prisão e, se ele não cooperar o suficiente, corre igual risco de ser processado. Este é a quadratura do círculo. Não existe nenhuma boa saída para ele. Nem para mim.

Em doze meses, eu me transportei para um outro mundo. Ex-executivo sênior de uma multinacional, eu mergulhei no coração da miséria humana e da alta criminalidade. Engenheiro sem aventuras para contar transformado em professor de criminosos empedernidos.

Ontem, Sean, o gigante de uma perna só, finalmente me confessou por que era tão assíduo nas minhas aulas de química.

— Você entende, o trânsito na rua é um trabalho perigoso demais. Quero me reciclar, aprender como fazer anfetaminas sozinho.

Felizmente, ele não é muito talentoso e tem poucas chances de chegar lá. Embora eu o deixe acreditar no contrário, eu mesmo não sou um ás em química. Na escola, não era o melhor em desencadear combustões em tubos de ensaio. E, na vida, me acontece de não enxergar as bombas flamejantes ou as explosões em curso. Aliás, eu não tinha a menor suspeita da que iria se produzir em 24 de abril de 2014.

O ANÚNCIO DE 24 DE ABRIL

No dia 24 de abril de 2014, em uma fração de segundo, tudo fica nítido e finalmente encontro as respostas para certas indagações que me atormentam há meses.

Como todas as manhãs, estou tomando café da manhã na sala comum e aproveito para assistir a CNN por alguns minutos. É a única hora do dia em que a televisão (reservada aos brancos) está ligada a um programa de atualidade.

Por volta das sete e meia, o apresentador anunciou que a francesa Alstom estaria pronta para ceder 70% de suas atividades, todo o seu ramo de energia, por cerca de 13 bilhões de dólares a um de seus principais concorrentes: a estadunidense General Electric.

"Esta é uma operação de escala sem precedente. É histórico!" – Anuncia entusiasmado o locutor do canal de notícias, repercutindo um furo da agência Bloomberg. "Essa venda pode constituir a maior aquisição já feita pela GE" – continua, antes de concluir: "um acordo deverá ser finalizado nos próximos dias".

Como o apresentador da CNN, eu também estou atônito. Essa venda é de fato surpreendente. Afinal, Patrick Kron não estava pensando, há poucos meses, em ceder 20% do setor de transporte da Alstom para os russos e criar uma joint-venture com os chineses no setor de energia a fim de melhorar seu fluxo de caixa? Ei-lo agora vendendo as joias da família, os setores de energia e redes, para os estadunidenses? E em um momento em que a situação da Alstom está longe de ser catastrófica, ainda que a empresa esteja passando por uma crise. É simplesmente incompreensível!

A não ser que haja motivos inconfessáveis para esta operação. Talvez Kron imagine ter encontrado a solução para escapar dos procuradores: vender à GE o conjunto das atividades de energia e de rede que os estadunidenses cobiçam há tantos anos na esperança de receber um tratamento generoso do Departamento de Justiça. Mesmo que mais tarde ele vá sempre negar ter "negociado uma imunidade"[17], tenho dificuldade de imaginar, depois de ter devorado milhares de páginas de jurisprudência, que ele possa ter assumido o risco de uma transação de tal magnitude – que sem dúvida provocará violentas reações políticas – sem ter feito, de uma forma ou de outra, um acordo.

É assim, portanto, que Kron espera resolver a quadratura do círculo. E é sem dúvida por isso que não fui solto depois dos seis meses. Sou o refém que os estadunidenses guardam em banho-maria. E, como o DOJ é o único que decide se processa ou não um indivíduo, tudo isso é feito de maneira absolutamente legal... ao menos do ponto de vista estadunidense. Será que as autoridades francesas conhecem os subterrâneos dessa venda? Duvido muito.

São esses os meus pensamentos imediatamente depois de ouvir a notícia na CNN. Enfim, meus pensamentos... sejamos honestos: a princípio fico transtornado com o anúncio. Tudo fica instável na minha cabeça. Por exemplo, tenho dificuldade em imaginar que o governo possa permitir que essa operação seja levada a efeito, nem que seja em razão das implicações energéticas.

A Alstom fabrica, mantém e renova todos os turbo-geradores dos cinquenta e oito reatores nucleares instalados em nosso território, e o grupo produz as turbinas Arabelle para os reatores EPR que a Areva constrói em Flamanville. A Alstom é, portanto, um elemento-chave em 75% de nossa produção nacional de eletricidade, e possui uma tecnologia que o mundo inteiro nos inveja. A Alstom também forneceu as turbinas de propulsão para nosso porta-aviões *Charles de Gaulle*. Ela é, portanto, uma empresa altamente estratégica para o país. Deixar esse ativo ir parar nas mãos de uma empresa estrangeira seria simplesmente

---
[17] Entrevista de Patrick Kron aos autores.

loucura. Não! Seria uma enormidade, não consigo acreditar que esse projeto de venda, se for confirmado, possa vir a ser aceito pelo Estado francês.

A cerca de 6.000 quilômetros de Wyatt, um membro do governo, e não dos menos importantes, compartilha minha análise: "Não acredito, isso é besteira!" – Diz Arnaud Montebourg, Ministro da Economia e Indústria do governo de Manuel Valls, a um dos seus colaboradores que o informou do furo da agência Bloomberg[18].

Arnaud Montebourg não consegue acreditar porque ele se interessa de perto pelo destino da multinacional. Desde o início de 2013 que a empresa estava no centro de suas prioridades. Informações preocupantes haviam chegado a ele: a Alstom estaria passando por um período difícil. Com o prolongamento da crise mundial, o mercado de energia tornou-se escasso, os pedidos de usinas ficaram menores do que o previsto e a Alstom, mesmo sendo uma gigante na França, permanece menor que suas duas principais concorrentes, a alemã Siemens e a estadunidense General Electric. Mas a verdadeira preocupação para o Estado é a saída anunciada do grupo Bouygues, principal acionista da Alstom, que pretende vender sua participação, para se concentrar nas telecomunicações e em particular no 4G.

Os analistas do Ministério da Economia investigaram, portanto, os caminhos que poderiam permitir à Alstom sobreviver a esse período delicado ... O impetuoso ministro confiou essa missão a uma das mais renomadas agências de consultoria em estratégia industrial do mercado europeu: a Roland Berger. Essa empresa com sede na Alemanha, presente em trinta e seis países, emprega 2.400 pessoas. No seio da agência, um dos principais consultores, Hakim El Karaoui, foi o encarregado da auditoria da Alstom. Egresso de École Normale Supérieure, ex-assessor de Jean-Pierre Raffarin quando este era Primeiro-Ministro, e Thierry Breton no Ministério da Indústria, é igualmente próximo de Arnaud Montebourg. Os auditores da Roland Berger fazem um balanço contrastante da empresa. A Alstom tem ativos indiscutíveis, avaliam eles, mas a empresa precisa fazer alianças para se fortalecer. Em seu relatório, defendem uma aproximação com um parceiro espanhol ou polonês do setor de transportes e sugerem para o ramo de energia uma colaboração

---

[18] Citação extraída de *Alstom, escândalo de Estado*, de Jean Michel Quatrepoint (Fayard, 2015).

em áreas específicas com a Areva. Em nenhum momento, porém, defendem a venda total ou parcial do grupo.

Em fevereiro de 2014, as conclusões desse estudo vazaram para a imprensa. Patrick Kron queixou-se fortemente para Arnaud Montebourg: "Os seus estagiários do HEC são simpáticos, mas falam demais..."[19] Não é segredo para ninguém: meu ex-patrão, liberal desinibido, grande amigo de Nicolas Sarkozy (foi um dos convidados da festa no Fouquet em maio de 2007[20]), e o ministro socialista Montebourg, apóstolo do capitalismo de Estado, não se bicam. Aliás, eles se detestam, ainda que cordialmente. Desde o início de 2013, porém, eles foram obrigados a colaborar um com o outro e chegaram mesmo a se encontrar por seis vezes. A cada vez, no centro de suas discussões, o futuro da Alstom. Claro, o Estado não é mais acionista da empresa, então não há razão, a priori, para o governo interferir nos assuntos de um grupo privado. Mas, aos olhos de Arnaud Montebourg, a Alstom não é uma empresa privada como outra qualquer. Primeiro, a sociedade vive já há quase um século, em grande parte, das compras públicas. Além disso, ela deve ao Estado que interveio para salvá-la, por ocasião da crise de 2003. Por fim, sua atividade em energia nuclear e nos transportes com o TGV e o metrô representa um interesse vital para a França. A essas três razões soma-se uma quarta muito mais política. Como Arnaud Montebourg poderia aceitar que uma multinacional francesa, salva da falência por Nicolas Sarkozy, poderia ser abandonada pelo poder socialista? O spalla da "recuperação produtiva" está convencido de que os eleitores não o perdoariam. É por isso que, reunião após reunião, durante quase um ano, ele pressiona o dirigente da Alstom a lhe apresentar soluções. E é principalmente por isso que ele não consegue acreditar que Patrick Kron traiu sua confiança e o apunhalou pelas costas.

Em 24 de abril de 2014, poucos minutos depois do anúncio da venda pela agência Bloomberg, Arnaud Montebourg telefona imediatamente para Emmanuel Macron no Palácio Presidencial. O secretário-geral adjunto (responsável pelos assuntos econômicos) disse que estava tão surpreso quanto ele. Ele afirma ignorar tudo sobre a negociação. Acaso ele estaria mesmo tão surpreso quanto diz? Mais tarde eu ficaria sabendo que, desde

---

[19] Em entrevista com os autores.
[20] Festa de celebração da vitória eleitoral de Sarkozy na campanha para a Presidência da República, Realizada no badalado restaurante *Fouquet*.

sua chegada no Palácio do Eliseu em junho de 2012, Emmanuel Macron também tinha encomendado discretamente à agência estadunidense AT Kearney um relatório sobre o futuro da Alstom, a fim de estudar as consequências sociais de uma aproximação da empresa com as grandes operadoras do setor. Com que propósito? Que informações ele tinha nessa época? Estaria ele acompanhando de perto o processo estadunidense? Isso faz parte até hoje dos mistérios em torno desse dossiê[21]. Por enquanto, Montebourg (que ignora que Macron havia providenciado, de sua parte, um levantamento) exorta seus colaboradores a buscarem informações e entrarem em contato com Patrick Kron. Este não é encontrado – o que tem uma explicação, visto que ele está em um avião voltando de Chicago, onde ele acaba de finalizar os termos de venda com a equipe da GE!

Será de Nova York enfim que chegarão as notícias. Clara Gaymard, CEO da GE na França, e em viagem de negócios naquele dia aos Estados Unidos, confirmou ao ministro que as discussões entre sua empresa e a Alstom estão de fato em andamento.

Arnaud Montebourg deve se render às evidências: Patrick Kron está realmente vendendo, sem nunca o ter avisado, uma das pepitas da indústria francesa aos estadunidenses.

O grande patrão realmente o apunhalou pelas costas. Segundo vazamentos na imprensa, o negócio com a GE deve ser finalizado em até setenta e duas horas. Um salão de recepção, o Pavilhão Gabriel, foi reservado para anunciar o evento para os círculos financeiros e empresariais da capital francesa. Arnaud Montebourg não entrega os pontos. Ele se recusa a ceder a tal chantagem, Patrick Kron terá que lhe dar satisfação. Ele então envia um motorista para encontrá-lo à saída do avião em seu retorno de Chicago e o convoca imediatamente a seu escritório. A reunião é tempestuosa. O CEO tenta argumentar: a Alstom, diz ele, está enfrentando não uma dificuldade passageira, mas uma crise estrutural. A empresa – continua ele – já não tem o tamanho crítico necessário para enfrentar um mercado em plena reestruturação. É preciso, portanto, adotar uma solução radical: vender o ramo de energia para equilibrar o fluxo de caixa, de forma a relançar a Alstom no ramo de transportes. Arnaud Montebourg não quer saber. E ataca: "Você vê

---

[21] Emmanuel Macron, que foi procurado quando ainda era Ministro da Economia, não quis responder à nossas perguntas.

este escritório? Logo não o verá mais! Onde você está sentado, é aqui que Philippe Varin (o ex-presidente do PSA) perdeu sua aposentadoria dourada! Você nunca mais vai voltar aqui. E aproveite o seu café, pois é o último. Esse é o café do condenado" – conclui ameaçador e vociferante Arnaud Montebourg. Patrick Kron deixa a tempestade passar. Mais tarde, ele dirá aos que o cercam que ficou surpreso com a crueza de algumas manifestações: "Nesse período, sob os lambris dourados do salão, ainda ouvi dizer: 'Você quis nos foder!'".

É uma atitude sem dúvida ofensiva, mas devo confessar que a considero bastante pertinente. Arnaud Montebourg tem motivos para estar furioso. Patrick Kron o ignorou solenemente, assim como manteve na mais completa ignorância – eu viria a descobrir mais tarde – sua diretoria executiva, seu conselho de administração, o diretor do setor de energia, Philippe Cochet, que era, afinal, o mais diretamente concernido, e até mesmo seu diretor financeiro. Ele informou apenas duas pessoas da Alstom: Keith Carr, o diretor jurídico, o mesmo encarregado das negociações com o DOJ, e um de seus lugares-tenentes, Grégoire Poux-Guillaume, responsável pelas redes Grid (transmissões) da Alstom.

Foi esse jovem de quarenta e poucos anos – cujo pai, um ex-integrante da Péchiney, é amigo íntimo de Kron – que foi encarregado de procurar a GE, no maior sigilo. Conheço bem Poux-Guillaume e compreendo imediatamente por que o segredo foi partilhado com ele. Em 2004, logo após ter assumido a chefia da Alstom, Patrick Kron o agraciou, aos trinta anos, com a chefia da divisão de Sistemas de Controle Ambiental (ECS), encarregada de equipamentos de controle de poluição para usinas a carvão. Esses equipamentos eram instalados na maioria das vezes a jusante da caldeira, e eu trabalhava então em praticamente todos os projetos com suas equipes comerciais. Então, em 2007, Poux-Guillaume deixou a Alstom para ingressar na CVC capital, um importante fundo mundial de investimento com sede em Luxemburgo. Um ano depois, a CVC capital aliou-se à GE para tentar adquirir a divisão Grid (transmissões) da Areva. Ainda que sua tentativa tenha sido malsucedida, Poux-Guillaume estabeleceu nessa época contatos estreitos com estado-maior da GE. Finalmente, em 2010, após deixar a CVC, Poux-Guillaume retornou para as fileiras da Alstom e reatou os laços com seu mentor Patrick Kron.

Em que data "o mini locotenente" do CEO fez chegar a seus conhecidos na GE a informação de que a parte de energia da Alstom estava à venda? Essa é uma pergunta que me fiz por muito tempo. "No início de 2014" – era o que se disse e se escreveu durante muito tempo sem desmentido por parte dos funcionários da Alstom. Quanto a mim, sempre estive persuadido de que essas negociações haviam começado muito antes. E logo depois tive a confirmação. Na verdade, Grégoire Poux-Guillaume iniciou a negociação em agosto de 2013, ou seja, nove meses antes que a informação acabasse sendo revelada pela agência Bloomberg![22] Arnaud Montebourg tem motivos para estar fulo da vida. Por mais de nove meses, Patrick Kron o havia ludibriado e, com ele, todo o governo francês.

Este calendário das negociações (guardado em segredo por muito tempo) é decisivo. De fato, coincide com outro calendário: o dos reveses legais da Alstom ... e os meus próprios.

De fato, no verão de 2013, o pânico tomou conta da cúpula do grupo. Em 29 de julho de 2013, eu me declarei culpado e, em 30 de julho de 2013, meu supervisor, Lawrence Hoskins, gerente da empresa na Ásia e quadro do segundo escalão de Patrick Kron, foi indiciado. Na direção geral, em Levallois, os executivos dirigentes estavam apavorados. Eles se perguntavam, a cada dia mais ansiosos: quem será o próximo na lista do DOJ? Os estadunidenses vão continuar até chegar ao CEO?

Tratava-se, portanto, exatamente da mesma época em que Poux-Guillaume havia procurado os gerentes da GE. Essa concordância de datas não pode ser mera coincidência.

Foi também durante esse segundo semestre de 2013 que a Alstom teve que começar a negociar um acordo de cooperação com o DOJ que lhe exigia que ela me demitisse e depois parasse de pagar meus honorários advocatícios (daí o longo atraso entre minha declaração de culpa em 29 de julho e o anúncio da cessação dos pagamentos aos meus advogados em 28 de dezembro de 2013).

Mais tarde eu ficaria sabendo também que houve um encontro no dia 9 de fevereiro de 2014 em Paris, nos salões do Hotel Bristol. Cinco pessoas participam do jantar. Do lado da Alstom, Patrick Kron

---

[22] Essa informação foi confirmada pelo próprio Patrick Kron em seu depoimento à Comissão Parlamentar de Inquérito da Assembleia Nacional, na primavera de 2018.

e Grégoire Poux-Guillaume, e do lado da General Electric, o CEO Jeff Immelt, acompanhado por seu gerente de fusões e aquisições e seu diretor do ramo de energia. Naquela data, nem Philippe Cochet, chefe do setor Power da Alstom, nem o diretor financeiro haviam sido informados. Algo inédito no mundo da gestão na França para uma operação tão complexa de 13 bilhões. E principalmente: por que não os envolver?

Mais uma vez, essa cronologia é inquietante. A reunião nos salões do Bristol ocorre exatamente no um momento em que a Alstom percebe que a multa que lhe será imposta provavelmente será especialmente elevada. Na época, segundo o *Washington Post*, analistas da consultoria financeira Nomura estimavam que ela poderia chegar a 1,2 bilhão, talvez mesmo a 1,5 bilhão de dólares. Além disso, mesmo se Patrick Kron sempre "negou veementemente que a acusação por corrupção interferiu em suas escolhas industriais"[23], não consigo acreditar nele. Nos negócios, raramente há acaso.

Não sou o único a adotar essa linha de raciocínio. No mais alto escalão do Estado, Arnaud Montebourg também segue nessa direção. Para tentar entender as coisas com mais nitidez, em abril de 2014, ele chegou a solicitar os serviços de contra-espionagem franceses, a DGSE. Ele contatou pessoalmente, de um telefone criptografado, seu diretor geral, Bernard Bajolet. Mas ele se depara com uma recusa. O diretor de inteligência informa ao ministro da Indústria que não há tradição de seus serviços operarem em território "amigo". A DGSE não põe os pés no terreno de um aliado tão poderoso quanto os Estados Unidos.

É preciso manter a lucidez. Na primavera de 2014, no momento em que uma multinacional estadunidense estava prestes a se apropriar de uma de nossas empresas mais estratégicas, nossa inteligência econômica capitula. A ex-encarregada de inteligência econômica do Primeiro-Ministro, Claude Revel, admite, aliás, reservadamente, que houve "uma cruel falta de reação"[24]. E quando seu serviço descobrir que a venda da Alstom é de fato um novo episódio na guerra econômica que os Estados Unidos travam contra seus parceiros europeus, tentará várias vezes alertar as autoridades fiscalizadoras superiores, em vão. Ela acabará sendo demitida em junho de 2015.

---

[23] Entrevista com os autores.

[24] Entrevista com os autores.

A HORA DA VERDADE COM STAN

Naquela primavera de 2014, dos sobressaltos causados pela venda da Alstom na França só me chegam ecos longínquos. Estou preocupado principalmente com as consequências dessa operação sobre minha situação jurídica. Telefono para Clara, para Juliette e para seu marido, François. Todos entenderam a manobra de Kron para se livrar da armadilha preparada pelo DOJ. Meu advogado Markus concorda, bem como Jérôme Henry, do consulado de Boston. Juntos, pensamos no caminho a seguir. Será que agora o Ministério das Relações Exteriores vai finalmente tomar providências a respeito? Novas cartas são enviadas ao Palácio Presidencial, ao Palácio do Primeiro-Ministro, ao Ministério das Relações Exteriores. Estou persuadido de que Patrick Kron não fará nada por mim e espero (ingenuamente) que uma intervenção diplomática possa me tirar daqui. Obama se prepara para vir à França para celebrar o septuagésimo aniversário do desembarque na Normandia, talvez seja mais uma oportunidade, depois da visita de Hollande em fevereiro.

Nesse ínterim, estou determinado a ter uma conversa franca com meus dois advogados. Percorrendo a jurisprudência do FCPA (que se tornou meu livro de cabeceira), lembrei-me de um detalhe que havia me intrigado sobre a GE. Ao mergulhar novamente em minhas anotações, a verdade me salta aos olhos: a Alstom é a quinta empresa adquirida pela GE ao ser implicada pelo DOJ em acusação de corrupção! Essa descoberta que eu compartilharia muito mais tarde com os jornalistas será confirmada e repercutida principalmente no *Figaro* de 22 de dezembro de 2014.

Chego a me perguntar se não teria sido a própria GE que teria repassado informações sobre as práticas da Alstom ao DOJ. Não seria a primeira vez que um inquérito judicial seria urdido por um concorrente. Ou será que a General Electric simplesmente aproveitou a oportunidade para tirar vantagem da fragilidade da Alstom e principalmente do próprio Patrick Kron no momento em que ele estava ameaçado de processos judiciais? A guerra econômica é cruel. Mas pouco importam esses estratagemas vis, o que quero agora é mostrar aos meus dois advogados que não vou me deixar trapacear. E averiguar com eles como tirar proveito dessa nova situação. Sei que Stan Twardy, sendo ex-procurador, mantém muitos laços com seus colegas no Departamento de Justiça, a começar pelo primeiro deles, Eric Holder, o Procurador-Geral dos Estados Unidos com quem ele trabalhou diretamente quando era procurador em Connecticut. Quero que ele lhe indague, ou pelo menos a um de seus representantes.

— Stan, você entendeu perfeitamente que Patrick Kron está vendendo a Alstom para a General Electric a fim de evitar um processo. Então você precisa tomar informação junto ao DOJ.

— Não creio que isso seja possível, ele responde friamente.

— E por quê? Você os conhece bem, me parece.

— Isso mesmo – admite Liz Latif – mas é uma pergunta ofensiva. A nos pautarmos pelo que você diz, os procuradores do DOJ seriam cúmplices da GE! Acaso você não leva em conta a independência da justiça americana?

— Bem, levo sim! E três vezes ao invés de uma!

Durante minhas longas jornadas de pesquisa, eu havia passado em revista todos os acordos que as empresas fizeram com o DOJ e sou formal: há casos explícitos de pressão política. Eu os assinalei todos cuidadosamente. E em tom enfurecido, desfio a lista para meus advogados.

— Veja o exemplo da BAE, a empresa britânica de armamentos acusada de corrupção em um contrato de venda de armas na Arábia Saudita. Após a intervenção de Tony Blair, então Primeiro-Ministro, a empresa finalmente limitou-se a reconhecer uma mera "negligência".

Ela não teve que admitir corrupção e com isso conseguiu reduzir sua multa para 400 milhões, quando corria o risco de muito mais. Aliás, nenhum executivo da BAE foi importunado depois dessa intervenção política. Veja também o escândalo do Shot-Show: vinte e dois diretores de empresas estadunidenses de armas processados e depois, mais nada. No último minuto, o processo foi anulado como que por milagre... Ou o caso Mercator, em que o intermediário da petroleira Exxon pagou propina ao Presidente Nazarbaiev e a membros de sua família para obter concessões de campos de petróleo e gás no Cazaquistão. Uma corrupção comprovada, mas que não levará a nenhuma condenação da petroleira. É preciso dizer que toda essa operação foi montada com o aval da CIA... Para não falar da GE. Como você explica, Stan, que, apesar dos vazamentos feitos por pessoas de dentro da empresa denunciando corrupção no Iraque e no Brasil, a GE tenha conseguido se safar todas as vezes até hoje sem jamais ter sido sequer importunada? Por fim, acaso você já analisou as dez empresas mais penalizadas pelo DOJ? Oito em cada dez são estrangeiras, apenas duas são estadunidenses. Nenhuma empresa chinesa jamais foi processada pelo DOJ por violar o FCPA. E nos quarenta e cinco anos de existência do FCPA, o FBI nunca encontrou qualquer evidência de corrupção contra grandes grupos estadunidenses, como General Dynamics ou Chevron, mas, em contrapartida, nos últimos dez anos, o FBI apanhou Statoil, ENI, Total etc. Então, sim, tenho dúvidas, aliás, mais do que dúvidas sobre a imparcialidade da justiça de vocês.

— Nada disso se compara à sua história, Liz Latif me responde em um tom mordaz.

Ela está começando a me irritar. Estou prestes a perder a paciência.

— Vocês dois parem de me tratar como um imbecil. Parem de me dizer que a justiça de vocês é irrepreensível. Parem...

— Nós entendemos – Stan me sussurra – mas você, pare de ficar com raiva! Não, nossa justiça não é perfeita. Mas, depois de estar há mais de um ano na prisão, é visível que você ainda não entendeu nada. O juiz que analisará seu caso não quer saber se houve ou não um acordo entre o DOJ e Patrick Kron. Ele ouvirá apenas uma coisa: o que os procuradores lhe disserem.

— Então ele não tem interesse em saber que os mais altos responsáveis vão escapar das sanções! Portanto, ele não se incomoda se condenar apenas cumpridores de ordens!

— Exato, Frédéric, ele não está nem aí.

— Bem, então lhe digo que se o DOJ protege os principais executivos da Alstom e me condena, isso significa que os juízes de vocês são um bando de mafiosos!

— Então você insiste em não querer entender? É óbvio que o sistema não é justo! Mas você não tem outra escolha a não ser se deixar apanhar. Tudo se resume a saber se você quer ficar dez anos preso ou sair da cadeia.

Nunca minhas conversas com Stan e Liz foram tão tensas. Eu sinto como se estivesse me chocando contra uma parede que tento desesperadamente quebrar.

— Stan, não me importo com o seu sistema abjeto, estou farto. Vou escrever uma carta solicitando oficialmente que você se informe junto a Washington, no mais alto escalão do DOJ, sobre um possível acordo de imunidade entre Patrick Kron e o DOJ. E sinta-se livre para não o fazer, mas dê-me sua resposta por escrito. Assim terei uma prova da sua recusa.

Stan está pálido de raiva. Ele permanece em silêncio por uns bons trinta segundos, e então termina por aquiescer.

— Vou encaminhar sua pergunta, Frédéric. Mas saiba que não vai adiantar nada. É uma medida estúpida e estéril.

Nossa conversa termina. Deve ter durado em torno de uma hora. É inútil prosseguir, tantas tensões e evasivas tornam nosso diálogo impossível. Mesmo assim, combinamos de entrar em contato em uma semana.

Pouco antes de partirem, eles têm uma última revelação a me fazer. Hoskins, diretor Ásia da Alstom International, foi preso quando veio aos EUA para visitar seu filho que mora no Texas. Essa prisão aconteceu em 23 de abril de 2014, um dia antes do anúncio do *deal* entre a Alstom e a GE, no momento preciso em que Patrick Kron estava em Chicago fazendo a negociação! Uma maneira muito clara de lembrar meu ex-CEO o que poderia acontecer com ele enquanto ele estava em território estadunidense. Há pouco mais de um ano, o DOJ também havia me prendido um dia antes de Keith Carr vir para Washington. Esse acúmulo de coincidências é simplesmente extraordinário, a menos que, como tenho certeza, efetivamente se trate uma ação arquitetada.

— É por isso, Stan, que eles mudaram de ideia e não me soltaram depois de vencidos os seis meses de prisão. Eles sabiam que a Alstom estava negociando com a GE. E ficaram com medo de que eu abrisse o bico para jornalistas ou informasse o governo francês, não é?

— Talvez, ele responde evasivamente.

— Agora que tudo isso é público e o acordo está sendo negociado entre a Alstom e a GE, pergunte a eles quando planejam me libertar sob fiança. Eles não podem me manter preso indefinidamente. Desde que o FCPA foi promulgado em 1977, nenhuma pessoa foi condenada a mais de um ano de prisão quando não houve enriquecimento pessoal. E eu já estou mofando aqui há mais de doze meses.

— Vou perguntar – ele responde laconicamente.

A FÁBULA GENERAL ELECTRIC

Ao passar todos os seus negócios de energia para a General Electric, a Alstom não está se vendendo para um grupo industrial qualquer. A General Electric – como pude ver em meus vinte e dois anos de carreira – é mais do que uma mera empresa. Ela incorpora também os Estados Unidos em toda a sua onipotência. A GE, sexta maior empresa do mundo em 2014, está presente em quase todos os setores estratégicos: eletricidade, gás, petróleo, equipamentos médicos, aviação, transportes. Também fabrica eletrodomésticos, refrigeradores, fornos, fogões, lava-louças, aquecedores. Até 2013, ela possuía também uma das três maiores redes de TV dos Estados Unidos: a NBC. Finalmente, a GE dispunha, com a GE Capital, de uma das maiores instituições financeiras do mundo. Uma filial que sofreu todo o impacto da crise do subprime em 2008 e que, sem uma intervenção massiva do governo estadunidense (139 bilhões de dólares), teria afundado e levado a matriz à falência. Assim como a Ford, a General Motors ou os supermercados Walmart, a GE tem lugar cativo em todos os lares estadunidenses, faz parte do patrimônio nacional.

À sua frente, nesta primavera de 2014, uma figura influente em Washington: Jeff Immelt. Ele assumiu as rédeas do grupo, treze anos antes, em 2001, quatro dias antes dos ataques ao World Trade Center. Sua empresa é sua vida. Seu pai é um ex-funcionário da GE. Sua esposa também. Ele próprio trabalha lá há quase quarenta anos. Negociante astucioso, republicano de coração, Immelt também é muito próximo de

Barack Obama. Aliás, em 2011, o presidente dos Estados Unidos o alçou à chefia de seu Conselho Consultivo Econômico, com uma missão: "reconstruir a economia dos Estados Unidos". O *big boss* aferrou-se a ela pautando-se por uma única linha de ação: "*Business is business*". A seus olhos, "fazer negócios é também travar uma guerra. Se você está em busca de amor, francamente, é mais recomendável comprar um cachorro", ele deixou escapar durante uma de suas visitas a Paris.

Bem, fazer negócios, mas não a qualquer custo. Pude descobrir, durante minhas leituras jurídicas, que no início dos anos 1990, a General Electric conseguiu evitar ser acusada de violação do FCPA, mas foi multada em 69 milhões de dólares pelo DOJ por "conspiração para fraudar os Estados Unidos e cometer ofensas contra os Estados Unidos" em conexão com um esquema de suborno em um contrato de defesa com Israel. Essa sanção funcionou internamente como um eletrochoque. Os gerentes da GE então fizeram uma faxina em suas fileiras e adotaram, a partir de então, um estatuto ético rigoroso (pelo menos em teoria).

Mais do que qualquer outro executivo, um vice-presidente da GE, Ben W. Heinemann, encarna essa política. Responsável pelo compliance até meados dos anos 2000, é considerado por seus pares do American Lawyer como um dos advogados mais inovadores dos Estados Unidos. Sob sua liderança, a GE conquistou uma reputação de "cavaleiro branco" e estreitou laços com a unidade anticorrupção do DOJ. Regularmente, procuradores desejosos de oxigenar suas carreiras recebem propostas de cargos no seio da direção de compliance da GE. Em 2014, havia por volta de uma quinzena deles trabalhando lá. A partir dos anos 2000, a General Electric também entendeu que diretores de empresas envolvidos até o pescoço em casos de corrupção eram as presas ideais. A multinacional, então, não hesita em fazer ofertas de compra de suas empresas, com a promessa de ajudá-las a negociar com o DOJ. Como eu disse a Stan: a General Electric já comprou quatro empresas nesses termos no intervalo de dez anos. A Alstom é a quinta em seu butim de caça e, de longe, a maior. Antes, em 2004, a GE havia adquirido a empresa estadunidense In Vision Technologies. Esta empresa havia sido acusada de pagar propina para obter a construção de detectores de explosivos em aeroportos na China, Filipinas e Tailândia. E a GE havia então se associado estreitamente a um acordo com o DOJ para encerrar o processo[25].

Também pude constatar que, na geração de eletricidade, praticamente todos os concorrentes internacionais da GE foram indiciados e forçados a pagar pesadas multas: a helvético-sueca ABB em 2010 (multa de 58 milhões de dólares), a alemã Siemens em 2008 (multa de 800 milhões de dólares, oito funcionários indiciados, incluindo um membro do comitê executivo), a japonesa Hitachi (multa de 19 milhões de dólares) e agora a Alstom. Em contrapartida, nenhum dos principais atores estadunidenses do setor que incluem equipamentos GE em suas ofertas jamais foram alvos do DOJ com respeito ao FCPA. É o caso da Bechtel (que, dentre outras atividades, constrói embaixadas estadunidenses no exterior), Black and Veatch, Fluor, Stone e Webster, Sargent e Lundy ou as duas empresas de caldeiras Foster Wheeler (também muito envolvida com petróleo), ou Babcock e Wilcox. No entanto, todas essas distintas empresas estão engajadas em uma competição acirrada no mesmo mercado internacional para a construção de centrais elétricas, a gás, carvão, nucleares ou eólicas. Como essas empresas fazem sem jamais recorrer a serviços de "consultores"?

É verdade que essas empresas contam com o respaldo da diplomacia estadunidense. Em 2010, por exemplo, a GE conseguiu vender turbinas a gás ao governo iraquiano por 3 bilhões de dólares por acordo mútuo (portanto, sem licitação) em condições completamente fora das normas. Tratava-se de um caso ainda mais escandaloso, porque, na época, o Iraque não tinha capacidade para construir centrais elétricas, então Bagdá se viu com dezenas de turbinas a gás nas mãos, sem ter o que fazer com elas. Mas, até o momento, ninguém viu problemas nisso. A GE também consegue se posicionar como uma simples subcontratada de uma empreiteira. A estadunidense fornece as turbinas a gás para uma construtora responsável pelo fornecimento de usinas completas. E é claro que é a empreiteira que paga os consultores. Nessa jogada, no mercado asiático, os parceiros preferidos da GE são algumas das maiores empresas de trading coreanas ou japonesas que nunca foram importunadas pelo DOJ.

---

[25] Conforme os termos do acordo firmado em 03 de dezembro de 2004 entre o DOJ, a General Electric e a In Vision Technologies.

Naquela primavera de 2014, a GE, que se apresenta como campeã em todas as categorias na luta contra a corrupção, também se mostra uma virtuose quando o assunto é comunicação. Embora sua oferta de aquisição seja visivelmente desequilibrada, seu CEO, com o forte apoio de Patrick Kron, afirma, para quem quiser ouvir, que sua proposta é "a melhor solução para a Alstom".

Para fazê-lo, Jeff Immelt apresenta dois argumentos. Em primeiro lugar, a GE está longe de ser uma desconhecida na França. Ela está no país desde o final da década de 1960 e emprega atualmente dez mil pessoas em nosso território. Segundo, Alstom e GE estabeleceram laços históricos. É indiscutível. Mas essas relações estão longe de ser tão idílicas quanto Immelt quer nos fazer crer. Como muitos funcionários da Alstom, ainda me lembro do caso Belfort. Depois de nos ter vendido uma concessão para suas turbinas a gás, a GE restringiu suas condições comerciais, relegando os próprios concessionários à obsolescência, ao não lhes passar os modelos novos, maiores e mais eficientes. Em 1999, a Alstom foi, portanto, obrigada a revender suas próprias atividades de turbinas a gás para a GE (incluindo a emblemática fábrica de Belfort com seus funcionários, etc.).

A verdade é que, estando presente na França há várias décadas, a GE aprendeu a conhecer nosso país, nosso tecido econômico, nossas 35 horas, nossa cultura e, principalmente, nossas redes políticas. E seus gestores são verdadeiras raposas quando se trata de lobby.

Já em 2006, Jeff Immelt havia recrutado uma embaixadora do charme e do talento na figura de Clara Gaymard. Nomeada presidenta da GE França, e depois alçada, em 2009, à vice-presidência da GE internacional, ela tem uma das mais belas agendas de endereços da capital. Presidenta do Fórum das Mulheres e nomeada pela revista Forbes como a trigésima mulher mais influente do mundo em 2011, esta énarque[26] *vip* transita com desenvoltura tanto em gabinetes ministeriais quanto nos estúdios de televisão.

Por ora, nesta primavera de 2014, com diplomacia, ela se apressa em desarmar a crise que acaba de eclodir entre sua empresa e o governo francês. Porque Arnaud Montebourg não cede. Depois de ter

---

[26] Pessoa egressa da ENA - École Nationale d'Administration <Escola Nacional de Administração> francesa. N. T.

mandado a real a Patrick Kron em seu gabinete no ministério, ele reincidiu três dias depois, em 29 de abril de 2014, na Assembleia Nacional. O ex-advogado da Ordem dos Advogados de Paris se transforma em procurador e lança uma acusação pesada. Diz ele: "Desde fevereiro venho indagando Patrick Kron, presidente desta empresa que é um florão nacional, e Patrick Kron, quando eu lhe dirigia as devidas questões, sempre me respondia solene e seriamente que não tinha planos de uma aliança!" E arremata: "O Ministro da Economia deve instalar um detector de mentiras em seu gabinete?" Um pouco antes nessa manhã, Arnaud Montebourg, na antena RTL, tinha apelado também ao patriotismo econômico: "Quando um negócio está para ser concluído e se esquece de telefonar ao Ministro da Economia para alertá-lo, sendo que todos os dias se lhe pedia socorro, há uma violação da ética nacional". Mas o Ministro não se contenta com frases de efeito. Ele passa à ação. E começa recusando-se, de forma cortês, mas firme, a receber Jeff Immelt, que tinha acabado de chegar à França para finalizar o negócio. Diante das circunstâncias, ele não poderá recebê-lo. Ao invés disso, envia-lhe uma carta lembrando-o de que na França "os projetos de aquisição no setor de energia, e especialmente no setor nuclear, estão sujeitos à aprovação das autoridades". Ele também alerta os diretores da Alstom. Ele avisa: "Cuidado! Essa venda pode levar a possíveis violações das regras do mercado de ações".

Na verdade, tudo isso não passa de teatro. Arnaud Montebourg está primeiro tentando ganhar tempo. Ele quer ganhar fôlego para organizar uma dupla contra-ofensiva, industrial e judicial. O Ministro está convencido de que, no plano jurídico, os estadunidenses estão chantageando a Alstom. Mas carece de elementos tangíveis que possa colocar na mesa de François Hollande. Foi por isso que tentou obter ajuda da DGSE[27]. A contraespionagem recusou-se a oferecer seu serviço. Pouco importa, Montebourg dispensa esse serviço e irá se virar sozinho. Na emergência, ele constitui uma verdadeira força-tarefa dentro de seu ministério. E seleciona quatro conselheiros encarregando-os de vasculhar a aliança entre a GE e a Alstom. Rapidamente, os "Quatro Mosqueteiros" de Montebourg descobrem os detalhes do procedimento estadunidense

---

[27] Direção Geral de Segurança Externa <i>Direction Générale de la Sécurité Extérieure</i>, serviço de inteligência francês. N. T.

e, com a mesma rapidez, chegam ao meu caso. Naquela época, eles tentaram inclusive estabelecer contato.

Um dos membros do gabinete de Montebourg telefona diretamente para Clara em Singapura. Minha esposa não consegue esconder sua surpresa. Afinal, desde a minha detenção, que já completou um ano, as autoridades francesas se mantinham silentes. Clara fica, no entanto, muito desconfiada, o assessor do ministro lhe pareceu muito jovem e ela chegou a acreditar por um momento que poderia se tratar de um impostor. Como prova de sua boa fé, ela pede que ele lhe envie um e-mail da plataforma do Ministério. O conselheiro envia seu e-mail, mas não é convincente. De minha parte, hesito sobre o que fazer. Todas as minhas conversas telefônicas e reuniões na sala de visitas são gravadas e enviadas ao procurador. A única situação em que posso ter uma discussão livre e sem ser vigiado é quando encontro meu advogado. Mas como duvido da confiabilidade de Stan, tenho muita dificuldade em me abrir realmente com ele. Em um golpe de sorte, meu advogado trabalhista Markus Asshoff vem passar uma semana nos Estados Unidos e vem a Rhode Island para me encontrar em Wyatt. Sua visita me faz um bem imenso porque, pela primeira vez em mais de um ano, posso falar de forma franca e direta com alguém sem medo de ser grampeado. Passamos mais de seis horas juntos. Foi bem informado por minha irmã Juliette e então posso finalmente entender muito do que ficava tácito e lacunar nas discussões por telefone com meus parentes. Em relação à abordagem do conselheiro de Montebourg, fico dividido. É claro que, no meu íntimo, quero ajudá-lo a trazer a verdade à tona. Mas toda a minha família, e também meu advogado Markus Asshoff, me desaconselham. Estou trancafiado em uma prisão de segurança máxima há um ano, instrumentalizado pelo DOJ, usado como refém para que a Alstom coopere, e correndo o risco de pegar dez anos de prisão. Se, neste contexto, o DOJ descobrir (e descobrirá, já que, como Markus suspeita – e tem boas razões para isso –, ele e meus familiares estão sendo grampeados) que estou indiretamente ajudando Montebourg a frustrar os planos da GE, corro grande risco de amargar muitos anos de prisão nos Estados Unidos. Foi, então, a contragosto que pedi a Clara para se manter distante e não dar seguimento ao telefonema do gabinete do ministro.

Em todo o caso, foi no campo industrial que Arnaud Montebourg desenvolveu sua principal contra-ofensiva. Para rejeitar a oferta da GE, ele se voltou para outro grande concorrente da Alstom: a Siemens. E o grupo alemão respondeu prontamente a esse pedido.

Em uma carta de intenções enviada ao Ministério da Economia, o CEO da Siemens, Joe Kaeser, propõe assumir o setor de energia da Alstom e, em troca, ceder uma parte relevante de sua divisão ferroviária para a francesa. Ele inclui no pacote seus trens de alta velocidade ICE (com uma carteira de pedidos de 5,4 bilhões de euros) e suas locomotivas. Segundo o CEO alemão, sua proposta constitui "uma oportunidade única para construir dois gigantes europeus: um francês nos transportes, outro alemão na energia". Joe Kaeser compromete-se também a não fazer nenhuma demissão por três anos e se diz disposto a devolver as atividades nucleares da Alstom, a fim de "assegurar os interesses da França". Munido dessa oferta, Arnaud Montebourg conseguiu fazer com que o conselho de administração da Alstom adiasse sua decisão de vender para a GE. Ele venceu, portanto, a primeira batalha: Patrick Kron, que queria encerrar essa negociação em setenta e duas horas, teve que rever sua estratégia.

No plano político, em contrapartida, depois de ter estado na linha de frente, o ministro está prestes a perder as rédeas. O Presidente da República se assenhoreou do processo. E convocou com urgência um conselho restrito com Manuel Valls e os ministros envolvidos no dossiê. François Hollande também quer ganhar tempo. Ele desconfia de seu altissonante ministro, que tem o desagradável hábito de afastar grandes empresários. O presidente não havia digerido o comentário sobre a indiana Mittal: "Não queremos mais a Mittal no território" – Montebourg não hesitou em disparar em novembro de 2012. Essas bravatas fazem a alegria da ala esquerda do Partido Socialista, mas irritam Palácio do Eliseu. Este então decide nomear um negociador na figura de David Azéma, diretor da Agência de Participação do Estado[28]. Certamente, o

---

[28] Subordinada ao Ministério da Economia e das Finanças da França, a APE (Agência das participações do Estado <Agence des participations de l'État>) tem por função "gerir a carteira de participações do Estado francês enquanto investidor de capital em empresas consideradas estratégicas, a fim de estabilizar o capital dessas empresas e apoiá-las em seu desenvolvimento e transformação". Fonte: APE (https://www.economie.gouv.fr/agence-participations-etat/notre-mission-statement – consulta feita em 14/08/2021). N.T.

Estado já não é mais acionista da Alstom, mas pouco importa, visto que há interesses estratégicos em jogo. Ademais, Azéma tem o perfil adequado. É um alto funcionário, posicionado à esquerda, mas que tem apreço pela iniciativa privada. Ele depende de Montebourg, mas também deve prestar contas a Emmanuel Macron.

Naquele final de abril e início de maio de 2014, eu tentava acompanhar, de Wyatt, essa novela político-industrial assistindo ao noticiário da manhã na CNN por alguns minutos, mas os estadunidenses eram menos apaixonados por esse assunto do que os franceses. Por isso, precisava me resignar a esperar os recortes de jornal que Clara me enviava quase diariamente.

No início de maio, ligo também para Liz para saber se Stan entrou em contato com o DOJ conforme prometido. Ela sugere que seu chefe se limitou a perguntar verbalmente um de seus antigos conhecidos na procuradoria. De acordo com esta fonte, ela me disse, nenhum *deal* foi assinado entre o DOJ e Patrick Kron. Óbvio que meus advogados não puderam guardar nenhum vestígio dessa "conversa" informal... Em resumo, Stan continua a me tratar como um imbecil. No entanto, desde a acusação contra Hoskins em julho de 2013, há quase dez meses, está claro que os estadunidenses interromperam suas investigações a partir de um certo nível hierárquico e que já não querem mais chegar a Kron. É um fato. Mas haverá quem diga que estou conjecturando. Então, peço novamente a Liz para escrever preto no branco para os procuradores e que eles confirmem em uma carta que nenhuma transação de qualquer tipo foi feita com Kron. Eles mentiram tanto para mim desde o início que quero ter uma prova material.

— Francamente, eu o desaconselho – enfatiza minha advogada. Creio que os procuradores prestes a examinar sua liberação. Aliás, eles acabam de aceitar a libertação de Hoskins.

— Tanto melhor para ele. Mesmo assim continuo surpreso com a diferença de tratamento em relação a mim.

— Ele é inglês e como a Inglaterra extradita seus cidadãos, os advogados dele conseguiram convencer a juíza.

Hoskins é representado principalmente por Clifford Chance, um dos maiores escritórios de advocacia do mundo, com especialistas em todas as áreas do direito empresarial, principalmente o FCPA. Nada a ver com Stan Twardy, que não sabe quase nada sobre processos anticorrupção. Eu pergunto a Liz:

— Quais são os termos da fiança de Hoskins?

— 1,5 milhão de dólares, que é uma grande parte da casa que ele tem na Inglaterra. E ele poderá ficar com seu filho que mora no Texas. Mas, se ele quiser deixar os Estados Unidos, terá que pedir permissão à juíza.

— 1,5 milhão! Mas é enorme.

— É o preço da liberdade! Aliás, é bom o senhor saber que, para ser libertado, terá de pagar uma caução comparável.

— O quê?! 1,5 milhão! Mas por que um tal montante? Desde o início falávamos em 400.000 mais a casa de Linda.

— Sim, mas eles querem que o valor seja igual ao fixado para a Hoskins.

— Isso é simplesmente absurdo. Hoskins talvez tenha dinheiro para isso, mas eu não.

— Eu sei, mas é assim que é. Além disso, o senhor precisa encontrar uma segunda pessoa nos Estados Unidos que concorde em penhorar sua casa, como sua amiga Linda. Enfim, saiba que os dois americanos que serão seus fiadores serão "unidos e solidários". Isso quer dizer que, se o senhor decidir, uma vez em liberdade condicional, fugir para a França, suas duas casas serão automaticamente apreendidas.

Esse dispositivo é absolutamente escandaloso. Os procuradores não param de aumentar os encargos. Eles estão visivelmente dispostos a tudo para me manter na prisão. Naquele momento cheguei a pensar que tudo estava acabado, que eu jamais conseguiria atender as condições impostas, que estava condenado a ficar em Wyatt até o fim dos meus dias.

Eu não levava em conta a extraordinária capacidade de mobilização demonstrada pelas pessoas próximas a mim. Meu pai conseguiu convencer um de seus antigos conhecidos, Michael, que, junto com sua esposa, concordou em colocar sua casa como fiança, como Linda já havia feito. Eu jamais terei como saldar essa dívida de gratidão. Clara, ao limpar os fundos das gavetas da família, as cadernetas de poupança, fundo de garantia, e vendendo parte do terreno onde está construída nossa casa, conseguiu reunir uma soma muito próxima da reclamada. Fizemos todo o possível.

Mas será que iria ser suficiente? Temo que minha liberdade dependa mais da partida de pôquer que está sendo disputada nesse momento entre a Alstom, a GE e o governo francês. Ora, em Paris, a venda ainda não se concretizou. E parece que Montebourg está até ganhando pontos.

Em 15 de maio de 2014, ele conseguiu que fosse adotado um decreto feito sob medida para frustrar os planos da GE. Trata-se de uma arma de dissuasão anti-OPA. Doravante, um grupo estrangeiro que pretenda assumir o controle de uma empresa francesa dos setores de energia, água, transportes, telecomunicações ou saúde terá de obter a aprovação do Estado para poder fazê-lo. Arnaud Montebourg está radiante: "É o fim do laissez-faire. A França deve se proteger contra formas indesejáveis de desmembramento!" Uma explosão de patriotismo econômico bem ao gosto dos franceses. Segundo uma sondagem do BVA Group, 70% dos entrevistados se dirão favoráveis à ação do ministro. Será que ele conseguirá, contra todas as expectativas, dobrar Patrick Kron e os estadunidenses?

No meio de toda esta turbulência política, permanece, no entanto, um silêncio ensurdecedor que me intriga: o da UMP[29] e especialmente de Nicolas Sarkozy. Como é possível que a tábua de salvação da Alstom em 2003 não aproveite a oportunidade para fustigar o comportamento passivo de um presidente de esquerda em relação a um assunto com tamanha dimensão política? Ele tem uma oportunidade rara. Mas nada. Nem uma única declaração sequer! Será que ele teme dividir seu próprio campo? Ou seria por causa de Valérie Pécresse, cujo marido caiu de paraquedas em 2010 na Alstom à frente do business de energias renováveis e que em breve será nomeado responsável pela integração das equipes GE / Alstom e, mais tarde, de todas as atividades de Power Renewable da GE, subordinando-se diretamente para Jeff Immelt? Ou quem sabe ele não quer se indispor com Hervé Gaymard, cuja esposa é presidenta da GE França? Ou haveria alguma outra coisa? Será que, com seu silêncio, ele espera ajudar seu amigo Patrick Kron a se desembaraçar de um impasse judicial? De qualquer maneira, sua pusilanimidade é algo difícil de entender.

---

[29] *Union pour un Mouvement Populaire* <União por um Movimento Popular>. Trata-se de um partido político francês, de orientação de direita, dissolvido em 2015 para dar nascimento ao *Republicains* <Republicanos>, sob a liderança do ex-presidente Nicolas Sarkozy. N.T.

É forçoso reconhecer que a imprensa também está apática. Se por um lado ela noticia o duelo entre Montebourg e Kron, é, por outro, muito discreta no que tange aos assuntos em disputa. Salvo algumas exceções. Assim é que o portal Médiapart publicou em 27 de maio de 2014 uma contundente investigação, assinada por Martine Orange e Fabrice Arfi, intitulada: "Venda da Alstom: a jogada oculta da corrupção[30]". Em seu artigo, os dois jornalistas consideram que "Os processos nos Estados Unidos não estão desvinculados da precipitação e da opacidade em torno do desmantelamento da Alstom". Como eu, eles se perguntam sobre as perturbadoras coincidências de calendário e se detêm principalmente em uma data: 23 de abril de 2014, o dia em que Hoskins foi preso nas Ilhas Virgens dos EUA, no Caribe, enquanto, ao mesmo tempo, Patrick Kron e Jeff Immelt ainda estavam em plena rodada de negociação. Segundo Martine Orange e Fabrice Arfi "essa prisão não é anódina". Pode ter sido usado como um derradeiro meio de pressão sobre o topo da hierarquia da Alstom, pouco antes dela assinar o contrato com a GE.

Finalmente, uma parte da verdade vem à tona. Naquela época, pensei que esse artigo iria fazer muito barulho, mas estava enganado. Ele não teve repercussão. Outros artigos tampouco chamariam atenção. Foi o caso do publicado por *Le Canard enchaîné* em maio de 2014, que, no entanto, denunciava um gritante conflito de interesses. Em suas negociações com a GE, a Alstom é assessorada por um escritório de advocacia dirigido por Steve Immelt... ninguém menos que o irmão de Jeff Immelt, CEO da General Electric! Nunca se é tão bem servido como quando se é servido por seu próprio clã... Um eco do *Point*, datado de 15 de maio de 2014, em que esses autores fazem a única pergunta que importa – "Estaria Patrick Kron disposto a vender a Alstom aos estadunidenses para se desvencilhar de um impasse judicial?" – tampouco despertará reação.

---

[30] Fabrice Arfi, um dos autores do artigo publicado no *Médiapart*, entrou em contato com Clara, mas ela não dará sequência à conversa por temor de agravar minha situação.

UMA VITÓRIA DE PIRRO

Um mês depois, no início de junho de 2014, o destino foi selado. Arnaud Montebourg teve que admitir a derrota. Claro que, diante das câmeras, ele exibe o sorriso largo do vencedor, assevera a quem quiser ouvir que ele é o salvador da Alstom e apresenta o acordo que conseguiu arrancar como se fosse o melhor possível. Mas não nasci ontem. Foi uma derrota fragorosa. Não foi o Ministro da Indústria quem deu a última palavra, mas François Hollande. E o Presidente da República acabou decidindo em favor da oferta estadunidense.

Devo admitir que, durante toda a fase de negociação, a GE não mediu esforços. O grupo estadunidense deu mostra de grande habilidade. Ciente de que, com essa aquisição, fazia o lance mais importante de sua carreira, Jeff Immelt não hesitou em instalar-se em Paris. Ele rapidamente percebeu que precisava vencer uma batalha política e midiática, bem como industrial ou financeira. O CEO, então, se valeu dos serviços dos maiores marqueteiros. E escolheu Havas, cujo vice--presidente, Stéphane Fouks, é amigo íntimo do primeiro-ministro Manuel Valls.

A agência destinou muitos recursos para ajudá-lo a apropriar-se da Alstom. Mobilizou três de seus conselheiros seniores: Anton Molina, ex-vice-diretor da Medef; Stéphanie Elbaz, ex-diretora da Publicis Consultants; e Michel Bettan, ex-chefe de gabinete de Xavier Bertrand. Patrick Kron, por seu turno, cercou-se de dois especialistas três estrelas: Franck Louvrier, o ex-guru da comunicação de Nicolas Sarkozy, e Maurice Lévy da Publicis (muito próximo de Clara Gaymard, presidenta da GE França). Esse *dream team* de marqueteiros se empenhará em remover, um após o outro, todos os obstáculos que dificultam a aquisição. O primeiro desafio: convencer a opinião pública da necessidade dessa operação.

Não importa o que Jeff Immelt ou Patrick Kron digam, fato é que, na primavera de 2014, a Alstom não era um pato manco. Tinha muito mais ativos tecnológicos do que falhas estruturais, e a crise pela qual passava era essencialmente financeira. Portanto, era difícil persuadir os franceses da necessidade de vender 70% do grupo. Os dois CEOs serão, portanto, incumbidos de trazer a boa nova aos estúdios de televisão. Jeff Immelt será o convidado do programa 20 horas do canal France 2, e Patrick Kron do telejornal do TF1. Em todos os seus discursos, meu ex-chefe vai continuar martelando um e apenas um argumento: a Alstom não teria reservas para poder suportar a crise, principalmente diante dos dois monstros do setor, GE e Siemens. Mas quando olhamos os números em detalhes, a realidade parece bem diferente: o ramo de energia da Alstom (15 bilhões de euros) não tem problemas de reservas; é o número 3 no setor de energia no mundo. Se compararmos agora as duas empresas em seu conjunto, é claro que a Alstom tem um faturamento oito vezes menor do que o da GE. Mas depois da venda de seu ramo de energia, essa situação se agravará muito mais. Restringir a Alstom apenas ao setor de transportes a tornará trinta vezes menor! Pretextar que você precisa vender por não ser forte o suficiente, para ficar ainda mais fraco depois da venda, é completamente absurdo.

Além disso, depois de ter passado dez anos defendendo a necessidade de que a Alstom esteja presente em três setores ao mesmo tempo (Energia, Transmissões e Transporte), a fim de absorver as oscilações dos mercados cíclicos, Kron de repente passa a defender exatamente o contrário! Para ele, agora, se passasse a focar exclusivamente em seu setor de transporte, a Alstom teria um futuro brilhante. Todos os especialistas sabem muito bem que a nova Alstom passou a ter um porte subcrítico, ficando à mercê de suas concorrentes. Do que, aliás, ela passará a sofrer as consequências três anos mais tarde[31]. Mas, seja como for, graças à magia dos marqueteiros, o argumento emplacou, passou a ser

---

[31] Em setembro de 2017, a alemã Siemens começará a assumir o controle da Alstom Transporte. Essa operação ainda não havia sido consumada até o outono de 2018.

repetido em todos os artigos, repisado nas entrevistas, acabando por se tornar verdade midiática.

O segundo obstáculo que a GE teve de vencer para obter a aprovação do governo foi o do emprego. Tratava-se de um elemento essencial aos olhos de François Hollande. Desde a sua eleição, o Presidente da República enfrentava um aumento sem precedentes do desemprego. Ele não podia autorizar uma operação que resultaria em um banho de sangue social. Rapidamente, Immelt promete publicamente criar 1.000 empregos na França. Um compromisso que ele não honrará. Mas todos sabem que as promessas comprometem somente quem nelas acredita[32]...

Por fim, para convencer as autoridades, a GE, com o apoio de seus marqueteiros, teve que vencer um terceiro e último obstáculo, sem dúvida o mais delicado: conseguir amordaçar Arnaud Montebourg.

Naqueles meados de maio de 2014, o Ministro da Indústria continuava apoiando uma solução alemã. Até porque a Siemens refinou e melhorou sua oferta. A empresa alemã se aproximou de outro gigante no ramo de energia, a Mitsubishi. E a dupla germano-japonesa colocou sobre a mesa uma proposta inédita. A Siemens e a Mitsubishi não queriam comprar a Alstom, elas sugeriram a construção de uma aliança industrial duradoura entre seus diferentes grupos. A Mitsubishi comprometia-se em criar em parceria com a Alstom três *joint ventures* nas áreas hidráulica, redes de transmissão e atividades nucleares. A francesa permaneceria majoritária, já que deteria 60% das ações e a japonesa apenas 40%. Por sua vez, a Siemens compraria o ramo de gás da Alstom, mas em troca cederia sua atividade de sinalização ferroviária. Arnaud Montebourg defende com veemência essa solução. Aos seus olhos, ela tem um duplo mérito: impede que a França seja humilhada e é muito coerente do ponto de vista econômico.

Para permanecer no páreo, o estado-maior da General Electric entendeu que precisaria repensar toda a sua estratégia e o quanto antes. O estadunidense pôs então em cima da mesa um novo projeto inspirado na solução proposta pela Siemens e Mitsubishi. A GE baniu as palavras "venda" e "compra" de seu vocabulário. E agora a multinacional oferece à Alstom a criação de três *joint ventures* em energia nuclear, energias renováveis e redes de transmissão. Essas três entidades seriam propriedade

---
[32] Ver *Epílogo*.

da Alstom e da GE em partes iguais, seriam formadas com base em uma participação acionária de 50/50. Imediatamente, os marqueteiros providenciaram um filme para exaltar os méritos dessa aliança. E com uma bela imagem: a página eletrônica de Belfort, onde funcionários da Alstom e da GE já trabalham juntos, e na qual compartilham suas refeições em uma cantina comum. A propaganda será transmitida em horário nobre em todos os canais de televisão. Mais discretamente, nos bastidores dos ministérios e dentro das redações, os consultores da GE se empenham em desacreditar a proposta da Siemens e da Mitsubishi. Complicado demais, muito difícil de implementar, parceiros demais, eles argumentam. Com o passar das semanas, esse trabalho de minar e desacreditar rendeu seus frutos. O encarregado do Estado para a negociação, David Azéma, acabou por se inclinar a favor dos estadunidenses. Mas a partida final será no Eliseu.

No início de junho de 2014, então, Emmanuel Macron, Manuel Valls e Arnaud Montebourg se reuniram com o Presidente da República. O ministro da Economia defende a solução Siemens / Mitsubishi e pede ao Chefe de Estado que aplique o novo instrumento de que o governo dispõe – o decreto anti-OPA – a fim de bloquear a oferta da GE. Emmanuel Macron foi o próximo a falar: "Com a Siemens, acumulamos as dificuldades e o impacto social será mais violento. Além disso, a administração da Alstom é fortemente contrária a essa decisão". E o secretário-geral dá uma alfinetada: "Uma empresa privada forçada a um acordo, isso não existe, a não ser na Venezuela!" Ao contrário dos Estados Unidos, que salvaram a GE em 2008, após a crise do subprime, o governo socialista francês, convertido ao livre comércio, deixa, então, um empreendimento estratégico cair no colo dos Estados Unidos. O destino está traçado. A Alstom se tornará estadunidense. Ao longo das semanas em que ocorreram as negociações, Emmanuel Macron afastou-se de Montebourg. Como este último reagirá a tal ruptura? Será que aguentará calado? Manuel Valls sabe muito bem que deve fazer concessões a fim de manter o seu Ministro da Economia e Indústria, que conta com o apoio da esquerda do PS, no seu governo. O Primeiro-Ministro propõe então que o Estado adquira uma participação na Alstom. O Estado poderia recomprar os 30% das ações que estão em posse da Bouygues, afiançando assim o futuro da empresa no setor dos transportes. Para

Arnaud Montebourg, a honra está salva. Ele está longe de ter perdido tudo. Poderá dizer que o governo não abandonou a Alstom, que conseguiu, graças à sua perseverança, obter concessões significativas da GE, e sustentar, alguns dias depois, perante a representação nacional, que "a participação do Estado no capital vai permitir garantir a perenidade da aliança com a GE".

Montebourg pode muito bem ter dado o troco, mas ele acabará sendo esmagado pela GE. É forçoso reconhecer que ele foi o único a lutar para defender os interesses estratégicos franceses. Mas será que teve alguma chance de ganhar? A vitória da gigante estadunidense não foi fruto das circunstâncias, mas refletiu a onipotência da comunidade empresarial estadunidense em solo francês. Os Estados Unidos – fui uma testemunha privilegiada disso ao longo de toda a minha carreira profissional – exercem considerável poder de influência sobre parte da administração, da economia e da classe política francesa. Nossas elites, incluindo os socialistas, são muito mais atlantistas do que germanófilos. A "América" continua a fascinar, e cada vez mais. Os estadunidenses são os campeões mundiais em matéria de *soft power*, essa "diplomacia sutil" que usam para influenciar os parceiros valendo-se de seu poder de sedução. Um exemplo: todos os anos, desde 1945, a Embaixada dos Estados Unidos em Paris identifica as futuras elites francesas e as convida a passar várias semanas em Washington como parte de um programa denominado *young leaders*. Esse "treinamento" visa os jovens lobos da política ou os énarques. François Hollande, Nicolas Sarkozy, Alain Juppé, Marisol Touraine, Pierre Moscovici ou Emmanuel Macron foram todos "young leaders".

Mas a influência estadunidense não para por aí. Hoje, a maioria dos principais escritórios de advocacia, empresas de auditoria e bancos de investimento no mercado de Paris são estadunidenses. O negócio Alstom/GE foi uma dádiva extraordinária para eles, porque faturarão seus serviços por muitas centenas de milhões de euros[33]. Para garantir um lobby eficaz, essas instituições proliferam nos viveiros dos gabinetes ministeriais. Para os venturosos eleitos, são a oportunidade de ver seus salários multiplicados por dez. E às favas os riscos óbvios de conflito de interesses! Então, como não se chocar que o encarregado do Estado

---

[33] Ver Capítulo XLIX: "*A Assembleia abre um inquérito*".

de negociar a venda no caso da Alstom, David Azéma, tenha deixado o cargo e ido para um grande banco de investimento estadunidense? Esse recrutamento ocorreu em julho de 2014, poucos dias depois de François Hollande ter proferido sua arbitragem no caso da Alstom. E o ex-chefe da APE não escolheu qualquer instituição. Ele recebeu uma oferta de ouro para trabalhar no Bank of America. O banco que assessorou a Alstom durante toda a negociação! Desta vez, até o comitê de ética do Ministério do Serviço Público teve dificuldade para engolir. E aconselhou Azéma a se reorientar. Dito e feito: o funcionário sênior desembarcou em outra instituição financeira, a Merrill Lynch em Londres. Ora, a Merrill Lynch e o Bank of America se fundiram em 2008, de modo que agora são a mesma empresa! David Azéma assumiu e permanece no posto sem nenhum pejo. Questionado pelo jornal Le Monde sobre os motivos de sua saída, ele respondeu: "Por que estou saindo do Estado? Para ganhar dinheiro".

Na guerra travada na primavera de 2014 pela aquisição da Alstom, um elemento final também pesou. A Siemens pareceu vacilar no meio da batalha. Era esperado que, em 20 de maio de 2014, a empresa alemã apresentasse uma oferta inequívoca de aquisição. No entanto, ela se contentou em pedir mais esclarecimentos. A Siemens quis saber mais detalhes sobre o processo que corria no DOJ. Ela temia que as penalidades ultrapassassem o bilhão de dólares, pesando demasiado nas contas da empresa francesa que ela almejava comprar. A Siemens já havia amargado a dolorosa experiência desse tipo de denúncia. Em 2006, a alemã também foi processada por corrupção nos Estados Unidos. Ela foi acusada de fazer pagamentos por baixo dos panos na Argentina, Venezuela, China, Vietnã e Iraque. Um sistema de propina comparável em todos os sentidos ao descoberto na Alstom. Para resolver o caso, em 2008, com o DOJ e a SEC, a Siemens se declarou culpada e concordou em pagar uma multa recorde de quase 800 milhões de dólares, além de afastar seu icônico CEO, Heinrich von Pierer. Este, por seu turno, concordou em pagar 5 milhões de euros à sua ex-empresa para evitar ser processado por má conduta administrativa. O caso não terminou aí, pois, em 2011, o judiciário estadunidense indiciou oito ex-executivos da Siemens e expediu mandados de prisão internacionais contra eles. O grupo vem padecendo o fardo desse escândalo há mais de dez anos. As repercussões na Alemanha já lhe custaram mais de 1,5 bilhão de euros. Nesse cenário, é compreensível a relutância em face do risco de mergulhar novamente em um pesadelo semelhante com a Alstom.

Por seu turno, a General Electric não parece nem um pouco preocupada com o DOJ. Ao contrário, ela até se oferece à Alstom como sua "redentora". No acordo que propõe ao grupo francês, há um parágrafo que veicula que, em caso de aquisição, a estadunidense assumirá a integralidade do passivo jurídico da Alstom. Em outras palavras, a GE se compromete a pagar a multa que a Alstom terá de pagar ao DOJ. Fico surpreso que tal disposição tenha sido negociada. Afinal, se uma empresa não tem o direito de cobrir as penalidades que são impostas aos seus funcionários, a lógica mais elementar preconiza que seja igualmente impossível a uma empresa assumir as penalidades infligidas a outra. É, portanto, intrigante que o DOJ não tenha manifestado sua oposição a essa cláusula quando ela foi tornada pública, ou seja, em junho de 2014.

Esse compromisso feito pela GE de pagar no lugar da Alstom foi uma oferta decisiva, que a Siemens não podia cobrir. Afinal, como ele poderia cobrir? Naquele início de junho de 2014, ninguém poderia conhecer a priori o valor da multa final. A declaração de culpa da Alstom só seria assinado seis meses depois, em 22 de dezembro de 2014. Então, que empresa concordaria em assinar um cheque em branco de um valor que poderia ultrapassar a casa do bilhão de dólares? Nenhum gestor no mundo conseguiria obter a aprovação de seu conselho de administração e de seus acionistas para fazer uma tal proposta! É obvio. E mesmo assim, novamente, nem a imprensa econômica, nem nossas elites políticas, notaram essa incongruência. Tudo foi muito bem amarrado pelos marqueteiros da GE e da Alstom. Uma pergunta evidentemente não quer calar: como a GE pôde se comprometer com uma quantia desconhecida que poderia representar até 10% de sua proposta de compra? Simplesmente porque a GE possui informações que a Siemens desconhece. Na verdade, já faz meses que a General Electric participa nos bastidores das negociações entre a Alstom e o DOJ! É Katy Choo, chefe da unidade de "investigação e luta anticorrupção", quem está liderando as discussões. Katy Choo, ex-procuradora federal especializada em processos de... crimes financeiros. A essa altura, então, tudo era jogado entre procuradores (atuais ou antigos do DOJ).

Naquele início de junho de 2014, então, eu assisto, a 6.000 quilômetros de Paris, os últimos sobressaltos da novela da venda da Alstom com um sentimento de total incapacidade. Sinto um gosto de cinza na boca. Tenho uma sensação, que nunca senti antes, de ter caído numa arapuca, e de que a França caiu comigo. Será que eu deveria, naquela época, ter rompido meu silêncio, pedido a minha família para divulgar meu caso na imprensa, a fim de alertar os cidadãos franceses e o governo sobre o que estava acontecendo? Talvez. Sem dúvida. Cheguei a pensar nisso por um momento. Clara poderia ter alertado jornalistas investigativos ou respondido aos apelos do enviado de Montebourg. Mas será que isso teria servido para alguma coisa? Como lutar contra o DOJ, agência Havas, Publicis, GE, Alstom, Patrick Kron, François Hollande e Azéma juntos? O combate já estaria perdido de antemão. Ademais, o principal, para mim e para minha esposa, meus quatro filhos, minha mãe, minha irmã e meu pai, era eu finalmente poder deixar aquela maldita prisão. Então, sim, posso talvez ter sido egoísta ao preferir me calar. Mas já estava para completar quatorze meses que eu estava encarcerado. E, pela primeira vez nos últimos tempos, uma solução estava se desenhando. Então, eu preferi guardar discrição.

RUMO À LIBERDADE

Em Paris, o caso já estava encerrado, a decisão tinha sido tomada. A GE ganhou, o negócio com a Alstom iria ser assinado em uma semana. Foi então que o procurador Novick informou a Stan que ele podia apresentar uma moção para minha libertação. Naquele 11 de junho de 2014, portanto, começo meu último dia de detenção, o 424º. No dia seguinte, eu estaria livre.

Minhas últimas horas em Wyatt foram como qualquer outra. Levantar-me às 6h50, tomar o café da manhã, depois uma hora de ginástica em companhia de Alex com apenas uma toalha estendida no chão em um canto do refeitório e uma hora de caminhada a passos largos, circulando no espaço de algumas dezenas de metros quadrados que faz as vezes de pátio. Esse espaço é uma prisão dentro da prisão: é totalmente fechado e totalmente coberto. Assim, já faz 250 dias que vivo sob a luz fraca de lâmpadas fluorescentes. E não fiz nada para sofrer uma tal punição, apenas tive a infelicidade de ser designado para uma ala privada de céu. Portanto, sou tratado como outros prisioneiros, nem melhor nem pior. Assim como eles, sou maltratado. Qualquer que seja o crime, não se pode proibir uma pessoa de respirar ar puro e sentir o sol. Não se pode tratá-lo pior do que a um cachorro. Isso enlouquece. E embrutece. E pensar que o pátio nos foi interditado por causa de "restrições orçamentárias". Este capitalismo penitenciário, esta corrida pelo lucro empreendida em prejuízo dos mais elementares direitos humanos é indigna e degradante. Mas não se trata apenas de maximizar a rentabilidade das instalações prisionais, de aumentar o número de detentos, de maximizar o lucro. O objetivo também é arruinar os presos, pressionando-os para se declararem culpados o mais rápido possível, mitigando, assim, as custas do processo para o DOJ e melhorando suas estatísticas já stalinistas (98,5% de sucesso).

Naquela manhã, algumas horas antes da minha libertação, estava, então, caminhando a passos largos para desafogar minha raiva, meu ódio por Wyatt e pelo sistema legal estadunidense. Sentia-me esgotado, exaurido, como se meu corpo já estivesse reagindo à mudança de vida que me esperava. Um dos meus co-detentos se aproximou. Téka é albanês e acaba de regressar à ala depois de ficar quatro dias hospitalizado em Providence. Um cirurgião tinha removido um enorme cisto de sete centímetros e meio em sua garganta à altura do pomo de Adão. Esse tumor monstruoso deveria ter sido operado muito antes, mas Téka foi obrigado a esperar três longos meses antes que os diretores da prisão finalmente autorizassem sua hospitalização. Eu o vi definhar dia após dia. Seu cisto, que crescia sem parar, bloqueava seu esôfago, ele não podia mais comer alimentos sólidos que podiam sufocá-lo. Desde fevereiro ele somente tomava sopa e, como não conseguia respirar normalmente, não conseguia dormir à noite. Ele teve que preencher toneladas de documentos administrativos para ter direito a uma consulta fora da prisão. Agora ele tem uma enorme cicatriz no pescoço. Parece-se com Frankenstein. E ficará vários dias sem conseguir mexer a cabeça, mas está muito feliz porque a cirurgia correu bem. Seu médico disse que ele havia retirado da garganta um caroço "do tamanho de um chouriço". O cirurgião ficou indignado com o descaso de que ele foi vítima. Eu também estou revoltado com a negligência perigosa e culposa da administração de Wyatt, mesmo sabendo que aqui a vida não tem o mesmo valor que lá fora. Quando chegou a hora de "fazer as malas", penso em alguns de meus companheiros de infortúnio. Índio, um prisioneiro de sessenta e cinco anos de origem indiana, não teve tanta sorte. Ele morreu há um mês porque seu tratamento médico atrasou demais. Kid não aguentou a pressão psicológica quando o procurador lhe fez a primeira oferta de quinze anos para um caso de drogas: ele se enforcou pendurando-se no beliche. Tinha vinte e quatro anos. Era a primeira vez que havia sido preso. Mark, com quem compartilhei minha cela por sete meses, ficou em Wyatt por cinco anos antes de ser julgado em dezembro passado. Ele acreditava que iria passar o Natal com sua família. Mas o procurador, duas semanas antes de sua *sentencing*, insinuou que a fraude havia sido maior do que inicialmente estimado e Mark foi condenado a vinte e cinco anos de prisão! Bob, casado há quarenta anos, perdeu a esposa há dois meses. A administração da prisão não quis escoltá-lo ao funeral em Boston e lhe propôs o carro funerário ao pátio da prisão de Wyatt... para que ele pudesse fazer seu luto, o que ele obviamente recusou.

Então, penso comigo mesmo que em alguma medida sou sortudo por não estar deixando Wyatt dentro de um saco mortuário e por poder ter esperança de recuperar uma vida "normal" em breve.

Daqui a pouco me despedirei dos meus companheiros mais fiéis, Peter, Alex e Jack, com quem passo meus dias há um ano. Estamos entre os poucos "criminosos de colarinho branco" na prisão. Não mais de 10 em 700.

Peter começa a vislumbrar sua saída. Ele está encarcerado em Wyatt há mais de três anos. Lá fora, ele trabalhava como "mula", transportando dinheiro em suas malas entre Nova York e Las Vegas para a Máfia.

Jack também deveria se beneficiar de liberdade condicional em breve. E olha que ele chegou a aparecer na primeira página da imprensa estadunidense. Os jornalistas o chamavam de "mini-Madoff". Esse financista de sessenta e dois anos montou uma pirâmide financeira, uma trapaça para enganar investidores nos Estados Unidos. Ele conseguiu uma negociação hábil com o DOJ. No total, pegou "só" sete anos e meio de prisão.

Seu co-acusado Alex, mesmo lhe sendo subordinado, não teve a mesma sorte. Alex se recusou a se declarar culpado. Ele queria resistir ao sistema e insistiu em ir a julgamento. Um erro fatal porque ele corre o risco de ser condenado a uma sentença pior do que a de Jack. Mais uma prova, a meu ver, de que este sistema penal estadunidense é como uma roleta russa. Aliás, Alex está muito ansioso à espera do julgamento. Durante minha prisão, era dele que eu fiquei mais próximo. Antes de se mudar para os Estados Unidos, ele estudou administração em Marselha e fala um francês perfeito. Ele é um cinquentão alegre, profundamente crente, que manteve uma alegria de viver, mesmo atrás das grades. Durante os quatorze meses que passei em Wyatt, Alex nunca deixou de me animar. Ele tornou-se meu amigo para o resto da vida.

LIVRE!

Até o último minuto eu não seria poupado de nada. Quando os guardas de Wyatt vieram me arrancar da cama às quatro da manhã, imaginei minha libertação logo no nascer do dia. Mas aí eles me enviaram em um furgão blindado para o tribunal em Hartford (capital de Connecticut) e, ao chegar, me trancafiaram em uma cela no tribunal. Então, nada mais aconteceu. Fiquei de molho naquele calabouço por quase oito horas, até que todas as formalidades fossem resolvidas e já não houvesse mais dúvida sobre minha fiança. Algum problema de última hora? Já tinha ouvido tantas histórias de Wyatt que não duvidava de nada.

E não sou o único a me amofinar. Meu pai, com mais de setenta e cinco anos, também aguarda desde a manhã, sentado em um banco do tribunal, com nossa amiga Linda, que insistiu em acompanhá-lo. Ele está plantado em um corredor localizado a apenas alguns metros da cela em que estou preso. Quase podíamos conversar um com o outro!

Por volta das quatro da tarde, um bom sinal: me trouxeram as roupas que me haviam sido apreendidas quando cheguei a Wyatt. Elas estão muito largas para mim agora e me sinto ridículo. Finalmente, a porta se abre e, no corredor, papai e Linda estão esperando por mim, eles se levantam e me estendem os braços abertos.

Livre, estou livre.

Nos abraçamos, loucos de felicidade. Papai parece bem de saúde. Ao menos ele parece muito mais vigoroso do que alguns meses atrás, quando, apesar de minha oposição, ele acabou me visitando em Wyatt. Eu o tinha achado muito franzino naquela época. Suas costas paralisadas de dor, curvadas para a frente, ofegando, ele dependia de uma bengala para se mover. Chegou a me assustar. Ele sentia dor, era evidente, mesmo assim não desistiu de atravessar o Atlântico só para ver o filho por trás de uma vidraça por duas horas. E é novamente ele quem está aqui para me receber em minha saída. Clara teve que ficar em Singapura para acertar as formalidades relacionadas ao fim do ano letivo das crianças antes de organizar a mudança para a França. Mas ela logo chegará com Léa, Pierre, Gabriella e Raphaella. A família toda chega dentro de um mês, para ficar comigo por algumas semanas de férias.

Por enquanto, estou curtindo essas primeiras horas de libertação, mas sei que as restrições de todas as ordens não acabaram. Só fui libertado por um período de dois meses. Sou obrigado a permanecer no território dos Estados Unidos. Tenho que morar com meu amigo Tom em Connecticut e só posso viajar para outros três estados dos EUA: Massachusetts, Nova York e Flórida, onde pretendo levar as crianças e Clara em um mês. Como Tom fica com seus filhos em guarda compartilhada, papai e eu tivemos que alugar camas de campanha. Nós nos instalamos na sala de estar de sua casa.

As lembranças que tenho das minhas primeiras horas de liberdade estão agora confusas. O que guardei na memória são mais fragmentos das sensações que tive. A sensação do conforto de um banho quente, o primeiro em quatorze meses. O cheiro da grama, das árvores, o sopro do vento. E assim que as crianças acordaram, uma chamada de vídeo via Skype com a Clara. Era a primeira vez em quatorze meses que os via. Como mudaram! A conversa é breve, porque eles têm que ir para a escola, mas como é bom finalmente vê-los e ouvi-los. Também me lembro de ficar deitado por longos minutos no jardim de Tom, observando a extensão do céu, quase cego por sua imensidão. Percebi que, por ficar confinado dentro dos muros da prisão, meu campo de visão como que se estreitou. Levei alguns dias de adaptação para ser capaz de olhar ao longe novamente e poder divisar o horizonte com clareza. Na prisão, por eu cheirar, ver, tocar, comer, ouvir sempre as mesmas coisas por mais de um ano, todos os meus sentidos acabaram por se atrofiar.

Dedico os primeiros dias a longas caminhadas no bosque. Às vezes, quando sua força permite, meu pai me acompanha. Meus pais se separaram bem jovens. Passei mais tempo com minha mãe. Foi durante esses dias de junho de 2014 que redescobri realmente quem é meu pai. Peço-lhe para me contar sobre sua vida, a empresa que fundou, suas aventuras comerciais na Rússia, e o incentivo a gravar vídeos curtos para os netos. O resto do tempo eu passo conectado à Internet. Na prisão, isso me era obviamente interditado. Agora coleto o máximo de documentos possível e leio todos os artigos da imprensa sobre a venda da Alstom para a General Electric. Eu compilo, classifico, repertorio esses dados. Estou determinado a empreender minha própria contra-investigação.

Em meados de julho de 2014, Clara e as crianças finalmente chegam. Vou buscá-los no aeroporto JFK e a ideia de colocar os pés nesse aeroporto novamente me dá um nó no estômago. As crianças não escondem a alegria e a surpresa... seu pai perdeu quase vinte quilos. Isso me faria parecer mais jovem se não fosse aquela aparência macilenta que as três semanas de liberdade não foram suficientes para apagar. Para ser sincero, ainda tenho uma "cara suja", uma verdadeira "cara de condenado".

Noto que Pierre agora ultrapassa Lea em mais ou menos um palmo. As duas menores, Raphaella e Gabriella, estão radiantes e não soltam minhas mãos. Exceto à noite, quando para respeitar minha liberdade condicional, tenho que deixá-los e voltar para dormir na casa do Tom. A família está hospedada na casa da Linda. Felizmente, alguns dias mais tarde, partimos juntos para a Flórida. Consegui permissão do juiz para ficar lá por três semanas. São nossos reais primeiros momentos de felicidade. Ficamos hospedados em um apart-hotel à beira-mar. Léa, que quer se tornar campeã de natação, nada cinco mil metros todas as manhãs com treinadores de Miami, enquanto os caçulas brincam na areia e Pierre pede para passearmos em um barco anfíbio, que é uma atração local. Esses barcos, depois de rolarem na areia, adentram a toda velocidade no mar. A praia, o sol, as ondas, no final das contas, acabamos passando umas férias comuns. Mas para mim, eles tiveram um sabor extraordinário.

Três semanas depois, Clara e as crianças têm que voltar para a França, e eu inicio um novo combate judicial para ter o direito de me juntar a elas. Finalmente, com boas notícias: William Pomponi – depois de passar mais de um ano se recusando – enfim concordou em se declarar culpado em 18 de julho, um mês depois de eu deixar Wyatt.

Isso confirma que minha detenção continuada nada teve a ver com a situação legal de Pomponi e tudo a ver com as negociações entre a GE e a Alstom. Seus advogados se saíram bem (melhor do que Stan) porque, ao contrário de mim, ele só teve que se declarar culpado de uma única acusação. Tanto melhor para ele. E já que não preciso mais aguardar o julgamento dele, espero que agora o DOJ seja mais conciliador e deixe-me voltar para a França. E agora, quando começo a relaxar e a curtir minha família, minhas esperanças são logo frustradas. Stan me informa que os procuradores agora estão me condicionando à situação de Hoskins. Estão fazendo comigo agora o mesmo que haviam feito usando Pomponi! Para que minha situação se resolva, tenho que esperar Hoskins ou se declarar culpado ou ir a julgamento. Nessa toada, se o DOJ resolver indiciar outras dez pessoas, minha história não terá fim. Corro o risco de passar meses, até anos, sem ser julgado, com todos os nossos bens e os de nossos amigos bloqueados. Como viver nessas condições e tentar dar a volta por cima com essa espada de Dâmocles permanentemente sobre sua cabeça? Como convencer um futuro empregador a me contratar sabendo que posso voltar para a prisão no dia seguinte, por nove anos? Impossível e, ainda assim, tenho que encontrar uma maneira de voltar a trabalhar. Tenho apenas 46 anos.

Mesmo porque Hoskins corre o risco de causar embaraços para o DOJ. Ele só trabalhou por três anos na Alstom, de onde saiu em 31 de agosto de 2004, logo após a assinatura do contrato de Tarahan. E durante esses três anos como vice-presidente sênior da Asia International Network, ele nunca pôs os pés nos Estados Unidos. Ante esses fatos, seus advogados levantaram muitas questões jurídicas: qual é a jurisdição de um tribunal estadunidense para julgar por atos de corrupção na Indonésia um cidadão britânico que já está há muitos anos aposentado e que só trabalhou na França por três anos, durante os quais jamais pisou nos Estados Unidos? Os fatos já não estão prescritos? Sem falar de outros detalhes mais técnicos. Basicamente, não contesto sua abordagem, aliás, eu a aprovo completamente. É exatamente o que eu teria feito se não tivesse sido encarcerado em Wyatt e tivesse tido a chance de me defender. Mas eis-me aqui, novamente preso. Como de costume, eu maldigo meus advogados, me enfureço, esbravejo e, como sempre, Stan faz o papel de ofendido: "Se você não seguir nossa orientação e pedir para ser julgado agora, o procurador Novick fará você ser condenado a dez anos!". Sempre a mesma ameaça! Fico furibundo por estar manietado desse modo, enquanto Kron está livre, sem que eu saiba sequer o que ele negociou em favor dele próprio com as autoridades estadunidenses. Stan tenta por todos os meios me convencer de que, mesmo que exista um acordo, ele não tem nada a ver com o meu caso. Diante de tanta má-fé, eu mesmo escrevi um e-mail, que meus advogados enviaram aos procuradores no dia 18 de agosto, para esclarecer tudo por mim mesmo.

O DOJ nunca me respondeu. Meu pedido, entretanto, é perfeitamente legal. É parte do que os estadunidenses chamam de *"Discovery"*, um procedimento que permite que alguém sob investigação reúna evidência de inocência para a sua defesa. Então manifesto a Stan minha surpresa com a reação do Departamento de Justiça, ou melhor, com sua falta de reação.

— É possível que exista esse acordo, ele me diz. Mas você jamais terá acesso a ele. O DOJ não tem obrigação de fornecê-lo a você e, se for um acordo confidencial, ele não tem o direito de fornecê-lo a você, aliás, ele sequer tem o direito de reconhecer a existência desse acordo.

— Tudo bem, mas pelo menos, se ele não existisse, o DOJ poderia ter me informado. Disso o DOJ tem direito, certo?

— Eles não te responderam e não podem mentir por escrito, então você pode tirar suas próprias conclusões...

Isso pouco adianta... Estamos no final de agosto, Clara e as crianças voltaram para a França. A separação é muito difícil. Não sei quando poderei ver minha família novamente.

RETORNO À FRANÇA

Eu me nego a ficar confinado nos Estados Unidos sem ter o direito de trabalhar, longe da minha família. Isolado. Por um período indeterminado. Não! É simplesmente impossível. Não importa a batalha processual que Hoskins começou, quero voltar para casa! Não quero mais dar ouvido a meus advogados. E pressiono-os a ampliar minha liberdade condicional o mais rápido possível.

Minha intransigência acaba surtindo efeito. Os procuradores concordam em aliviar a pressão. E essa negociação é fechada como todas as outras: a base de dólares. Eles acabam me autorizando a voltar para a França, com a condição de que eu aumente ainda mais o valor da minha fiança. Michael, o amigo de meu pai, que já havia generosamente colocado sua casa própria em fiança, deposita mais 200.000 dólares. Fico também proibido de viajar para fora da Europa (a não ser mediante autorização expressa de um juiz) e, de volta a Paris, devo enviar um e-mail para um oficial de condicional estadunidense uma vez por semana. Claro que aceito essas condições. Afinal, não tenho escolha.

Antes da minha partida, marcada para 16 de setembro, porém, devo cumprir uma promessa. A audiência de *sentencing* do meu ex-codetento Alex está marcada para o início do mês em Boston. Presumo que não vá haver muitas pessoas na sala para apoiá-lo e ele ficará feliz em me ver. Na verdade, éramos apenas três: o cônsul da Grécia, seu primo que fez a viagem de Atenas e eu. Quando Alex chega, algemado, ele me dá um grande sorriso. A audiência durará apenas trinta minutos. O procurador está se regozijando porque Alex ousou desafiá-lo indo a julgamento. Meu amigo, como todos os acusados, lê um texto preparado no qual pede perdão ao planeta inteiro. Mas a sentença já estava definida: cento e dois meses de prisão, o que corresponde a oito anos e meio. Um ano a mais do que Jack, seu co-acusado, que, contudo, era o líder da conspiração. Alex ficou arrasado. Contando os 54 dias por ano de remissão por bom comportamento, ele pode esperar sair em 2019. Um último olhar, um último aceno de mão e eles o levam. Em uma semana, estarei na França, enquanto Alex continuará na prisão.

Mas ainda não parti. As autoridades estadunidenses continuarão a me surpreender até o último momento. O DOJ tem um problema. Ele não consegue pôr-se em acordo com a Homeland Security (a segurança interna) sobre o tipo de visto que será preciso me conceder para quando eu retornar aos Estados Unidos para ser julgado. E eu com isso?

— Não é tão simples assim – explica Stan – Eles querem que você "assuma" o risco.

— Que risco?

— O risco de que eles não encontrem um dispositivo legal para intimá-lo a voltar aos Estados Unidos. Se eles não encontrarem a solução administrativa, irão apreender a fiança e você será considerado um fugitivo aos olhos do DOJ.

— Mas isso é uma loucura! O que posso fazer?

— Se você quiser sair, conforme previsto, no dia 16 de setembro, deverá assinar um documento reconhecendo que é sua responsabilidade e não deles, caso eles não consigam encontrar uma solução.

Minha situação é cada vez mais kafkiana. Antes de me decidir, preciso do consentimento de Linda e Michael, que estão diretamente implicados, pela possível apreensão da fiança. Quando lhes conto a situação bizarra em que estou novamente atolado, eles ficam simplesmente atônitos. Também peço o conselho de Jérôme Henry, o vice-cônsul de Boston, que fica estarrecido! Todos eles me encorajam a ir de qualquer maneira. "Vamos mobilizar a embaixada", Henry me promete.

Então está decidido: vou voltar para casa. Fico muito aflito com a ideia de entrar em um avião e ter que passar por verificações novamente. Temo que no último momento seja detido de novo... É só no momento da decolagem que finalmente consigo relaxar.

Desembarco em Paris no dia 17 de setembro de 2014. Quatrocentos e noventa e três dias se passaram desde minha prisão. Papai está lá para me receber. Zarpamos para casa. Chego a tempo de pegar minhas duas filhas na saída da escola. Guardarei por muito tempo a lembrança de seu espanto e seus olhos arregalados e surpresos ao me verem no portão. Com o passar dos dias, tento voltar à vida normal. Ou quase. Já não é a minha vida de antes. O que era natural, simples, trivial, já não é mais assim. Preciso me reprogramar, reaprender nossos hábitos familiares, reconquistar meu lugar de pai e de esposo. Será muito mais difícil do que o esperado. A prisão deixa marcas indeléveis. E agora sou pai e marido desempregado.

Em 2 de outubro de 2014, irei me inscrever no sistema nacional de emprego pela primeira vez na minha vida.

MEU ENCONTRO COM MATTHIEU ARON

Alguns dias atrás, ele me deixou um recado. Diz que quer entender o que aconteceu comigo e está tentando obter informações sobre a venda da Alstom para a General Electric. Fico muito desconfiado. Antes de concordar em conhecê-lo, procuro me informar a seu respeito. Minha irmã Juliette também. Ela me conta que já o ouviu muito no rádio, já leu livros seus e acha que ele é "sério"; mesmo assim, fico preocupado, estou em liberdade condicional, ainda não fui julgado, então vivo sob a ameaça constante de um possível retorno à prisão. Se os procuradores dos Estados Unidos descobrirem que estou conversando com a imprensa, temo que me façam pagar caro. Já se passaram três semanas desde que voltei do meu exílio estadunidense. Devia estar me sentindo feliz e aliviado, mas estou lutando para recuperar alguma aparência de serenidade. Vivo em constante sobressalto. Quando fui preso em Wyatt, inventei um código secreto para me comunicar com meus parentes. Tínhamos escolhido um livro. Com cerca de cinquenta personagens aos quais tínhamos atribuído números e letras. Graças a essa criptografia, eu acreditava poder trocar cartas "seguras". Mas o estratagema que bolei acabou se revelando quase impossível de memorizar, então nunca chegamos a utilizá-lo...

No momento, estou no mesmo estado de estresse. O que tenho a ganhar conhecendo esse jornalista? Será que ele não vai armar para cima de mim? Outros já haviam tentado entrar em contato comigo ou com Clara e, até o momento, nós os vínhamos rejeitando. Finalmente, embora ainda com medo de me arrepender mais tarde, acabei aceitando conversar com ele, em 9 de outubro de 2014.

Fui eu quem escolheu o local do nosso encontro: a praça do mercado no centro da parte antiga de Versalhes. Conheço o lugar. Então, posso verificar se ele trouxe algum fotógrafo escondido.

Bem, é visível que ele está sozinho. Mas continuo desconfiado. No momento em que o abordo, permaneço ao volante e, tão logo ele entra no carro, arranco sem nem mesmo cumprimentá-lo. Então, dou várias voltas no centro da cidade para checar se não tem ninguém nos seguindo, antes de seguir a toda velocidade para o Palácio de Versalhes. Meu plano era caminhar com ele pelos imensos jardins desenhados por André Le Nôtre, pois assim poderia flagrar mais facilmente uma eventual vigilância.

Foi nessas circunstâncias um tanto esdrúxulas – agora, que tudo já passou, eu me dou conta disso – que conheci Matthieu Aron (na época, um jornalista da France Inter). Ele não parecia se ofender com essa atitude bizarra, aliás, até parecia divertir-se. Nós passaríamos aquela tarde inteira perambulando juntos pelos jardins do castelo. Desde que deixei Wyatt, adquiri o hábito de fazer uma caminhada devagar, todos os dias, por longas horas. Isso me acalma e, além do mais, tenho a impressão de estar me exercitando... Então, caminhamos enquanto falo. No início, falo pouco, mas depois, um fluxo constante. Eu me libero em alguma medida. Com algumas perguntas, ele soube conquistar minha confiança, então acabo lhe contando tudo: a prisão, as correntes, a humilhação, meu desânimo, meus medos, a angústia de minha família, os bandidos, os gritos e... a Alstom. De forma desconexa, descrevo para ele como alguns mercados internacionais são conquistados por meio de propinas, como a hierarquia da empresa estabeleceu procedimentos para ocultar essas práticas e como ela me traiu. E abro o jogo: os estadunidenses nos armaram uma arapuca, manipularam Kron e o CEO preferiu entregar a empresa a encarar uma pesada sentença de prisão.

Logo percebo que Matthieu Aron já conhece parte da minha história e está ao corrente da venda forçada da Alstom para a GE. No entanto, a imprensa tem demonstrado admirável discrição sobre esse assunto. Apenas um pequeno artigo será dedicado ao meu caso. Sob o título "O malfadado executivo da Alstom", a jornalista Bruna Basini, do *Journal du Dimanche,* relatou em julho de 2014 como "o soldado Pierucci caiu na armadilha". Um relato que, à exceção da minha família e amigos, não tocará as multidões.

Matthieu Aron me confidenciou que foi alertado por uma fonte interna da Alstom. Um alto executivo, pertencente à direção da empresa, quis encontrá-lo e lhe revelou os bastidores jurídicos da operação. Segundo esse executivo, não resta dúvida de que Patrick Kron foi realmente forçado sob ameaça a vendê-la aos estadunidenses. E muitos outros funcionários da Alstom também estavam totalmente convencidos disso. Ele também conversou com alguns agentes políticos. Todos lhe manifestaram indignação com essa venda às pressas de uma das joias da indústria francesa. Então, por que a sirene de alarme ainda não foi acionada? Por um motivo infelizmente muito simples, ele me explica: nenhum de seus interlocutores aceita ser gravado. Ninguém aceita ser sequer mencionado.

Digo-lhe que, infelizmente, comigo também vai ser assim. Dada a minha situação legal, seria muito arriscado me expor. Eu lhe peço, inclusive, para manter nossa reunião sob silêncio, em segredo absoluto. Ele assume esse compromisso e honrará sua palavra. Foi assim que nasceu nossa colaboração. A partir de então voltaríamos a nos ver muitas vezes. Ambos, cada um em sua esfera de atuação, em busca de provas, de indícios que permitissem lançar luz sobre a guerra econômica travada pelos Estados Unidos contra a Alstom. Foi um trabalho demorado, que exigiu paciência. Muita paciência.

Pelo momento, nesse início de outubro de 2014, nós nos separamos ao cabo daquela longa caminhada. Matthieu tentará reunir testemunhos. Quanto a mim, também vou em busca de informações confidenciais ou documentos que permitam subsidiar nossa investigação, que agora se tornou comum.

Três semanas depois desse encontro, começo a me aprontar para retornar aos Estados Unidos. Minha autorização para ficar na França, limitada a oito semanas, está prestes a vencer. No último momento, nove dias antes da minha viagem, recebo uma mensagem de Stan: "Você pode ficar em seu país até 26 de janeiro de 2015". O processo contra Lawrence Hoskins foi adiado. Sou agraciado, portanto, com três meses sursis.

FALAR OU CALAR-SE

"Nunca seremos capazes de lhe oferecer um trabalho que corresponda à posição, ao nível de responsabilidade e à remuneração que o senhor tinha antes. Então o senhor terá que se defender sozinho". O funcionário do sistema nacional de emprego foi simpático e realista, e mesmo assim eu não lhe contei que tinha saído da prisão e que corria o risco de voltar e lá ficar por muitos anos! Estou, portanto, desempregado aos quarenta e seis anos de idade, sem poder me candidatar seriamente junto a uma empresa (porque estou em liberdade condicional), sem poder esconder meu passado (pois basta a qualquer recrutador, cliente ou parceiro digitar meu nome na internet para descobrir o meu drama jurídico), sem ter a possibilidade de viver da minha poupança (todas as minhas economias foram usadas na fiança) e com quatro filhos. Felizmente, Clara conseguiu um emprego em setembro, logo que voltou de Singapura.

 Ao invés de me deprimir, decido ganhar o pão com minha experiência, por mais apavorante que seja. Durante meses eu li, reli, analisei minuciosamente todos os casos submetidos ao FCPA e, durante meu período de condicional nos Estados Unidos, criei um banco de dados em que reuni milhares de documentos. Paralelamente, também estudei as leis anticorrupção francesas, inglesas, alemãs, suíças, espanholas e italianas. Ao cabo de uma rápida inspeção, percebo que na França, o mercado de consultoria de compliance (a saber, ética nos negócios) é dominado por empresas estadunidenses. Quer se trate de firmas de auditoria, de grandes escritórios de advocacia ou de agências de inteligência econômica, todos ou quase todos são anglo-saxões. Não há nada de extraordinário nisso. O mercado de compliance nasceu nos Estados Unidos e estes o tornaram um negócio global, como, aliás, tudo. Exceto pelo fato de que, neste assunto, trata-se de segurança nacional e soberania econômica. Basta olhar para a lista de empresas alvejadas pelo DOJ, seja Alcatel em telecomunicações, Total e Technip em petróleo, ou Alstom em energia. E com certeza isso é só o começo. Em setembro de 2014, uma página estadunidense "FCPA Blog" listava as empresas francesas em risco: Airbus, Sanofi, Vivendi, Société Générale... Grande parte das empresas do CAC 40[34] viviam, às vezes sem saber, sob a ameaça de investigações pelo FBI. E, no entanto, em 2014, nenhum dos principais escritórios de advocacia franceses tinha um departamento de compliance anticorrupção. Apenas duas associações – o *Cercle éthique des affaires* e o *Cercle de la Compliance* – tentavam proporcionar o devido suporte às empresas.

Apesar de meu pequeníssimo porte, resolvi embarcar na aventura, criando uma pequena estrutura de consultoria para empresas, com dois objetivos: primeiro, sensibilizar os dirigentes de empresas; depois, oferecer a eles diversos serviços, como ajuste de procedimentos, mapeamento de riscos e verificação da integridade de suas parceiras (distribuidores, intermediários, fornecedores, clientes etc.). Passei meses empenhado em criar minhas próprias ferramentas para ser o mais eficiente. No final de 2014, quando iniciei nesse setor, eu me impus mesmo assim algumas regras: não fazer intervenções públicas e não falar publicamente com jornalistas, que, agora que voltei para a França, me assediam de todos os lados. Também não fiz publicidade do meu novo trabalho (sem página na internet, sem propaganda). Claro que, nessas condições, é mais complicado angariar clientes, mas esse era o preço a pagar.

Por isso, também me proponho o objetivo de sensibilizar os líderes políticos para aprimorar a lei anticorrupção francesa. Não me conformo em ver nossas empresas sendo literalmente esbulhadas pelo tesouro dos Estados Unidos. Outros na Europa já haviam entendido o jogo antes de nós. Após o caso da British Aerospace, os britânicos promulgaram, em 2010, sua própria lei anticorrupção, a "UK Bribery Act". Então, por que na França não fazemos o mesmo após o caso Alstom? Nisso recebi

---

[34] CAC40 é um índice – o Cotation Assistée en Continu <cotação em monitoramento contínuo> – que reúne as quarenta maiores empresas do mercado de ações francês. N. T.

apoios eficazes: na linha de frente, Paul-Albert Iweins, ex-presidente da Ordem dos Advogados e associado, como Markus Asshoff, ao escritório Taylor Wessing. Paul-Albert será por dois anos um dos lobistas mais atuantes para alterar a regulamentação na França (por meio da lei Sapin 2, adotada em dezembro de 2016, que reforma as medidas anticorrupção); na sequência, Didier Genin, um de meus mais leais amigos, apresentou-me a Éric Denécé, um ex-oficial da inteligência militar que passou a trabalhar com inteligência econômica.

À frente do CF2R, (Centre français de recherche sur le renseignement <Centro Francês de Pesquisa sobre Informação>), Éric Denécé publicou, juntamente com a jornalista Leslie Varenne, em dezembro de 2014, um denso relatório de setenta páginas, cujo título é "L'affaire Alstom: racket américain et démission d'État" <O caso Alstom: extorsão estadunidense e demissão de Estado>[35]. Nele, os dois autores denunciam o argumento falacioso de Patrick Kron, a impotência do Estado francês, e manifestam sua preocupação com os riscos à independência do nosso país: "Em termos de turbinas para navios de superfície e para os submarinos nucleares da Marinha francesa – escreve Denécé – a General Electric, após ter absorvido o setor de energia da Alstom, tornou-se agora um fornecedor em situação de quase monopólio, o que tornará nossa frota de guerra altamente dependente do seu fornecimento. E, em termos de vigilância espacial, também vendemos a subsidiária Alstom Satellite Tracking Systems, que abastece nossas forças armadas, em particular o departamento de inteligência militar (DRM), e que contribui para a eficácia de nosso poder de dissuasão nuclear por meio da vigilância constante dos satélites aliados ou adversários"[36].

No final de 2014, Éric Denécé, que me assessora no meu caso, surpreende-se por eu ainda não ter sido contatado, desde que retornei à França, pela unidade de inteligência econômica de Bercy. Com minha anuência, ele alerta seus responsáveis. Seu interlocutor acreditava que eu ainda estivesse nos Estados Unidos... Para quem é um ás da inteligência, eles carecem ou de iniciativa ou de recursos! Mas enfim, pouco importa, fui imediatamente depois convocado ao Ministério da Economia

---

[35] Ver https://cf2r.org/recherche/racket-americain-et-demission-d-etat-le-dessous-des-cartes-du-rachat-d-alstom-par-general-electric/ (Consultado em 04 de setembro de 2021). N. T.
[36] Trecho de uma entrevista de Éric Denécé ao *L'Humanité* de 19 de julho de 2014.

para um interrogatório completo. Sou recebido pelo chefe do Serviço de Coordenação de Inteligência Econômica, acompanhado por um general do exército, pelo diretor do laboratório de pesquisas na área, Claude Rochet, e por um perito jurídico. Eles me confidenciam que perceberam claramente a manobra de desestabilização da Alstom pelo DOJ, mas faltava-lhes elementos-chave, que lhes forneci. Eu tornarei a vê-los em três ocasiões no intervalo de poucas semanas. Embora não me pareça que os alertas que eles me contam terem enviado ao Ministro a que se subordinam sejam muito úteis, pelo menos me sinto apoiado em minha luta e me faz um bem enorme saber que altos funcionários também entenderam a manipulação da qual fui vítima. Portanto, não sou nem louco nem um conspiracionista. Durante esse período, eu encontraria outros interlocutores motivados a divulgar a verdade, entre eles Marie-Jeanne Pasquette. Trata-se da editora-chefe do blog de informações "minoritaires.com", que defende os interesses dos pequenos acionistas das grandes empresas. Ela também fará uma investigação muito detalhada sobre a Alstom.

Já naquela época, pude observar que muitos especialistas em inteligência ou analistas econômicos tinham entendido perfeitamente a jogada da venda. Mesmo assim, as autoridades políticas permitiram que ela se consumasse. Em 4 de novembro de 2014, o conselho de administração da Alstom autorizou por unanimidade a assinatura do Master Agreement <Acordo Mestre> com a General Electric. No dia seguinte, o novo Ministro da Economia, Emmanuel Macron, que acabava de substituir Arnaud Montebourg (que havia deixado o governo batendo a porta), deu sua anuência à operação. Macron omitiu-se de exercer o poder de Estado de veto (o que lhe teria permitido bloquear esse investimento estrangeiro na França). Esse poder de Estado de veto é um dispositivo que foi conquistado a duras penas por seu antecessor. Ironicamente, algumas semanas depois, ele se oporá à venda da joia francesa de vídeos online Dailymotion à PWCC de Hong Kong, dirigida pelo magnata Li Ka-shing, defendendo uma "solução europeia". O mínimo que se pode dizer é que não temos a mesma visão das empresas estratégicas!

Para que a venda do ramo de energia da Alstom seja definitivamente consumada, falta agora validá-la na assembleia geral extraordinária de acionistas da Alstom, a ser realizada em 19 de dezembro de

2014. E é precisamente na manhã desse 19 de dezembro de 2014 que a France Inter divulga a primeira grande reportagem sobre os "subterrâneos da venda da Alstom", no horário nobre, poucas horas antes da assembleia geral a ser realizada nos salões do hotel Méridien Étoile, Porte Maillot, em Paris. Matthieu Aron finalmente convenceu um executivo sênior a falar, garantindo-lhe o anonimato. A citação é devastadora:

"Na cúpula da Alstom, todos sabem perfeitamente de que os processos judiciais movidos nos Estados Unidos contra a Alstom tiveram um papel decisivo na decisão de vender o ramo de energia", diz o executivo. E ele continua: "esses processos judiciais explicam tudo. É um segredo de polichinelo". A *France Inter* se ampara também nas declarações do vice-presidente da Comissão de Assuntos Econômicos da Assembleia Nacional, Daniel Fasquelle, deputado da UMP, um dos pouquíssimos parlamentares ciente do que está por trás desse dossiê: "O caso Alstom é um embuste inacreditável", diz o deputado. Ele prossegue: "Os franceses foram enganados. Não se salvou a Alstom sob nenhum ponto de vista e precisamos nos indagar sobre as dificuldades da Alstom nos Estados Unidos e os processos em andamento. A aquisição pela General Electric também foi uma maneira cômoda para a Alstom escapar da arapuca judicial em que a empresa caiu nos Estados Unidos". Lembro-me perfeitamente de ter ouvido esta reportagem na rádio em 19 de dezembro de 2014. Passava um pouco das sete horas, eu estava no carro, a caminho da Porte Maillot para assistir a assembleia geral da Alstom.

A ASSEMBLEIA DA IRA

Sei que não é razoável, mas por nada no mundo eu iria querer perder essa reunião. Tanto mais porque fizeram de tudo para me dissuadir de ir.

Quanto a mim, tentei ser o mais discreto possível, inscrevi-me no último minuto, há três dias, algumas horas apenas antes do encerramento das inscrições. Precaução risível e inútil. Fui detectado logo a seguir.

Na véspera, às 20h50, recebi um e-mail de minha advogada Liz Latif:

— Olá Fred, soubemos que haverá uma reunião dos acionistas da Alstom amanhã sobre o assunto GE. Na medida em que você deseja assistir, por favor, lembre-se de nossos conselhos: você não deve falar publicamente e o que você disser poderá ser utilizado contra você pelo DOJ.

Fiquei siderado com essa mensagem. Quem foi que alertou meus advogados? Manifesto minha surpresa para Liz:

— Grato pelos seus conselhos. Mas quem lhe pediu para me avisar? O procurador?

A resposta da minha advogada é imediata:

— Nós o alertamos por nossa própria iniciativa!

Parece que estou sonhando! Nem Stan, nem Liz, jamais tomaram qualquer iniciativa para me defender em dezoito meses... aliás, há semanas que não tenho qualquer notícia deles. E de repente eles tomam uma iniciativa! Como puderam saber que eu havia me inscrito se ninguém lhes tivesse prevenido?

— Liz, estou bastante surpreso. Presumo que essa assembleia geral não está na primeira página dos jornais dos Estados Unidos... Quem a avisou desse assunto? Acaso foi Patton Boggs, a banca de advogados que defende os interesses da Alstom? O DOJ?

E concluo irônico:

— Não se preocupe, não vou fazer nada que possa colocar em perigo a tomada do controle pela GE. Cordialmente, Fred.

Liz Latif não me responde. Nossa conversa eletrônica termina. São 2h48 da manhã. A assembleia geral começa em menos de oito horas.

Tomo cuidado de chegar cedo. O alerta dos meus advogados não me dissuadiu de ir, bem ao contrário. De qualquer maneira, eu jamais tive a intenção de me manifestar lá. Não sou louco, meço perfeitamente as consequências de um pronunciamento da minha parte. Não, o que desejo é olhar Patrick Kron e Keith Carr direto nos olhos, e desafiá-los silenciosamente. Eis por que, visto que toda discrição se tornou doravante supérflua, escolhi sentar-me na segunda fila, atrás do estado maior do grupo, bem no raio de mira do meu ex-CEO.

Reconheço à minha volta os representantes dos acionários majoritários, Bouygues e Amundi. Há também os conselhos dos grandes fundos de investimentos e principalmente, em grande número, particulares proprietários de poucos títulos, frequentadores desse tipo de reunião, em sua maioria já idosos. Mal a assembleia geral começa, meu celular vibra no meu bolso. É a vez de Stan me enviar um SMS: "Não faça nada que possa colocá-lo em perigo!" São precisamente 10h32 em Paris, quer dizer, 4h32 em Nova Iorque. No meio da noite, Stan está portanto alerta. Ele também deve estar sob pressão cerrada. Não lhe respondo nada por enquanto e me concentro sobre as primeiras palavras de Patrick Kron.

Na tribuna, terno azul escuro, gravata em listras madrepérola e lilás, sentado em uma confortável poltrona de couro branco, ele está cercado por Kareen Ceintre, a secretária do conselho de administração, e Keith Carr, o diretor jurídico do grupo e membro do conselho executivo. Keith logo me viu e não deixará de me olhar durante toda a assembleia geral, de medo que eu me levante para tomar a palavra. Tenho certeza de que ele tem a ver com o SMS que Stan acabou de me enviar.

Hoje o CEO deverá expor todos os detalhes da venda à General Electric. Certamente, o conselho de administração já deu sua anuência, e graças aos acionistas majoritários, o voto já foi conseguido previamente. Aliás, muitos já se pronunciaram pela Internet, nos dias anteriores, antes mesmo de Kron ter feito sua exposição. Mas o grande chefe não poderá se contentar, como quando de suas entrevistas para a imprensa, com aproximações ou declarações de princípio. O documento de referência remetido aos participantes é bem preciso. E, ao longo de sua leitura, um bom número de acionistas ou representantes dos funcionários deve ter caído para trás. Contrariamente a tudo o que foi dito até o momento na mídia, tanto por parte da Alstom, quanto da General Electric, fica nítido que os Franceses simplesmente deram as chaves da empresa para os estadunidenses. A pseudo "aliança", tão aclamada pelos nossos responsáveis políticos, não passava de ilusão. Era apenas uma encenação destinada a enganar a opinião pública. O acordo que foi assinado não era uma parceria 50/50. De fato, nos dois primeiros empreendimentos conjuntos (Redes e Hidráulica), a Alstom detém 50 % menos uma ação. Claro que o poder pertence à GE que, além disso, nomeia os diretores financeiros. Para o terceiro empreendimento conjunto, a encarregada do setor nuclear, o arranjo é mais complexo. Face aos interesses estratégicos em jogo, o Estado francês quis ser representado para ter um direito de veto. Mas isso no fundo não muda nada, já que a GE é majoritária em termos de ações (80 %) e de direito de voto. Definitivamente, nos três empreendimentos conjuntos, a estadunidense detém todos os poderes: organizacionais, estratégicos e financeiros. Ademais, está previsto que, no intervalo de setembro de 2018 a setembro de 2019, a Alstom possa revender sua parte nos empreendimentos conjuntos por um preço garantido[37]. Tudo se passa como se um desengajamento da Alstom no setor de energia já estivesse programado. Aí está o que é na realidade a "aliança" tão aclamada pelos nossos governantes.

Patrick Kron anunciou ainda que a Alstom está concluindo um acordo com o DOJ. A sociedade finalmente decidiu declarar-se culpada e aceitar pagar uma multa. O DOJ fixou o montante: cerca de 700 milhões de euros. Mas uma vez mais o arranjo final discrepa das previsões. O DOJ recusa que essa soma gigantesca seja paga pela GE. Essa multa deverá então ser paga pela Alstom (ou pelo que restará dela). Em si isso não me espanta nem um pouco. Eu sempre considerei que essa parte do acordo era ilegal. O que é assaz surpreendente é que as autoridades estadunidenses não tenham dado a conhecer sua desaprovação já muito

---

[37] A Alstom venderá suas participações em outubro de 2018.

antes. Por seu silêncio, elas se tornaram cúmplices da mutreta urdida pela GE e pela Alstom, que, na realidade, tinha um único propósito: descartar a Siemens.

Mas tem mais. Visto que a Alstom vai ter que desembolsar 700 milhões de euros a mais, é lógico que o preço da compra de 12,35 bilhões de euros, negociado em junho, deveria, então, ser aumentado pelo mesmo valor a fim de não penalizar a sociedade francesa. No entanto, contra todas as expectativas, Patrick Kron revela que o preço da cessão permanecerá o mesmo. E para se justificar, ele utiliza um argumento que nem uma criança de cinco anos engoliria: a GE vai comprar alguns ativos da Alstom por um valor em torno de 300 milhões. Quanto aos 400 milhões restantes, bem, o CEO os considera coisa de somenos. "Eles se inscrevem, diz ele, nos 3% da margem de ajuste clássica em um *deal* dessa envergadura". Um comentário que suscita algumas reações na assembleia. "O senhor está misturando alhos com bugalhos", irrita-se Marie-Jeanne Pasquette dos minoritaires.com, que denuncia "um verdadeiro truque de ilusionismo". Em poucos minutos os pequenos acionistas se deram conta de que, na realidade, a Alstom perdeu... cerca de 1,4 bilhões de euros: os 700 milhões de multa, mais os 700 milhões que a GE não pagará. E a cereja do bolo, o conselho de administração propõe conceder a Patrick Kron um bônus excepcional de 4 milhões por ter conduzido bem a negociação. Os estadunidenses devem estar morrendo de rir!

Foi difícil me conter. Tive vontade de levantar e gritar minha fúria. Quatro milhões de bônus por ter vendido um florão da indústria francesa! Quatro milhões por ter permitido que um sistema de corrupção prosperasse por dez anos! Mas em qual outro país além da França uma tal aberração poderia acontecer? Entre nós, a consanguinidade no seio dos conselhos de administração é tamanha que todo mundo se cala. Exatamente o contrário da Alemanha, onde, em 2008, o emblemático chefe da Siemens foi demitido como um amaldiçoado depois de ter sido acusado por sua própria empresa, quando ela teve que pagar uma multa de 800 milhões ao DOJ. Mas aqui na França damos um bônus a Kron. E isso não incomoda ninguém. Nenhuma reação da imprensa especializada, nenhuma reação em Bercy ou do governo, nenhuma reação dos fundos majoritários, nenhuma reação da Bouygues, a principal acionista da Alstom, nenhuma reação sequer da AMF (Autoridade dos mercados financeiros) <Autorité des marchés financiers>. Apenas alguns poucos acionistas pequenos reclamam.

O primeiro a passar ao ataque, um certo Bulidon, que perturba as assembleias gerais já há mais de dez anos. Ele não usa luvas: "vou ser muito agressivo, vou votar contra essa resolução porque ela representa a venda de dois terços das nossas atividades". E Bulidon prossegue cada vez mais ácido: "vocês sempre prometeram jamais vender a Alstom aos pedaços, por departamentos, e no entanto é isso o que vocês estão pedindo que seja aprovado hoje". Aí ele dá o golpe: "em gratidão por uma 'tão bela operação', o conselho de administração o agracia com um bônus de 4 milhões de euros! Senhor Kron, se o senhor tiver alguma consciência profissional, renuncie a esse bônus e solicite sua demissão!". Como resposta, Patrick Kron limita-se a esboçar um meio-sorriso. À frente do grupo há mais de dez anos, ele já viu e ouviu muitas dessas. Mesmo assim, ele precisa reconhecer que o sr. Bulidon, apesar de muito irritado, não está errado: "os empreendimentos conjuntos são o que são, admite. Eles estão descritos para os senhores no documento de apresentação. Isso dito, sim. Sim, o controle operacional será da GE, mas é indispensável... É normal". O CEO reconhece então sem dourar a pílula que ele está vendendo e que é "normal" que o comprador controle o que comprou. Nada mais natural. Mas se é assim, por que ocultar essa verdade até o momento da assembleia? Um investidor de mercado, René Pernollet, toma o microfone: "ouvi esta manhã no rádio (na pesquisa feita por Matthieu Aron na rádio France Inter) que as persecuções judiciais estadunidenses tinham desempenhado um papel em sua decisão de vender. É isso mesmo, senhor CEO?

— OK, OK., resmunga Patrick Kron, estou sempre sujeito a ser atacado, mas se entramos nesse *deal* com a GE foi porque havia o risco de uma tempestade. – A seguir, voltando a se fazer de benevolente, continua: "não queimem pestana para tentar encontrar argumentos que não existem. É um bom negócio. E esse tipo de masoquismo é terrível!"

De quem ele está falando? Desse investidor que faz uma pergunta natural? Ou dele próprio, que tenta nos fazer acreditar que seria bom nos prejudicar desfazendo-nos da nossa atividade térmica que é de longe a mais rentável? A alguns metros de mim vejo Claude Mandard, que representa o fundo de investimento reservado aos funcionários da Alstom.

À sua maneira, calmo e metódico, ele faz uma acusação: "É um imenso desperdício industrial. Além do mais, o senhor fez negociações secretas. Se não fosse uma indiscrição desvelada pela imprensa, todo mundo teria sido apresentado ao fato consumado". Desta vez foi demais, Kron perde o controle. E fulmina: "Em primeiro lugar, foi o vazamento para a imprensa, isso sim, nos ferrou! Sim, foi uma bela duma merda! Parem de pensar que estávamos armando pelas costas de todo mundo a hold-up do século!". O acesso de raiva não aplacou a ira dos pequenos acionistas. As perguntas continuam, umas em tom mais acusador que as outras. O CEO então pega sua calculadora: "a venda da Alstom, explica, vai nos trazer 12,35 bilhões. O que precisamos subtrair do caixa, o nosso investimento nos empreendimentos conjuntos <joint ventures>, a operação de recompra de ações, o pagamento da multa que virá às autoridades americanas... ". Ele não teve tempo para concluir. "Pare com essas suas deduções", interrompe bruscamente um novo interlocutor. "Diga simplesmente o que vai sobrar no caixa da Alstom!".

Eu mesmo já havia me feito essa pergunta. E o resultado é simplesmente assustador, visto que montante chega a... zero. Cedemos um florão industrial mundial e ficamos apenas com algumas migalhas. Para entender bem, é preciso examinar cada elemento, um após outro. O preço de venda eleva-se efetivamente a 12,35 bilhões. Mas desses 12,35 bilhões, é preciso retirar a tesouraria (1,9 bilhão), o investimento nos empreendimentos conjuntos (2,4 bilhões), os ganhos de capital destinados aos acionistas (3,2 bilhões), não esquecer dos 3 bilhões de dívida a saldar, contabilizar a aquisição do ramo de sinalização ferroviária da GE (0,7 bilhões), e finalmente levar em conta o pagamento da multa ao DOJ (0,7 bilhões). Claro que no final a sociedade quitou suas dívidas, mas o saldo é quase nulo![38]

Nulo! Esse é o termo adequado para traduzir a operação, que é sem dúvida uma das mais absurdas do mundo industrial nos últimos anos. Nula e escandalosa. Pois mesmo que Patrick Kron se defenda, denunciando "teorias absurdas e complotistas", são as persecuções estadunidenses que estão na origem da decomposição da Alstom. Aliás, durante a assembleia geral, ele não para de ser interpelado sobre isso. Ele foi questionado diretamente até mesmo sobre meu longo período

---

[38] Esse cálculo foi feito pelo próprio Patrick Kron na assembleia geral em junho de 2015.

de detenção nos Estados Unidos. Prudente, o CEO prefere se refugiar atrás de seu dever de discrição. "O dossiê estadunidense ainda não está encerrado, portanto é impossível que eu faça qualquer comentário sobre isso, é estritamente impossível". Nesse instante, Jean-Martin Folz, um dos membros do conselho de administração, acha conveniente intervir. Ele é próximo de Patrick Kron, os dois se conheceram em um empreendimento comum no seio da Péchiney. Além disso, Jean-Martin Folz preside, desde 2011, o comitê de ética da Alstom. Com ar indignado, tom grave, ele denuncia acusações sem fundamento:

"As operações reveladas pelo DOJ nos Estados Unidos são antigas, bem antigas mesmo. Elas não dizem respeito ao conselho de administração atual. Desde que está à frente da Alstom, Patrick Kron fez de tudo para que a empresa adotasse um comportamento para lá de adequado. Há dez anos que ele realmente faz tudo nesse sentido".

Três dias mais tarde, o presidente do comitê de ética da Alstom vai ser desmentido da maneira mais vexatória que se possa pensar.

A CONFERÊNCIA DOS PROCURADORES DO DOJ

Esse evento também, eu não teria perdido por nada no mundo. Eu não o assisti ao vivo, mesmo assim, as imagens são impressionantes. Em 22 de dezembro de 2014, 72 horas após a assembleia geral extraordinária da Alstom, a hierarquia judiciária estadunidense convoca uma espetaculosa coletiva de imprensa. Dezenas de jornalistas acorreram à chamada e as estações de televisão estadunidenses também marcaram presença. As imagens serão então transmitidas para todo o mundo por meio de plataformas de mídia social. Uma câmera segue a entrada na sala de conferências do vice-procurador-geral James Cole, que está acompanhado por Leslie Caldwell[39], chefa da

---

[39] Antes de ser indicada para o cargo pelo então presidente dos EUA Barack Obama, em 2014, Caldwell era sócia do escritório de advocacia Morgan Lewis, considerado o maior escritório de advocacia a trabalhar para a indústria eletronuclear nos EUA. Após deixar o posto, em 2017, passou a atuar no escritório de advocacia Latham & Watkins, apresentando-se como "advogada de crimes de colarinho branco reconhecida nacionalmente, aconselha empresas, executivos individuais e equipes que enfrentam crises ou investigações governamentais" (https://www.lw.com/people/leslie-ragon-caldwell - consultado em 26/02/2022). Caldwell também manteve vínculos de cooperação com agentes do Ministério Público brasileiro no âmbito da Operação Lava Jato. Em fevereiro de 2015, o então Procurador Geral da República Rodrigo Janot viajou para os EUA, onde se encontrou com ela. Na ocasião, ele se recusou a informar à imprensa brasileira o teor dos assuntos tratados no encontro: "Silêncio profundo agora", limitou-se a dizer. Cinco meses depois, seria deflagrada a operação Radioatividade, que encarceraria o Almirante Othon Pinheiro, então diretor-presidente da Eletronuclear, subsidiária da Eletrobrás focada em tecnologia nuclear. A operação ocasionou a interrupção da construção da usina de Angra 3 e paralisou o projeto nuclear brasileiro. Ver a respeito GGN: "Lava Jato Lado B: Como a Petrobras foi parar no banco dos réus nos EUA" (em: https://jornalggn.com.br/noticia/lava-jato-lado-b-como-a-petrobras-foi-parar-no-banco-dos-reus-nos-eua/ - publicado em 08/08/2020; consultado em 26/02/2022; O Cafezinho: "Como a Prisão do Almirante Othon Serviu

Divisão de Assuntos Criminais do Departamento de Justiça. Essa experiente profissional dirige um exército de 600 procuradores. As duas autoridades, de semblante grave, compenetrado, cientes de que estão participando de um momento histórico, postam-se diante de um atril. Uma enorme bandeira estadunidense, símbolo da onipotência dos Estados Unidos, está ao fundo. James Cole foi o primeiro a se dirigir aos jornalistas:

— Estamos aqui para colocá-los ao corrente de uma decisão histórica que marca o fim de uma década de corrupção internacional. Um esquema de corrupção foi posto em prática e depois dissimulado por uma empresa multinacional francesa: a Alstom.

E o magistrado continua, um pouco arquejante, impressionado, ao que parece, pelo alcance do que está prestes a anunciar.

— Hoje, essa empresa admite que, de 2000 a 2011, subornou funcionários de governo e falsificou registros contábeis para fechar projetos industriais mundo afora. A Alstom e suas subsidiárias se valeram de propinas para obter contratos na Indonésia, Egito, Arábia Saudita, Taiwan e Bahamas. No total, a Alstom desembolsou 75 milhões de dólares em propinas para faturar 4 bilhões em projetos que lhe renderam 300 milhões em lucros.

A seguir, James Cole se arvora paladino da moralidade:

— Tamanha falta, tão rasteira e flagrante, exige uma resposta forte da lei. Posso anunciar-lhes que hoje mesmo o Departamento de Justiça abriu uma investigação criminal contra a Alstom, que é acusada de ter violado o dispositivo anticorrupção da FCPA ao falsificar seus registros contábeis[40].

aos Interesses dos EUA" (em: https://www.ocafezinho.com/2022/02/07/como-a-prisao-do-almirante-othon-serviu-aos-interesses-dos-eua/ - publicado em 07/02/2022; consultado em 26/02/2022); G1 - Globo: "Investigação de corrupção na Petrobras leva Rodrigo Janot aos EUA" - em: https://g1.globo.com/jornal-nacional/noticia/2015/02/investigacao-de-corrupcao-na-petrobras-leva-rodrigo-janot-aos-eua.html - publicado em 09/02/2015; consultado em 26/02/2022). Ainda enquanto chefa da Divisão de Assuntos Criminais do DOJ, coube a Caldwell também anunciar a multa de 205 milhões de dólares que a Embraer pagaria ao DOJ, também por força do FCPA, também após ver preso um de seus executivos e também antes de ser vendida à Boeing. Esta operação de venda acabou sendo desfeita posteriormente, por iniciativa da última. Ver a respeito *DW*: "*Embraer paga US$ 206 milhões para encerrar caso de corrupção*" (em: https://www.dw.com/pt-br/embraer-pagará-us-206-milhões-para-encerrar-caso-de-corrupção/a-36144522 - publicado em 24/10/2016; consultado em 14/05/2022); e G1 - *JN*: "*Boeing desiste de comprar parte da Embraer*" (em: https://g1.globo.com/jornal-nacional/noticia/2020/04/25/boeing-desiste-de-comprar-parte-da-embraer.ghtml - publicado em; consultado em 14/05/2022). N.T.

[40] O DOJ só abriu formalmente uma investigação no dia em que a empresa se declarou culpada. Assim, as acusações imputadas correspondem exatamente aos atos dos quais a empresa se declarou culpada. Desse modo, o DOJ pôde se vangloriar de uma taxa de sucesso de 100%.

E finalmente, o jurista anuncia a tão esperada decisão:

— Para pôr fim aos processos que pesam sobre ela, a Alstom aceitou declarar-se culpada dessas acusações. A empresa admitiu seu comportamento criminoso e concorda em pagar uma multa de 772 milhões de dólares, a mais pesada multa já imposta na história dos Estados Unidos em um caso de corrupção.

Em questão de segundos, esse procurador estadunidense acaba de aniquilar, de reduzir a pó toda a defesa de Patrick Kron e de seu conselho de administração. Os investigadores estadunidenses não fizeram arqueologia forense. Eles não centraram suas investigações exclusivamente em fatos "antigos, e até muito antigos", como havia dito o presidente do comitê de ética do grupo, Jean-Martin Folz, há três dias na assembleia geral. Não, o DOJ investigou a última década (2000-2011) e Patrick Kron preside os destinos da Alstom desde o início de 2003. Ele é, portanto, totalmente responsável. Na imensa maioria dos casos, era a subsidiária suíça, a Alstom Prom, a incumbida da missão de pagar os intermediários. E o FBI conseguiu ter acesso a todas as transferências bancárias, que estão detalhadamente repertoriadas na peça de acusação. Diante dessas provas incontestáveis, a Alstom Prom, bem como a controladora Alstom SA, não tiveram outra opção senão se declararem culpadas. E concordar em pagar a multa gigantesca que lhes foi infligida. Duas outras entidades do grupo, Grid e Power, se saem um pouco melhor. Elas conseguiram fechar um Acordo de Procuradoria Diferenciado (Deferred Prosecution Agreement). Elas se comprometem a fazer uma faxina em suas fileiras e implantar um programa anticorrupção eficaz nos próximos três anos. Ao cabo desse período, se o DOJ considerar que a meta foi atingida, elas ficarão definitivamente isentas de sanções penais.

Durante essa conferência de imprensa, James Cole alude em várias ocasiões a um ponto fundamental do arquivo. Ao contrário do que Patrick Kron sempre sustentou com veemência, "a Alstom não implementou controles internos adequados".

Para falar claramente, se, na aparência, a Alstom afetava uma política irrepreensível, nos bastidores, os piores hábitos continuavam na mais absoluta opacidade. Seu programa de *compliance* era uma fachada. E esse sistema, ainda segundo James Cole, não era mero fruto de negligência ou desvios individuais, mas foi bem planejado, codificado e industrializado.

— É um sistema de tirar o fôlego por sua amplitude e suas consequências para o mundo inteiro. A corrupção dentro da Alstom foi perpetrada por mais de uma década e operava em vários continentes.

Por fim, o vice-procurador-geral, em um derradeiro pronunciamento, lança uma advertência muito mais geral:

— Permitam-me ser claro: a corrupção não tem lugar no mercado mundial. Com essa decisão, enviamos um sinal inequívoco para as empresas no mundo inteiro.

A mensagem é cristalina: os Estados Unidos assumem e reivindicam plenamente seu papel de super polícia do planeta na luta contra a corrupção. James Cole também agradece às autoridades suíças, sauditas, italianas, indonésias, inglesas, cipriotas e taiwanesas que aceitaram colaborar com o FBI. Ele não esquece ninguém. Apenas um país está faltando: a França. E, no entanto, em 7 de novembro de 2007, uma investigação, revelada pelo Wall Street Journal, foi iniciada em Paris visando "suborno passivo e ativo de funcionários públicos estrangeiros". Mas os juízes – sei lá o porquê – jamais pareceram realmente interessados nela. Então, em 2013, a procuradoria abriu igualmente uma segunda investigação judicial, também sobre corrupção, envolvendo a Alstom na Hungria, Polônia e Tunísia. Mas, novamente, o arquivo emperrou.

Já em Washington, esses casos fascinaram os juristas. Os procuradores imediatamente aproveitaram a oportunidade para fisgar mais uma multinacional francesa, depois da Total, Alcatel e Technip.

No total, as multas impostas a essas quatro grandes empresas francesas abasteceram os cofres do tesouro estadunidense com a cifra de 1,6 bilhão de dólares. Se acrescentarmos a multa extraordinária de 8,9 bilhões infligida ao BNP em 2014, por violação de embargo, a nota de 787 milhões de dólares que o Crédit Agricole teve que liquidar em 2015, ou ainda o bilhão de dólares pagos em 2018 pelo Société Générale, o valor ultrapassa 12 bilhões de dólares. Ou seja, um montante superior ao orçamento anual do judiciário na França. Imagine por um momento o que o Estado poderia fazer com 12 bilhões de dólares. Vejamos um exemplo: o "Grande Plano para Erradicar a Pobreza" apresentado por Emmanuel Macron em setembro de 2018 é de 8 bilhões de euros...

Voltemos a Washington. Ao longo da conferência-espetáculo que orquestraram, os procuradores se revezam na tribuna. Agora é a vez de

Leslie Caldwell, a incorruptível funcionária do Departamento de Justiça, fazer alguns esclarecimentos sobre as investigações conduzidas por suas tropas. Na Arábia Saudita, no âmbito do projeto Shoaiba, uma usina termoelétrica construída nas margens do Mar Vermelho (cuja segunda fase foi lançada em 2004 – portanto, bem depois da chegada de Patrick Kron à chefia da Alstom), a empresa pagou 49 milhões de dólares por baixo dos panos e lançou mão de uma rede sofisticada de consultores externos que receberam codinomes "Paris", "Genebra", "Londres", "Homem quieto" ou "Velho amigo", cuja missão era pagar comissões generosas aos funcionários da Saudi Electricity Company. O grupo também fez, sem hesitar, doações a uma fundação de amparo à... educação islâmica. No Egito, de 2003 a 2011, a Alstom distribuiu propinas para obter contratos da Egyptian Electricity Holding Company (EEHC) subornando o diretor geral Asem Elgawhary da empresa conjunta que a EEHC havia criado com a estadunidense Bechtel (a qual, por seu turno, não foi minimamente importunada...). E nas Bahamas, na esperança de vender equipamentos, um consultor contratado pela Alstom corrompeu um membro do conselho de administração da Bahamas Electricity. Finalmente, entre 2001 e 2008, a Alstom admitiu ter pago propinas a funcionários públicos taiwaneses para obter contratos relacionados ao metrô de Taipei.

Durante esta coletiva de imprensa, Leslie Caldwell também se preocupou em justificar o valor da multa recorde imposta à empresa:

— A Alstom está pagando um preço histórico por causa do seu comportamento criminoso. Esta empresa não só não divulgou voluntariamente suas irregularidades, como também se recusou a cooperar efetivamente durante os primeiros anos da investigação.

Por fim, Caldwell pronuncia uma frase que não me sai da cabeça desde então:

— Foi só depois de processarmos os executivos da Alstom que a empresa finalmente passou a cooperar.

Eis aí evidente a confissão. A alta funcionária do DOJ reconhece publicamente que fui usado como meio de pressão sobre minha empresa. Portanto, eu não estava nem louco nem paranoico. De fato, fui usado como um simples espantalho para assustar a administração da Alstom e coagi-la a colaborar com o FBI. Há muito o que dizer sobre esse sistema de justiça que, para fazer seus magníficos *deals*, usa indivíduos como se fossem meros peões. Mas mais escandalosa ainda é a atitude da minha empresa, já que, de acordo com Leslie Caldwell, a Alstom, contrariamente ao que alegava, "recusou-se a cooperar efetivamente". Então, por que não fui avisado, em abril de 2013, sobre os riscos que eu corria ao voar para os Estados Unidos? Por que Keith Carr me jogou na cova dos leões? Lembro-me perfeitamente das palavras proferidas poucos dias antes de minha partida:

— Você não tem nada a temer, está tudo sob controle.

Como interpretar a atitude que ele teve naquela noite em Singapura? Será que ele me sacrificou deliberadamente, me "dando", por assim dizer, ao DOJ? Ou ele foi um incompetente crasso, acreditando que tinha conseguido ludibriar os estadunidenses? Há muito tempo que me faço essa pergunta. E claramente me inclino para a segunda hipótese. Acho que eles são mais imbecis do que diabólicos. Mas talvez eu esteja enganado...

Ao ouvir Leslie Caldwell eu também me pergunto: o que teria acontecido se a Alstom tivesse adotado outra estratégia em relação ao DOJ? Como teria ficado o âmbito judicial se em 2010 a cúpula da empresa tivesse assumido os erros? Sei que nunca é bom reescrever a história, mas é razoável colocar três probabilidades: 1 - a multa teria sido definitivamente menor; 2 - o grupo não teria ficado tão desestabilizado; 3 - o DOJ não teria precisado me prender. Convém lembrar que os estadunidenses não efetuaram nenhuma prisão nos casos Marubeni, Total, Technip, British Aerospace... e em muitos outros casos similares ao da Alstom.

Sim, o cenário poderia ter sido totalmente diferente.

E até essa data continuo sem saber o que Matthieu Aron irá descobrir durante sua investigação jornalística. Ele conseguirá obter as confidências de Fred Einbinder, o ex-diretor jurídico da Alstom. O advogado estadunidense residente na França por cerca de trinta anos chefiou primeiro atividades jurídicas da Vinci, antes de passar a exercer as mesmas funções na Alstom. Aí, foi mantido no cargo até o final de 2010, quando foi afastado para ceder lugar a Keith Carr.

De acordo com Fred Einbinder, os verdadeiros dissabores jurídicos da Alstom remontam a meados dos anos 2000. Foi na Suíça que a máquina de corrupção começou a dar errado. Em 2004, auditores financeiros da KPMG trabalhando para a Comissão Bancária Suíça auditaram o Tempus Privatbank AG, um pequeno banco privado. Seu diretor, Oscar Holenweger, foi posto em prisão preventiva sob suspeita de lavagem de dinheiro para os cartéis de drogas sul-estadunidenses. Durante uma busca na casa de sua secretária, os investigadores descobrem que Oskar Holenweger também está canalizando fundos para a Alstom para Lichtenstein, Singapura, Bahrein e Tailândia. As transações são registradas à mão para evitar conservar vestígios nos computadores.

Os suíços investigarão por vários anos, antes de se interessar mais de perto pela subsidiária suíça do grupo. Eles também passam informações para países amigos: França, Inglaterra e Estados Unidos. Enquanto em Paris a investigação iniciada em 2007 permanecerá paralisada, em outros lugares a situação é bem diferente. Na Suíça, cinquenta agentes do Ministério Público da Confederação e da Polícia Judiciária Federal começam por empreender uma maré de buscas em Baden, na região de Zurique, e na Suíça central. Os suíços chegam ao ponto de fazer uma chamada de testemunhas, criando um número telefônico especial para coletar denúncias contra a Alstom[41]. Na Inglaterra, os detetives da SFO[42], a unidade anticorrupção britânica, desferem um duro golpe em 24 de março de 2010. Nome de código para esta operação no Reino Unido: Rutênio, um metal da família da platina, conhecido por ser muito resistente, mas que pode ser quebradiço em temperatura ambiente. E para "quebrar" a Alstom, os policiais britânicos adotam meios de monta. Eles mobilizam 150 inspetores e invadem as casas de três dirigentes da subsidiária britânica do grupo: seu diretor, seu diretor financeiro e seu diretor jurídico (que, no dia seguinte à custódia policial, morrerá de

---

[41] O Ministério Público da Suíça atuou em estreita parceria com o Ministério Público brasileiro no âmbito da Operação Lava Jato. Há fortes indícios de corrupção e ilegalidades na colaboração entre os dois órgãos, como foi revelado pelas reportagens que ficaram conhecidas como Vaza Jato e, mais tarde, pelos documentos divulgados da assim chamada Operação Spoofing da Polícia Federal do Brasil. Ver a respeito: <conjur.com.br/2019-mai-25/procurador-suico-acusado-reunioes-ilegais-lava-jato; <conjur.com.br/2021-fev-19/midia-suica-noticia-cooperacao-ilegal-procuradores-lava-jato>; <noticias.uol.com.br/politica/ultimas-noticias/2021/02/24/para-lava-jato-contratar-procurador-suico-renderia-docs-da-investigacao.htm>; <noticias.uol.com.br/colunas/jamil-chade/2021/01/29/cerebro-da-lava-jato-na-suica-sugeriu-que-petrobras-o-contratasse.htm (Consulta feita em 12/09/2021). NT.

[42] Serious Fraud Office (SFO) é um órgão estatal britânico dedicado à investigação de crimes de colarinho branco. Cf. https://www.sfo.gov.uk (consultado em 12/09/2021). N. T.

um ataque cardíaco). Finalmente, ainda na mesma época, desta vez nos Estados Unidos, os procuradores do DOJ aderem à caçada.

No final dos anos 2000, as autoridades estadunidenses, suíças e britânicas decidiram realizar suas investigações em coordenação. Os suíços passaram a investigar contratos assinados na Letônia, Tunísia e Malásia. Os britânicos se concentraram na Índia, Polônia e Lituânia. Os estadunidenses, por seu turno, que têm a possibilidade de investigar onde bem entenderem graças à sua lei extraterritorial, ficaram com "o resto do mundo". Isso sem falar dos italianos que, a exemplo dos brasileiros, também iniciaram processos contra a Alstom e, por fim, o Banco Mundial, que enquadra o grupo como suspeito de corrupção em um contrato na Zâmbia. Fred Einbinder, Diretor Jurídico da Alstom, lembra a atmosfera que reinou durante esse período na sede em Levallois: "Tínhamos a impressão de estarmos cercados por todos os lados". E este advogado por formação avançará de descoberta em descoberta: "Por causa da minha posição, pude ter acesso ao processo suíço e passei em revista todos os contratos. Eu os lia e relia durante seis a oito horas por dia. Tive que analisar de 100 a 150 contratos. Estimo que todos os contratos foram ganhos por corrupção, seja de pequeno, médio ou grande porte". Para lidar com este tsunami judicial, o diretor jurídico criou uma força-tarefa de consultores jurídicos e advogados. Eram tantos que, para se orientar e poder organizar uma cooperação eficaz entre eles, ele precisa traçar um organograma. O documento data de 26 de novembro de 2010. Inclui nomes de advogados ingleses, suíços, brasileiros, estadunidenses, franceses, poloneses e italianos. No total, eram 39 a trabalhar nos casos de corrupção da Alstom. Mas a maioria dos executivos como eu de nada sabia naquela época.

Fred Einbinder lembra que, "do lado francês, era bastante complicado. Tínhamos vários advogados para a empresa, mas logo um deles, Olivier Metzner (um advogado de proa, já falecido), passou a ter ascendência sobre os outros. Havia reuniões de trabalho em seu escritório. Isso me preocupava, pois Metzner também era advogado não oficial de Patrick Kron e para mim havia um grande risco de conflito de interesses".

Mas Fred Einbinder tem outras preocupações. E ele tem uma obsessão específica que se transforma em pesadelo: a investigação estadunidense. Formado nos Estados Unidos em empresas especializadas em *compliance*, ele está plenamente ciente do poder de fogo do DOJ e de seus métodos.

"Eles entraram em contato conosco no primeiro trimestre de 2010. A mensagem era simples: você é um *target* (um alvo). Para falar sem rodeios, ele nos informou de que estávamos sendo investigados e nos convidaram a cooperar".

Essa é uma das características dos estadunidenses. Sempre começam contatando grandes empresas, e oferecem-lhes um negócio de pegar ou largar, detalha Einbinder: "Ou você coopera plenamente, renuncia ao prazo de prescrição, realiza uma investigação interna e concorda em se autoincriminar, denunciando seus próprios funcionários, ou então você se recusa a entrar no negócio, mas aí você terá o FBI no seu encalço".

Este sistema judicial é o oposto dos nossos princípios judiciais. Na França, nenhum advogado aconselhará seu cliente a apresentar à acusação evidências contra si próprio. Pelo contrário, ele irá recomendar a seu cliente que as dissimule. Mas Fred Einbinder foi formado no modelo anglo-saxão, razão pela qual, desde o início de 2010, ele recomendava repetidamente a Patrick Kron, com quem tem muitas reuniões presenciais, que aceitasse as regras estabelecidas pelo DOJ.

"No início, o CEO não queria dar ouvidos, ele é um homem renitente. Ele se recusava a admitir nossa responsabilidade, e queria inclusive processar os procuradores... era pura loucura. Insisti, tornei a insistir e lhe disse: venha comigo a Washington.

Finalmente, em abril de 2010, Patrick Kron viajou para os Estados Unidos com Fred Einbinder para procurar um escritório de advocacia, Winston Strawn, especializado em casos de corrupção. A reunião correu bem, o CEO concorda em entregar o caso ao escritório, cuja sede é em Chicago. Eles procedem como de costume: conduzem uma investigação interna dentro da Alstom. Naquela época, Patrick Kron achava que havia se limitado a autorizar uma auditoria, como é prática regular no seio de grandes grupos. Poucos meses depois, ele não consegue esconder sua irritação ao descobrir que os advogados estadunidenses realizaram investigações profundas. Eles chegaram a interrogar vários executivos, instando-os a revelar fatos fraudulentos.

Em 10 de dezembro de 2010, o gabinete de Winston Straw envia uma carta a Fred Einbinder e Patrick Kron com uma única recomendação:

cooperar o mais rápido possível com o DOJ! No decorrer de suas investigações, esses especialistas descobriram o pagamento de propinas na Arábia Saudita e não tinham a menor dúvida de que o FBI faria a mesma descoberta. O CEO então toma uma decisão radical: ele se separa deste escritório de advocacia que se mostrou intrometido demais para o seu gosto. Em seguida, remove Einbinder, seu diretor jurídico, oferecendo-lhe um reles cargo de conselheiro por um ano, o suficiente para ele já poder se aposentar, e nomeia Keith Carr para substituí-lo.

Como a Alstom administrou esse negócio internamente? É um mistério. Keith Carr[43] foi muito discreto e pouca informação vazou.

A empresa provavelmente esperava ser capaz de evitar a tempestade. É verdade que, até aquela época, os processos na Europa tinham tido poucos desdobramentos. Na Inglaterra, até o verão de 2018, nenhum julgamento havia sido proferido, em que pese sete funcionários ou ex-funcionários tivessem sido indiciados. Na Suíça, em 2011, a empresa sofreu uma sanção penal e foi condenada a uma multa de 2,5 milhões de francos suíços, juntamente com uma ação indenizatória de 36,4 milhões. Mas essa pena ainda era leve. Um ano depois, em 2012, o Banco Mundial colocou duas subsidiárias da Alstom (incluindo a Alstom Suíça) na lista suja por um período de três anos e multou o grupo em 9,5 milhões de dólares.

Já o Fundo Soberano da Noruega (o maior fundo de investimento do mundo), preferiu se retirar da participação na Alstom em 2011, devido a "problemas endêmicos de corrupção". Essas sanções sem dúvida mancharam a reputação da empresa, mas em nenhum momento ameaçaram sua sobrevivência. Será que Patrick Kron acreditava poder passar ileso pelos Estados Unidos? Pelo seu monumental equívoco, quem pagou caro fui eu. Sem falar nos funcionários da Alstom e dos franceses que viram desaparecer uma de suas raras grandes multinacionais em um setor estratégico.

---

[43] Os autores procuraram Keith Carr, que se recusou a responder suas perguntas.

A DECLARAÇÃO DE CULPA DA ALSTOM

O sistema judiciário estadunidense, por mais iníquo que seja, tem pelo menos um mérito: é relativamente transparente. Muitos documentos processuais podem ser visualizados diretamente na página virtual do DOJ. Foi isso que me permitiu amealhar uma vasta jurisprudência sobre a FCPA. A declaração de culpa da Alstom está, portanto, disponível gratuitamente e constitui um extraordinário manancial de informações, que poucos jornalistas franceses exploraram. A começar pela data em que esse documento foi assinado: 22 de dezembro de 2014 (note-se que as cláusulas mais importantes foram assinadas em 19 de dezembro de 2014, ou seja, no mesmo dia da assembleia geral extraordinária da Alstom que validou sua aquisição pela GE). Uma coisa me intriga: por que esse acordo não foi assinado antes? Afinal, seis meses antes, em junho de 2014, as negociações já tinham sido concluídas, ou prestes a sê-lo, uma vez que a GE já conhecia o valor aproximado da multa. Foi o que lhe permitiu fixar um preço total para a aquisição da Alstom. Sendo assim, por que o DOJ esperou tanto para concluir?

A meu ver, só há uma explicação plausível: era necessário manter Patrick Kron em seu cargo para garantir que o voto dos acionistas sobre a venda ocorresse sem problemas. De fato, se a declaração de culpa tivesse sido divulgada semanas ou meses antes da assembleia geral, seu conteúdo poderia ter causado um escândalo e levado Kron a renunciar. Ora, aos olhos dos estadunidenses, só Patrick Kron tinha um interesse pessoal em que esse negócio fosse fechado. Mas, voltando ao conteúdo do documento, eu observo que os procuradores limitaram seus processos a apenas cinco países. No entanto – e tenho informações suficientes para saber disso – o DOJ pôde ter acesso a um número considerável de contratos de consultores firmados pelo grupo, ao longo de mais de dez anos, e em todo o mundo. Os prejuízos legais poderiam, portanto, ter sido muito mais pesados. Vejo nisso mais uma vez a influência da GE, que certamente não queria ver os clientes problemáticos da Alstom expostos publicamente. Afinal, são empresas que passariam a ser clientes da GE depois da aquisição!

Observo, ademais, que a grande maioria dos 75 milhões de propinas foi paga depois que Kron assumiu o comando da Alstom (em 2003). Os últimos pagamentos foram feitos em 2011, como a jornalista Caroline Michel escreverá no *L'Obs*. Isso permite estimar o risco que Patrick Kron corria se tivesse sido processado. Apelando às mesmas *sentencing guidelines* que os procuradores usaram para calcular o gradiente da minha sentença (de quinze a dezenove anos de prisão) apenas pelo meu envolvimento no caso indonésio, não me atrevo a imaginar que sentença ele poderia ter recebido pela totalidade dos processos! É claro que ele acabaria como eu, declarando-se culpado. Mesmo assim seria difícil que escapasse de uma sentença de mais de dez anos de prisão. O DOJ, porém, decidiu poupá-lo. Donde três das quatro pessoas físicas indiciadas (Rothschild, Pomponi e eu) o foram somente pelo projeto Tarahan, que representa menos de 600.000 dólares em comissões de um total de 75 milhões. Hoskins, o quarto acusado, também o é por outro projeto indonésio. Mas os procuradores não processaram ninguém pelos outros 73 milhões! Isso mostra que o objetivo dos estadunidenses era menos punir os "culpados" do que subjugar a diretoria da Alstom. Ao menos Kron conseguiria evitar um massacre de acusações. Um pequeno grupo de diretores, sem dúvida, deve muito a ele. E alguns deles dividiram entre si milhões em bônus concedidos quando o acordo com a GE foi finalizado. Que bom para eles! Na leitura da declaração de culpa, outra "mentira" da administração da Alstom também vem à tona. Embora Patrick Kron sempre insistisse que nenhum auditor lhe havia sido imposto pelos Estados Unidos, a fim de gabar-se das boas práticas que ele supostamente teria instituído, o motivo pelo qual não houve essa imposição é bem diferente. De fato, é comum que uma declaração de culpa inclua uma cláusula obrigando a empresa que admitiu seu delito a aceitar por três anos a presença dentro de suas instalações de um auditor, um controlador externo – geralmente um advogado estadunidense

– encarregado de verificar se o grupo está respeitando seus compromissos de não mais praticar corrupção. Simplesmente, no caso da Alstom, essa medida era desnecessária. De fato, em dezembro de 2014, o grupo já estava sob "monitoramento" do Banco Mundial, desde que precisou submeter-se a ajustamentos por um caso de corrupção na Zâmbia.

Por fim, fico me perguntando sobre o papel e as responsabilidades dos auditores da Alstom nesse fiasco. Afinal, como eles conseguiram passar ao largo de 75 milhões de propinas? E principalmente, por que não insistiram para que fosse provisionado nas contas da Alstom o valor da multa que a empresa teria que pagar? Como os auditores puderam validar as contas, com uma provisão de dezenas de milhões de euros, quando a multa foi estimada em cerca de um bilhão de dólares? Isso obviamente não chocou a AMF (Autorité des marchés financiers <Autoridade dos mercados financeiros>)[44], que não abriu uma investigação sobre a dissimulação de um risco de 772 milhões de dólares – ao menos, que eu saiba. Finalmente, é digno de nota que até o momento Patrick Kron não tenha sido objeto de nenhum processo na França, embora, ao assinar a declaração de culpa, ele tenha confessado uma das maiores operações de corrupção do planeta. Em outras circunstâncias, o PNF (Ministério Público Financeiro) mostrou-se mais disposto a efetuar investigações, como no início de 2018 no caso Bolloré[45], em que, no entanto, os valores em jogo são muito menores do que no caso da Alstom[46].

---

[44] Trata-se da autoridade reguladora dos mercados financeiros da França. Ver https://www.amf-france.org/fr/lamf/presentation-de-lamf/lamf-en-un-clin-doeil (Consultado em 12/09/2021). N. T.

[45] Sobre o caso Bolloré, ver jornal Correio Brasiliense: *Bilionário francês é preso por corrupção e tráfico de influência*. Em: <correiobraziliense.com.br/app/noticia/mundo/2018/04/26/interna_mundo,676438/bilionario-frances-e-preso-por-corrupcao-e-trafico-de-influencia.shtml> (Publicado em: 26/04/2018; consultado em 14/09/2021). N.T.

[46] A tradução deste livro para o inglês traz a seguinte informação sobre fato sucedido posteriormente à publicação do texto original em francês: "Foi só em 22 de julho de 2019 que a organização anticorrupção francesa *Anticor* registrou uma queixa em Paris por alvos de corrupção sem mencionar nominalmente Patrick Kron. 'Se a pessoa jurídica Alstom, por meio de uma declaração de culpa, reconheceu a corrupção que foi perpetrada por muitos anos, e se um bode expiatório amargou um longo cárcere em uma prisão estadunidense, as pessoas físicas culpadas da corrupção, em contrapartida, não foram processadas, nem na França, nem em qualquer outro lugar' – disse a Anticor em um comunicado". N.T.

PATRICK KRON ANTE OS DEPUTADOS

Um fogo de palha. E um fogo pequeno. Eu, que acreditava que as revelações dos procuradores estadunidenses no final de dezembro de 2014 iriam cair como uma bomba na mídia francesa, estava redondamente enganado. Até há alguns artigos que tratam do assunto, mas se limitam a uma única observação: a Alstom acertou suas contas com os Estados Unidos. Simples assim e bola pra frente. Então não havia mais nada para escrever ou mostrar?

No final das contas, eu estava certo em ficar calado. Ao revelar minha história, eu teria me arriscado em vão. Especialmente porque, nos Estados Unidos, meu processo está parado, de modo que não posso prever nem planejar nada, estou em um impasse. Às vezes sinto que estou vivendo em um trânsito perpétuo, como um passageiro à espera de um avião que nunca chegará.

Nessa situação, é melhor agir nas sombras, é mais prudente. Neste início de 2015, eu participo, portanto, de vários jantares sob a regra "Chatham House" (os nomes dos participantes permanecem secretos). Um deles é organizado por Éric Denécé, chefe da agência de inteligência econômica CF2R. Sou o convidado de honra. À mesa, cerca de vinte pessoas: dois parlamentares, altos funcionários de ministérios, um dos dirigentes do BNP, um ex-comissário de polícia realocado no serviço de inteligência, um ex-industriário que já esteve à frente de várias multinacionais e dois jornalistas investigativos. Também serei recebido por várias cúpulas de grandes empresas listadas no CAC40.

Incansavelmente, relato minha experiência, e faço advertências, na esperança de ser ouvido.

Felizmente, alguns políticos são sagazes. E denunciam "uma operação industrial ilusionista". Eles não são muitos. Cerca de quarenta deputados, a grande maioria de direita, que se uniram para exigir junto à Assembleia Nacional, por duas vezes, em junho e depois em dezembro de 2014, a criação de uma Comissão Parlamentar de Inquérito sobre a venda da Alstom. Dentre os que apoiam esta iniciativa, destaco Henri Guaino, Jacques Myard e Philippe Houillon. Mas o mais ativo deles é, sem dúvida, Daniel Fasquelle, deputado da UMP de Pas-de-Calais, tesoureiro do partido, professor de Direito, ex-membro da Comissão de Inquérito sobre o caso Cahuzac[47]. Essa iniciativa, porém, depara-se com uma barreira. O governo se opõe, o PS se omite, a UMP se abstém. Ao menos, os quarenta parlamentares rebeldes obtêm um prêmio de consolação.

A Comissão de Assuntos Econômicos (que tem poderes mais limitados do que uma CPI) concorda em promover uma série de audiências sobre a Alstom. Os primeiros debates são agendados para 10 de março de 2015.

Para ser honesto, eu temia um debate viciado, previamente programado, com perguntas artificiais, polêmicas estéreis... Nunca confiei realmente em políticos para lidar com grandes questões econômicas. Bem, eu estava errado. As audiências se revelarão frutuosas, mesmo que nem sempre tenham sido isentas de cálculos políticos.

Já no início, o deputado da UMP de Pas-de-Calais, Daniel Fasquelle, marca seu território do seguinte modo:

— Lamento que nosso pedido de investigação não tenha sido atendido. É uma pena, porque, se tivesse sido, as pessoas ouvidas seriam obrigadas a prestar juramento, o que não é o caso perante esta Comissão.

Imediatamente, o Presidente da Comissão, o socialista François Brottes, reage confrontando Fasquelle com as contradições de seu campo político:

---

[47] Sobre o caso Cahuzac, ver revista *Isto é Dinheiro*: *Ex-ministro francês Cahuzac é condenado por fraude fiscal*. Em: <istoedinheiro.com.br/ex-ministro-frances-cahuzac-e-condenado-por-fraude--fiscal-2/> (Publicado em 08/12/2016 - consultado em: 19/09/2021). N. T.

— Cada grupo político dispõe de um direito de cota que lhe permite solicitar a constituição de uma comissão de inquérito. A UMP poderia ter usado a sua, se tivesse desejado.

— Certamente, responde Daniel Fasquelle, mas o que vocês propõem é uma série de oitivas que me lembram um provérbio popular: "Quem ouve um só sino ouve um só som".

Satisfeito com sua presença de espírito, o parlamentar dirige uma série de perguntas muito precisas a Patrick Kron. Meu antigo CEO apresentou-se aos parlamentares, acompanhado por seu fiel escudeiro, Poux-Guillaume, o homem por trás do contato com a GE no verão de 2013.

— Sr. Kron, por que uma venda tão precipitada? A situação financeira da Alstom – uma carteira de encomendas de 51 bilhões de euros, ou seja, dois anos e meio de atividade, um faturamento de 20 bilhões de euros, uma margem operacional de 7% impulsionada pelas atividades do ramo de energia, um resultado líquido de 556 milhões de euros – não justificava tamanho açodamento.

A seguir, Daniel Fasquelle pede a Kron para que se explique sobre o processo por corrupção:

— E a pressão exercida pelo judiciário estadunidense sobre a Alstom? Não podemos deixar de relacionar esse caso à aquisição, no passado, pela GE de outras empresas sob investigação judicial nos Estados Unidos: não haveria aí um *modus operandi* destinado a permitir que o gigante estadunidense se aproprie de empresas fragilizadas por processos judiciais? Essa questão mostra-se ainda mais importante por dizer respeito não apenas à Alstom, mas também a outras empresas francesas.

E Daniel Fasquelle não é o único a fazer perguntas. Também na esquerda, principalmente no seio do Partido Comunista, os deputados fazem a mesma análise.

— Sr. Kron, estamos diante de um problema grave: nada menos do que o desmonte de uma das joias da nossa indústria, diz, indignado, André Chassaigne. Essa transação faz parte da implementação da estratégia estadunidense de dominação econômica, que é gravíssima para a independência do nosso país.

Como na assembleia geral dos acionistas, Patrick Kron não se deixa abalar por esta saraivada de perguntas acusatórias.

— Lamento, começa ele, não poder prestar juramento, mas isso não muda em nada a sinceridade e a transparência das minhas respostas.

Ele então se lança em um longo exercício de autojustificação.

— Considero a união proposta entre a Alstom e a General Electric boa para a Alstom, boa para os empregos e boa para a França. O senhor pode não concordar, mas deve ficar claro que o conjunto de elementos me levaram a promovê-la estão sobre a mesa. Sr. Fasquelle, esta operação não foi precipitada, bem ao contrário. Meu trabalho consiste em prognosticar e há anos procuro soluções estruturais que permitam à Alstom escapar de suas dificuldades. Acaso o senhor acha que não pensei primeiro em soluções francesas que nos permitissem permanecer na direção da empresa? Não encontrei nenhuma e foi por isso que tomei a iniciativa de entrar em contato com a General Electric. Tratou-se de uma resolução refletida e, se ela não foi divulgada já no primeiro dia, foi porque, no nosso ramo, a menor suspeita de dificuldades financeiras pode desestabilizar os nossos clientes.

A seguir, o CEO negou, mais uma vez, a existência de qualquer vínculo entre o processo judicial estadunidense e sua decisão de vender a empresa. Ele chega a falar em complotismo.

Quanto às teorias mais ou menos conspiratórias sobre a influência que o *Department of Justice* teria tido nesta venda, saibam que, embora uma investigação por fatos de corrupção tenha sido efetivamente conduzida contra a Alstom, ela antecede nossas conversações com a General Electric. Portanto, é um insulto pensar que possa ter havido qualquer conluio, e é contrário aos fatos.

O argumento não me parece convincente. Para falar a verdade, é ridículo. Obviamente, a investigação do DOJ (iniciada em 2010) é anterior ao contato com a GE! Afinal, foi justamente por causa do risco legal que pesava sobre sua empresa e sobre si próprio que Patrick Kron procurou a GE. Aliás, os deputados não parecem nem um pouco convencidos por essas palavras vazias.

— O senhor menciona teoria da conspiração para varrer para debaixo do tapete a questão da corrupção? – interroga Clotilde Valter, ex-assessora de Lionel Jospin, deputado do PS de Calvados. É fácil demais, não? Devemos primeiro analisar o que explica a demora francesa em relação a esses procedimentos. O que o senhor acha que explica a recorrência dessa questão e a vulnerabilidade da Alstom?

— Repito – diz Patrick Kron – que o processo relativo ao *Department of Justice* é totalmente independente da decisão de vender a atividade!

E um pouco irritado ele lembra que a General Electric vai pagar 12,35 bilhões e que, portanto, "as dívidas do setor de transporte da Alstom serão totalmente quitadas". Por fim, diante da representação nacional, Kron joga com o sentimento patriótico:

— Sou um produto da meritocracia francesa. Tive a oportunidade de dizer que meus pais são imigrantes. Tenho orgulho de ter contratado quase 15.000 pessoas na França desde que entrei para a Alstom. Cada um contribui para o emprego na França; de minha parte, tento dar minha modesta contribuição.

E, altissonante, conclui sua intervenção:

— Repito, estou orgulhoso desta operação. Os senhores podem consultar todos os jornalistas do planeta, requisitar todos os estudos que desejarem a quaisquer que sejam as consultorias, não há um único elemento que tenha pesado na decisão de levar esse projeto a cabo que não seja de domínio público. Todo o resto é ofensivo a meu respeito, calunioso e simplesmente inexato. Eis o que eu gostaria de dizer aos senhores, sem ter feito juramento, mas olhando-os nos olhos.

Então Patrick Kron deixa o recinto.

Não sei se seu simples olhar terá bastado para convencer os deputados. Por outro lado, no intervalo que se seguiu à sua apresentação, suas orelhas devem ter ardido, e não deve ter sido pouco. O ministro da Economia, Emmanuel Macron, que passou a ser ouvido pela Comissão, acusa-o abertamente de traição.

— Justamente quando o Estado tinha iniciado uma reflexão estratégica sobre o futuro da Alstom e dado mostra de sua vontade de trabalhar com o dirigente e os acionistas da empresa, o CEO faz uma operação, pelas costas do Estado, que não foi a melhor do ponto de vista dos interesses estratégicos. Repito: fomos coletivamente surpreendidos pelo fato consumado.

E, segundo o ministro, a deslealdade do CEO teve uma consequência irreversível: "Já não tínhamos mais o tempo necessário". Como resultado, tornou-se impossível contrariar a oferta da GE. E tornou-se igualmente impensável construir, em tão curto espaço de tempo, uma aliança com um grande grupo europeu como a Siemens, como defendia Arnaud Montebourg, porque, segundo Emmanuel Macron, "demorar mais teria sido um verdadeiro erro industrial". Em suma, o governo francês foi atropelado por um CEO cínico e ficou impossível voltar atrás. Se esta explicação estiver correta, então a considero dramática. O jogo duplo de um CEO terá, portanto, sido suficiente para manietar o governo da quinta potência mundial. É preocupante para dizer o mínimo. Na continuação da audiência, Emmanuel Macron se mostrará ainda mais patético. O Ministro da Economia será doravante interrogado pelo deputado Fasquelle sobre os casos de corrupção. Para minha surpresa, quando eu pensava que ele iria se esquivar, ele solta uma verdadeira bomba:

— Com relação à investigação do judiciário dos Estados Unidos, fiz a pergunta diretamente ao Sr. Kron. Pessoalmente, fiquei convencido da relação de causa e efeito entre essa investigação e a decisão do Sr. Kron, mas não temos nenhuma prova disso. O Sr. Kron me assegurou que esse processo não teve nenhuma influência. Não vou dizer que minha convicção pessoal não coincida com a sua, senhor Fasquelle, em algumas de suas indagações, mas, repito, não temos como firmá-las.

Essas palavras me deixam perplexo. Então Emmanuel Macron tem a "convicção íntima" de que as ações judiciais estão de fato na origem da venda. Mas ele simplesmente não pode provar isso. Se o Ministro da Economia não é capaz de encontrar provas, quem o será? Em todo o caso, o seu ministério estava ao corrente quando, no final de 2014, estive lá em várias ocasiões, para ser "interrogado" pela equipe encarregada da inteligência econômica. E Claude Revel, a encarregada interministerial de inteligência econômica, que se reportava diretamente ao Primeiro Ministro, ela também sabia, pois tentou, em vão, acionar o alarme. Se o governo conhecia os subterrâneos dessa venda, por que não a impediu? Ou por que nem sequer a suspendeu o tempo necessário para lançar luz sobre os bastidores dessa operação? E por que Emmanuel Macron não apoiou Arnaud Montebourg, o único que se opôs a essa operação suicida da indústria francesa? Como explicar essa omissão coletiva por parte de nossos líderes políticos? Em várias ocasiões, Matthieu Aron tentará obter explicações. O gabinete de Emmanuel Macron nunca se dispôs a responder e Michel Sapin, então ministro das Finanças, absteve-se prudentemente de fazer qualquer comentário. Só Arnaud Montebourg concordará em voltar a este episódio inglório. Sua explicação é simples, talvez mesmo simplista:

— Porque eles têm medo dos estadunidenses, por acharem que estes são muito poderosos – Montebourg explicou a Matthew em uma entrevista em junho de 2016.

Diante da Comissão de Assuntos Econômicos da Assembleia, cabe agora aos sindicatos prestar seus esclarecimentos sobre a venda da empresa. Até essa ocasião, eles haviam se manifestado pouco. Por isso, Patrick Kron pôde fazer parecer que contava com o apoio deles. Mas nesse 10 de março de 2015, essa outra "fábula" do caso Alstom cai por terra.

— Considero que esse projeto não é uma aliança, mas pura e simplesmente uma aquisição, denuncia Laurent Desgeorge, coordenador adjunto do Inter-CFDT[48], que está preocupado com as consequências sociais da venda. É certo que a GE se comprometeu com a geração de mil empregos, mas isso seguramente não será suficiente para compensar todas as eliminações de postos de trabalho nos próximos seis anos.

O tom do representante da CGT[49], Christian Garnier, é o mesmo:

— Por trás da venda – a liquidação, deveríamos dizer – do ramo Encrgia para a General Electric não há nenhuma estratégia industrial: é apenas uma operação político-financeira, e sopesei bem estas palavras.

Finalmente, Vincent Jozwiak, funcionário da Alstom Transport em Valenciennes, representante da Force Ouvrière[50], ergue "naturalmente a questão da influência dos processos judiciais abertos contra certos funcionários da Alstom na decisão, tomada por um pequeno círculo e no maior sigilo, de vender nossas atividades de energia para a General Electric".

---

[48] A Inter-CFDT Alstom aglutinava os sindicatos vinculados à CFDT que agremiava trabalhadores da Alstom. A CFDT (Confédération Française Démocratique de Travail <Confederação Francesa Democrática do Trabalho>) é uma central sindical da França. N.T.

[49] A CGT (Confédération Générale du Travail <Confederação Geral do Trabalho>) é uma central sindical francesa. N.T.

[50] Oficialmente denominada Confédération Générale du Travail-Force Ouvrière (CGT-FO) <Confederação Geral do Trabalho-Força Operária> é a terceira maior central sindical da França, depois da CGT e da CFDT. N.T.

Diante dessa avalanche de críticas, os deputados decidiram por unanimidade convocar Patrick Kron uma segunda vez, uma atitude assaz rara nesse órgão. Essa segunda audiência, que ocorrerá em 1º de abril de 2015, não trará, no entanto, nenhuma informação nova. Exceto em um ponto: o bônus recorde concedido a Patrick Kron por seu conselho de administração. Mais uma vez, o deputado Fasquelle vai direto ao ponto:

— Na sua audiência anterior, o senhor afirmou que o conselho de administração havia considerado que o contrato de venda à GE merecia um bônus e havia decidido atribuir-lhe um bônus adicional de 4 milhões de euros. Sou de opinião contrária à do seu conselho de administração, e o Sr. Macron, Ministro da Economia, Indústria e Assuntos Digitais, considera que este bônus é "contrário aos princípios éticos que as grandes empresas devem ter em relação a si próprias e que é necessário adotar outros comportamentos". O senhor vai abrir mão, a exemplo de outros empresários, desse bônus que o ministro considera injustificado?

Não esquecerei tão cedo a resposta de Patrick Kron. Ela é de um despudor inacreditável:

— Não tenho a menor intenção de renunciar ao bônus de 4 milhões de euros, porque seria uma má notícia para os contribuintes franceses, que receberão uma parte considerável dele. E, enquanto representantes do interesse coletivo deles, os senhores têm motivo para se alegrar.

Na verdade, Patrick Kron (que deixou a Alstom no final de 2015) recebeu uma bolada bem superior a 4 milhões de euros. Com efeito, o conselho de administração destinou-lhe, pelo seu último ano junto à empresa (exercício 2015-2016) uma remuneração (fixa mais variável) de 2,26 milhões. A esse montante já robusto, é então preciso acrescentar o bônus de 4,45 milhões de euros e uma aposentadoria "top-hat". Para esta última, a Alstom destinou 5,4 milhões de euros à seguradora Axa, a fim de assegurar o pagamento de uma pensão anual de 285.000 euros. No total, podemos, portanto, estimar que o CEO conseguiu deixar a empresa[51] com mais de 12 milhões de euros. É simplesmente indecente. Devido à sua estratégia – sua recusa por quase dois anos em negociar com o DOJ – Kron acabou sendo o principal responsável pelo

---

[51] Em julho de 2016, a assembleia geral da Alstom registrará, no entanto, sua reprovação dessa remuneração. Mais de 60% dos acionistas se oporão a ela. O conselho de administração anuncia então que irá reexaminar a questão da aposentadoria de Patrick Kron. Em novembro de 2016, porém, o conselho de administração aprovará a concessão de um bônus.

desmantelamento da Alstom. Sem contar o perigo a que ele expôs alguns dos executivos seniores da empresa, a começar por mim.

Outros souberam proteger melhor seus funcionários. Nossa parceira no caso Tarahan, a japonesa Marubeni, foi processada e obrigada a se declarar culpada (ela foi multada em 88 milhões), mas nenhum de seus funcionários foi detido, muito menos mandado para a prisão. No entanto, as acusações contra a empresa japonesa eram exatamente as mesmas que pesavam contra a Alstom, visto que havíamos formado um consórcio 50/50 e que a Marubeni havia recrutado os mesmos dois consultores recrutados por nós e pago valores equivalentes. A diferença foi que os japoneses optaram por confessar os fatos imediatamente e, com a mesma rapidez, assinaram uma declaração de culpa. A política deles pode ser resumida da seguinte forma: "Você nos flagrou com a boca na botija, Ok. Nós confessamos, pagamos, mas não vamos abrir nossas portas para que vocês façam uma investigação completa de todas as nossas atividades mundiais, a fim de que não sejamos incriminados em outros projetos". Ao adotar essa estratégia, eles limitaram imediatamente os danos financeiros e humanos. A estratégia catastrófica adotada por Patrick Kron foi diametralmente oposta a essa. Deve-se notar, no entanto, que o DOJ revelou uma leniência surpreendente em relação à Marubeni. Talvez ele também não tivesse querido levar a investigação muito longe. A Marubeni é uma parceira estratégica de muitas empresas dos EUA que operam em continentes com alto índice de corrupção, como Ásia e África. Além disso, a Marubeni costuma fazer parcerias com... a GE para disputar mercados (usinas de energia ou equipamentos médicos).

OS DERRADEIROS OBSTÁCULOS À VENDA

Colocado contra a parede pelos representantes do povo, Patrick Kron se beneficia, em contrapartida, naquela primavera de 2015, de tratamento preferencial por parte dos tribunais estadunidenses. Ele conseguiu um período de carência para pagar a multa de 772 milhões de dólares imposta à Alstom, o que é curioso, já que, segundo as regras estritas do DOJ, a empresa deveria ter quitado sua dívida em dez dias após a assinatura de sua declaração de culpa. Com isso, no final de dezembro de 2014, a juíza Janet Bond Arterton concedeu-lhe seis meses adicionais. Desta vez, até mesmo a imprensa estadunidense se surpreende. O *Wall Street Journal*, em sua edição de 1º de fevereiro de 2015, destaca que "o grupo francês é tratado de modo muito melhor do que as outras empresas". O diário estadunidense então questionou a magistrada encarregada do caso, Janet Bond Arterton, que, em resposta, abertamente reconheceu ter "fixado um calendário muito confortável". Dando continuidade a suas investigações, o *Wall Street Journal* revelou, três dias depois, em 4 de fevereiro de 2015 – com base nas transcrições da audiência da declaração de culpa do grupo francês – que a delegação de advogados da GE que assiste a Alstom estava intimamente associada a toda a negociação com o DOJ. Nas colunas do jornal, Robert Luskin, advogado da Alstom, é obrigado a admitir que "a General Electric revisou os documentos do acordo com o *Department of Justice* em todos os estágios de preparação e negociação desses".

Essa declaração é completamente surpreendente. Então a empresa estadunidense, que nem era ainda proprietária da Alstom, pôde ter acesso a todos os contratos firmados com intermediários nos últimos dez anos. Em uma aquisição, essas informações extremamente sensíveis geralmente só são examinadas quando a venda é finalizada. Mas neste caso, sob a guarida do DOJ, a Alstom então revela à sua concorrente GE, antes da finalização de sua aquisição, as evidências irrefutáveis do sistema de corrupção generalizada que colocou em marcha e os nomes dos próprios funcionários implicados. Muitos, aliás, serão demitidos nesse período. Visivelmente constrangido com a declaração de Robert Luskin, advogado da Alstom, o DOJ é obrigado a se explicar: "A venda para a GE não teve peso relevante na decisão do governo", defende Leslie Caldwell, chefa da unidade anticorrupção do DOJ[52]. Assim seja! Mas, isso significa que, mesmo que não tenha tido "peso relevante", essa venda teve uma influência! Essa confissão é impactante. E permite entender melhor a incomum leniência demonstrada pela juíza Arterton, ao conceder um prazo no pagamento à Alstom. Porque, nessa transação, o calendário é decisivo.

É preciso ir a Bruxelas para entender bem o que está em jogo. Na verdade, há um último obstáculo a superar para finalizar a venda da Alstom: conseguir a anuência dos vinte e oito. Em 2001, a GE viu sua fusão com a Honeywell ser bloqueada por Bruxelas. Desta vez, está fora de questão receber outra recusa. Portanto, nada é deixado de lado. Em primeiro lugar, é preciso que o agora «fiel» Patrick Kron permaneça em sua posição e sob pressão, assim como o governo francês, para que eles próprios envidem todos os esforços nessa batalha final em nome da GE. Para isso, nada como deixar uma ameaça jurídica pairar sobre a Alstom e seu CEO, adiando o encerramento definitivo do caso FCPA até que a Comissão Europeia concorde. E é exatamente isso que a juíza Arterton faz. Com o consentimento do DOJ, ela concorda em procrastinar sua aprovação da declaração de culpa até que a Comissão Europeia dê o sinal verde para a venda. O vínculo jurídico entre os dois episódios se estabelece, portanto, de maneira indiscutível, ao contrário do que afirma Patrick Kron. Todo o resto é ilusão.

Pois a GE realmente precisa de uma mãozinha. Conseguir a anuência da Comissão Europeia está longe de ser favas contadas. Na verdade,

---

[52] *Wall Street Journal* de 04 de fevereiro de 2015. Sobre Leslie Caldwell, ver supra, Cap. XXXIX - n. 39.

a Europa está recalcitrante. Em 28 de fevereiro de 2015, a Comissão iniciou uma investigação aprofundada. Os especialistas em Bruxelas estão preocupados com as consequências para o mercado europeu da energia, num setor em particular, o das turbinas a gás de alta potência. Antes mesmo da venda, a GE já era a fabricante número um desse tipo de equipamento e a Alstom o terceiro lugar mundial. Assim que a empresa francesa for absorvida, a estadunidense estará em situação de quase monopólio na Europa, com apenas a Siemens como concorrente sério.

"Tal concentração pode prejudicar a inovação e elevar os preços no mercado de uma tecnologia essencial para enfrentar as mudanças climáticas", alerta a Comissão. Em uma tentativa de contornar a resistência dos europeus, o CEO da GE, Jeff Immelt, faz concessões. Ela concorda em entregar a uma concorrente menor, a italiana Ansaldo, alguns ativos, incluindo parte de sua carteira de contratos de manutenção de centrais elétricas. Com a transferência, a GE dominaria um pouco menos o mercado na esperança de conquistar a anuência de Bruxelas. No entanto, as negociações permanecem muito restritivas. Em 5 de maio de 2015, Jeff Immelt vai pessoalmente à Comissão para tentar agilizar o processo de aprovação. Em vão! Bruxelas considera que não recebeu todas as informações necessárias e anuncia no dia 12 de maio de 2015 o adiamento de sua decisão para 21 de agosto de 2015. O risco torna-se ainda maior porque a Siemens, que não se rendeu completamente, também faz lobby sobre os riscos de demasiada concentração. A salvação virá finalmente da França. Em 28 de maio de 2015, Emmanuel Macron, ao visitar em Belfort a fábrica da GE, enviou uma mensagem firme a Bruxelas, defendendo publicamente a aquisição da Alstom pela estadunidense. O governo francês quer acabar com esse famigerado processo. Se a venda malograsse, o DOJ iria reabrir o processo. Se acabassem indiciando um de nossos maiores executivos, o efeito seria desastroso. Macron insiste junto a Bruxelas para que a Europa valide a venda de uma joia da indústria francesa para um grupo estadunidense... Que extraordinária inversão de papéis! Que derrota fragorosa!

Por fim, em 8 de setembro de 2015, a GE obtém o tão esperado sinal verde. Durante as negociações, a Alstom também foi instada a colaborar. Para compensar a transferência de parte das atividades para a italiana Ansaldo, Patrick Kron teve que concordar em baixar o preço de venda em 300 milhões de euros. Isso naturalmente acarretará o correlativo desfalque no caixa do grupo. Uma vez obtida esta última concessão, nada mais impede a venda. Esta foi concluída em 2 de novembro de 2015. No jornal *Les Echos*, Jeff Immelt se vangloria de uma aquisição "estratégica", e até mesmo por uma "sorte que você só tem uma vez em uma geração". Quanto à França, restam-lhe apenas os olhos para chorar a perda de um florão nacional.

E, em 13 de novembro de 2015, a juíza Arterton finalmente aprova a declaração de culpa negociada entre o DOJ e a Alstom, que havia sido assinada... onze meses antes. Um caso único nos anais da FCPA! Patrick Kron pode respirar. Ele salvou sua pele. A GE assumiu definitivamente o controle.

Primeira consequência visível dessa mudança de mãos: a administração estadunidense anuncia aos sindicatos um amplo plano de reestruturação. Dos 65.000 empregos que a Alstom Energie mantinha ao redor do mundo, 10.000 deveriam desaparecer. A Europa é duramente atingida, com o corte de 6.500 postos de trabalho. A Alemanha é a mais afetada, com a supressão de 1.700 postos, seguida pela Suíça, que perderia 1.200 postos, seguida pela França. Aqui, 800 funcionários correm risco de perder o emprego. Em abril de 2016, entre 2.000 e 3.000 funcionários europeus da Alstom vieram a uma manifestação em Paris expressar sua fúria. Os cartazes contêm inscrições em inglês, alemão, italiano e espanhol. Os ex-Alstoms se sentem traídos. "O anúncio do plano social", disse um funcionário, "foi uma paulada. Eu jamais esperava um plano de reestruturação dessa magnitude. Mentiram para nós". A França, no entanto, foi relativamente poupada, Jeff Immelt nos garante que vai compensar a eliminação dos postos de trabalho no país. Ele anuncia a abertura de um centro de pesquisa de programação digital em Paris, promete a criação de duzentos e cinquenta empregos em "serviços como finanças ou recursos humanos por meio de um programa de liderança para jovens graduados" e prevê que o site Belfort possa acomodar um centro de serviços compartilhados que empregue funcionários bilíngues ou trilíngues. Muitas funções novas, mas com contornos ainda pouco nítidos. E principalmente, na primavera de 2018, o grupo estadunidense reconhecerá que, ao contrário dos compromissos que assumiu com François Hollande, não conseguiu criar 1.000 postos de trabalho. De minha parte, não estou surpreso. Era óbvio que o casamento da Alstom com a GE resultaria em um grande colapso social, especialmente nas funções de suporte (informática, contabilidade, financeiro).

A lua-de-mel entre os dois grupos terá duração muito curta. Em 13 de maio de 2016, a Alstom Transporte (portanto, o que resta da Alstom) entrou com uma reclamação nos Estados Unidos contra... a General Electric. Os franceses sentem-se ludibriados, já que, quando da venda da Alstom Energia, os estadunidenses haviam concordado em ceder, como contrapartida, sua atividade de sinalização ferroviária. Mas agora a GE está relutante. Os estadunidenses não concordam mais com o preço de venda. E, ao passo que o acordo assinado previa a contratação de um escritório de advocacia francês (para estabelecer um preço definitivo), a GE quer trazer um novo árbitro: a Câmara de Comércio Internacional (CCI). A Alstom Transporte se vê, portanto, obrigada a levar o caso a um tribunal estadunidense para ter seus direitos contemplados. Uma primeira infração do contrato de casamento.

A General Electric também está em conflito na França com outra figura importante: a EDF[53]. O pomo da discórdia está longe de ser irrelevante, já que concerne à manutenção de nossas usinas nucleares! Desde que assumiu o controle da Alstom, a GE acabou por herdar o mercado de manutenção das 58 turbinas que fazem nossos reatores funcionar. No entanto, o número 1 mundial de energia quer rever as condições desse contrato, inclusive limitando sua responsabilidade financeira em caso de sinistro, além de querer aumentar os preços das peças de reposição. A GE chegou a suspender seus serviços por alguns dias em fevereiro de 2016 para pressionar o grupo francês. O CEO da EDF, Jean-Bernard Levy, escreveu então uma carta a Jeff Immelt, expressando sua raiva: "A EDF foi forçada a implementar medidas de urgência que excedem as de nosso plano de emergência usual. Essa atitude, vinda de um parceiro histórico, é inaceitável". Pouco impressionado com esta carta, o diretor da General Electric Power intima com firmeza a EDF a aceitar essas condições, antes de 15 de junho de 2016. Enfurece a empresa francesa de eletricidade, que, desta vez, saca seu arsenal e ameaça em retaliação suspender todas as suas relações comerciais com a GE. O caso parece ter terminado neste ponto. Os dois parceiros baixaram as armas, mas

---

[53] Électricité de France - empresa francesa de produção e distribuição de energia. N. T.

por quanto tempo? Ao assumir de fato o controle de todas as nossas usinas nucleares, a GE e, portanto, o governo dos Estados Unidos, tem uma arma de dissuasão em massa para o futuro. Era de se esperar. O que acontecerá amanhã se a França se opuser aos Estados Unidos em uma questão importante de política internacional? Já houve uma situação semelhante em 2003, quando a França se recusou a participar da invasão do Iraque. Em um documentário intitulado "Guerre Fantôme" <Guerra Fantasma> (dedicado ao caso Alstom), o general Henri Bentégeat, ex--chefe do Estado-Maior do exército francês (2002-2006), relata como os Estados Unidos tinham decidido não mais entregar peças de reposição ao exército francês. "Se o caso tivesse durado", diz o general Bentégeat, "poderia ter deixado inoperante nosso porta-aviões Charles de Gaulle".

Quanto a mim, naqueles meados de 2016, minha situação jurídica continua vaga. A data do meu *sentencing* nos Estados Unidos é constantemente adiada. Nessas condições, é muito difícil encontrar uma nesga que seja de equilíbrio. Além do mais, tenho que administrar meu litígio com a Alstom perante a Justiça do Trabalho.

Eu contesto minha demissão "por abandono de emprego". Além disso, a empresa em que trabalhava, que em nada foi complacente comigo, "esqueceu-se" de me pagar cerca de 90.000 euros do "acerto de contas". Por isso, decidi levar o assunto ao tribunal.

MINHA LUTA NA JUSTIÇA DO TRABALHO

Custo a crer no que estou ouvindo. Pela primeira vez, alguém da magistratura se comove com meu destino. A consultora da Câmara Social do Tribunal de Apelação de Versalhes, responsável por decidir sobre os "restos a pagar" que a Alstom me deve, está indignada com a forma como a empresa me tratou. No final da audiência, antes de tomar sua decisão, porém, ela me pergunta se eu aceitaria uma audiência de conciliação. Respondo afirmativamente e, dois dias depois, a Alstom também concorda.

Então nos encontramos para uma primeira audiência. Estão presentes o oficial conciliador, Markus Asshoff, meu advogado, o advogado da Alstom, eu e uma advogada de Bruxelas que representa... a GE. Naquela data, na verdade, a General Electric acabava de assumir as rédeas da Alstom.

— Compadecemo-nos com o que aconteceu com o senhor, senhor Pierucci, e desejamos encontrar uma solução amigável, disse ela no início da reunião.

"Amigável", apressou-se em dizer... Devo lembrá-la da provação que amarguei?

— A senhora sabe que cumpri quatorze meses em uma prisão de segurança máxima e só fui posto em liberdade quando o governo francês permitiu que a GE adquirisse a Alstom Power e Grid.

— Se seu governo não tivesse criado tantas dificuldades, o senhor teria sido libertado antes – ela respondeu imediatamente.

Fico perplexo. Eu realmente não podia esperar tamanha "franqueza". Em uma frase, essa advogada admite diante de quatro pessoas, duas das quais são advogados, que há uma ligação muito clara entre minha detenção e a aquisição da Alstom pela GE. Em suma, ela admite que de fato fui usado como "refém econômico".

Pelo menos ela faz um jogo transparente. Mas quando passamos a falar de dinheiro, o tom muda. A representante da GE finca o pé: a empresa não me deve nada. Em seguida, como se fosse óbvio, ela me anuncia que, de qualquer maneira, sua empregadora, a GE, terá de relatar o resultado de nossa negociação aos procuradores do DOJ. Eu não consigo acreditar! Com que direito o Departamento de Justiça dos Estados Unidos se imiscui em um litígio judicial civil entre um assalariado francês, com contrato francês submetido à legislação trabalhista da França, e uma empresa francesa, perante um tribunal francês? A advogada da GE não vê incongruência. "Como quer que seja, minha empresa não fará nada sem a aprovação do DOJ", explica ela. E, de fato, nós nos reuniremos várias vezes, ao cabo de cada uma das quais ela fará seu relatório à GE que, segundo ela, terá que consultar sistematicamente o DOJ. No final da terceira reunião, oferece-me soberbamente 30.000 euros dos 90.000 euros reclamados no acerto. E mesmo assim repisa que é apenas por "simpatia", porque a sua empresa considera que "não me deve nem um centavo". Eu ignoro sua caridade. E recuso.

Fiz bem, porque um mês depois ganhei no tribunal de Versalhes: a juíza reconhece os erros da Alstom. Ela me assegura 45.000 euros, indicando que os outros 45.000 euros restantes me seriam certamente garantidos quando o processo fosse concluído. No entanto, até o outono de 2018, nenhum julgamento aconteceu.

Antes de iniciar essa disputa com minha ex-empregadora, meus advogados naturalmente haviam entrado em contato com a Alstom para tentar um acordo. Várias reuniões aconteceram, a primeira das quais foi organizada na primavera de 2015. O Diretor de Recursos Humanos da Alstom veio pessoalmente, assistido por seus advogados. De minha parte, eu estava acompanhado por meus dois advogados Paul Albert Iweins e Markus Asshoff. Fui o primeiro a falar e contei tudo: o discurso tranquilizador de Keith Carr antes da minha viagem aos Estados Unidos, a falta de apoio após a minha prisão, a recusa em receber Clara na sede, a minha demissão por abandono de emprego, a suspensão do pagamento dos meus advogados, a mesquinhez no cálculo do acerto... Eu queria principalmente que o DRH transmitisse uma mensagem muito clara a Patrick Kron: que ele soubesse que eu havia entendido muito bem sua manobra para se safar ileso e não estava disposto a permitir que ele continuasse a me enrolar eternamente. Então saí da reunião, deixando que meus advogados fizessem a negociação.

O caso era crucial. Sofri danos irreparáveis. Tenho apenas 47 anos e nunca mais poderei ocupar um cargo equivalente ao que exercia na Alstom. Em face do meu infortúnio judicial, não é provável nem mesmo que eu consiga um emprego.

Surpreendentemente, nessa época, a empresa parecia disposta a me ouvir. Depois de várias reuniões, chegamos a um acordo sobre uma cesta de indenizações e concordamos em recorrer a um árbitro independente. Eu queria fechar o acordo o mais rápido possível. Algumas semanas ou meses depois, a GE iria finalizar a compra, e as poucas pessoas na Alstom que porventura quisessem aliviar suas consciências me compensando logo já não estariam mais nos seus cargos. Tínhamos, por isso, nos preparado para fechar um acordo entre final de junho e início de julho de 2015. E aí... nada aconteceu. Ficamos sem notícias até meados de setembro, até o dia em que o DRH nos informou que estava deixando a Alstom, que não seria mais possível qualquer arbitragem e que ele poderia me oferecer algumas centenas de milhares de euros. Era pegar ou largar, mas eu tinha que me decidir imediatamente. Embora essa quantia estivesse longe de ser desprezível, ela estava muito abaixo do piso que havíamos concordado para as indenizações. Depois de pagos os impostos, essa compensação mal cobria os honorários dos meus advogados nos Estados Unidos e na França, minhas viagens aos Estados Unidos e a eventual multa que eu talvez tivesse de pagar ao DOJ. E o DRH sabia muito bem disso.

Como explicar sua reviravolta repentina? Só consigo ver uma razão possível. No início de setembro de 2015, a Comissão Europeia deu luz verde à aquisição da Alstom pela GE. O *deal* estava fechado, nada mais podia freá-lo, os estadunidenses agora se sentiam fortes e já não precisavam fazer concessões a ninguém. Então recusei a oferta. O Diretor de Recursos Humanos deixou a Alstom no final de outubro de 2015 e

Patrick Kron algumas semanas mais tarde. A negociação definitivamente fracassou.

    A empresa, portanto, recusou-se a me compensar com dignidade. E, no entanto, ela tinha me traído. Duplamente, até. Primeiro ela me mandou para a fogueira, sem me avisar dos perigos que eu estava correndo. Em seguida, depois de minha prisão, ela não garantiu minha proteção, mas abandonou um soldado ferido no campo de batalha. E o mais assustador é que poderia ter sido diferente. Eu levaria algum tempo para descobrir isso. Foi depois da acusação de Hoskins (o chefe da rede de vendas da Alstom na Ásia) que comecei a me indagar sobre muitas coisas. Eu me intriguei ao vê-lo despender uma fortuna em recursos legais, quando já havia pago 1,5 milhão de fiança e estava aposentado há anos. Eu o considerava abastado, mas não a esse ponto. Foi então que descobri que os gastos de Hoskins eram na verdade cobertos por um seguro. E me dei conta, pasmo e horrorizado, que eu mesmo, na condição de diretor, poderia ter tido a mesma cobertura de honorários advocatícios.

    A Alstom havia de fato contratado uma apólice de seguro específica para proteger todos os seus executivos seniores. No entanto, estranhamente, no momento da minha prisão, minha empresa não a acionou. Essa decisão é escandalosa. Esse tipo de dispositivo visa evitar conflitos de interesses entre empregado e empregador. O empregado pode, desse modo, se beneficiar de advogados independentes não sujeitos às pressões ou manipulações do empregador. Considerando em retrospecto, isso me parece lógico e óbvio, mas nem em 14 de abril de 2013, quando fui preso, nem nas semanas e meses subsequentes, pensei nesse seguro que, de qualquer maneira, só poderia ser acionado pela própria Alstom. Por que Keith Carr, o Diretor Jurídico, não observou meus direitos a essa proteção? E por que ele pediu ao escritório de advocacia que representava a Alstom (Patton Boggs) para escolher e pagar um advogado para me representar, criando com essa medida um enorme conflito de interesses? Seria porque a empresa queria me manter sob controle?

    Além disso, esses contratos que abrangem executivos seniores incluem uma cláusula específica para acusações nos Estados Unidos. As seguradoras sabem muito bem que quase todas as pessoas acusadas são forçadas a se declarar culpadas. Seus custos estão, portanto, cobertos, mesmo depois de terem se declarado culpadas.

Em fevereiro de 2017, ainda em busca de informações, fui ao Congresso Mundial de Seguradoras em Deauville. Lá, pude encontrar um gerente da empresa Liberty, seguradora da Alstom. Meu interlocutor estava bem ao corrente da situação, já que o caso Hoskins – ele me confidenciou – já lhe havia custado 3 milhões de dólares em custas judiciais. Ele então me confirmou que eu estava coberto pelo seguro, mas que a Alstom nunca lhe acionou a meu respeito. Segundo ele, eu ainda tinha a possibilidade de ser atendido, caso meu ex-empregador solicitasse os serviços de sua empresa. Tão logo voltei da viagem, escrevi oficialmente ao Sr. Poupart-Lafargue, o novo chefe da Alstom, pedindo-lhe que ativasse minha apólice de seguro. Também enviei uma carta para o departamento jurídico do grupo, bem como para a GE. Jamais recebi alguma resposta a essas cartas.

A INSUPORTÁVEL CHANTAGEM

Eles roubaram minha existência e tardam a devolvê-la. Querem me amordaçar o máximo possível. Se puderem retardar meu *sentencing* por anos a fio, eles o farão, até que ninguém mais se interesse pelas minhas "revelações" sobre o caso da Alstom. Nesse final de verão de 2016, completam-se dois anos que estou de volta à França. Dois anos suspensos no vazio. Dois anos entrecortados por quatro viagens de ida e volta aos Estados Unidos para definir uma data para meu *sentencing*. Quatro viagens que se revelarão todas inúteis, já que a cada vez eu seria informado de que o julgamento de Lawrence Hoskins havia sido adiado.

Com a juíza Arterton tendo validado certos argumentos de seus advogados e anulado parte da acusação contra ele, o caso agora tem grande probabilidade de terminar nas mãos dos juízes da Suprema Corte. Para mim, isso seria a pior das catástrofes, pois significa que terei de esperar dois, três, talvez mesmo cinco anos. Impensável! Preciso reagir, porque senão vou desmoronar. Preciso encontrar uma saída, e só há uma: tenho que reclamar meu *sentencing*, com a esperança de que o magistrado que há de me julgar compreenda a situação terrível em que estou enredado. O risco que estou assumindo é enorme: o de ter que voltar para a prisão por muitos anos. Mas pouco importa, tenho que tentar. E estou jogando minha última cartada. Então, no dia primeiro de setembro de 2016, peço a Stan que apresente meu pedido de julgamento.

Três meses mais tarde já estou prestes a desabar. Nesse meio tempo, os procuradores pressionaram Stan, que, sem me notificar, retirou meu pedido de *sentencing*. Eu só viria a descobri-lo em meados de dezembro de 2016. Meu advogado me traiu descaradamente. Estou no fundo do poço. Perdi toda a confiança nele, mas não tenho um tostão furado para buscar outro advogado. Estou muito longe de ver a saída do túnel, se é que há alguma. A tensão também é elevada entre mim e Clara. Não concordamos em nada. Essa situação avassaladora nos afastou e as discussões tornaram-se muito frequentes. Para tentar manter uma aparência de serenidade, eu me afogo no trabalho, conferências, jantares profissionais. Chego a ajudar o economista Claude Rochet a organizar, em novembro de 2015, uma meia-jornada de debate na Assembleia Nacional. O título da conferência não poderia ser mais explícito: "Depois da Alstom, qual será a próxima?". Assim, continuo empunhando o bastão de peregrino para ajudar as empresas e estou sobrecarregado de solicitações não só na França, mas também no exterior. Faço apresentações (sempre em círculos confidenciais) na Espanha, Inglaterra, Polônia, Alemanha, Bélgica, Eslováquia, Suécia, Suíça, Holanda... E ante o sucesso dessas conferências, resolvo desenvolver minha estrutura de consultoria para empresas em matéria de combate a corrupção. Embora eu ainda não consiga ter uma renda com isso, está indo muito bem. É verdade que minha experiência única me torna muito procurado, já que estamos finalmente testemunhando um despertar de consciência na França.

Em dezembro de 2016, foi promulgada no Diário Oficial uma nova lei contra a corrupção, conhecida como lei Sapin 2, que leva o nome do Ministro Socialista das Finanças. Ela exige que todas as empresas francesas com mais de 100 milhões de faturamento e que empregam mais de 500 pessoas implementem processos anticorrupção, com base nas recomendações britânicas e estadunidenses. E principalmente, ela introduz uma convenção judicial de interesse público (CJIP), que se inspira diretamente no *defered prosecution agreement*. Trata-se de um acordo que permite a uma empresa reconhecer os fatos sem se declarar culpada. A CJIP constitui uma pequena revolução em nosso processo penal. Também foi fundada uma agência francesa anticorrupção. Por mais imperfeita que seja, a lei Sapin 2 é o primeiro passo para proteger as empresas francesas das ingerências estadunidenses e, agora, britânicas. Mas é lamentável que, a fim de apresentar este dispositivo aos profissionais, Michel Sapin, o Ministro das Finanças, não tenha encontrado maneira melhor do que participar de uma conferência co-organizada por um grande escritório de advocacia estadunidense em Paris e pela Fundação França-América. Será que ele não podia ter feito o primeiro anúncio a um escritório de advocacia francês? Atlantismo, quando estamos nas suas mãos...

No que tange à Alstom, nenhuma novidade, a não ser que o escândalo da venda forçada para a GE está começando a se repercutir em um terreno muito político. Candidatos à presidência da república mencionaram isso durante os primeiros debates televisionados. Cheguei a ser procurado por algumas das suas equipes. Mas mantenho distância. Não quero ser instrumentalizado. Considero que não se trata de um assunto de direita, de esquerda, de centro e menos ainda de extremos. É uma questão de soberania e segurança nacional que deve transcender as clivagens. Desde que, naturalmente, se tenha lucidez e um mínimo de coragem.

Do lado estadunidense, as coisas vão de mal a pior. Os procuradores agora me propõem um julgamento para... outono de 2017. Por que esperar tanto? Querem me manter amordaçado durante o período eleitoral?

No debate entre os dois turnos, Marine Le Pen, muito mal assessorada e pouco familiarizada com a documentação, confunde-se ao tentar atacar Emmanuel Macron sobre o caso da Alstom. O tempo corre. Em maio de 2017, Macron é eleito Presidente da República. Em junho de 2017, seu partido, a LREM, ganha com folga as eleições legislativas. Em julho de 2017, finalmente recebo minha intimação. Eu seria julgado em 25 de setembro de 2017.

Agora preciso me preparar para o julgamento, vencer as últimas etapas e trabalhar no meu *pre-sentencing report*. O funcionário da justiça que o redige deve reunir-se com o acusado para obter a sua versão dos fatos, a fim de recomendar ao juiz uma sentença tendo em conta as *sentencing guidelines* correlativas, o risco de reincidência e a situação pessoal da pessoa acusada. Tudo isso parece, é claro, razoável e contribui para o mito de que o sistema judicial estadunidense é equitativo. Logo irei me decepcionar! Agora que eu esperava finalmente ter oportunidade de explicar minhas funções precisas na Alstom e, principalmente, meu nível de responsabilidade na empresa, Stan me dissuade: "Se você fizer isso, atrairá a ira dos procuradores. A única coisa que o oficial de justiça quer ouvir é que você é um bom pai, um bom marido, um membro respeitado de sua comunidade e que vai à igreja todos os domingos". Que seja! A entrevista por telefone durará apenas vinte minutos e o oficial não me fará nenhuma pergunta sobre o caso de Tarahan, nem mesmo sobre a Alstom.

Para ser ouvido, resta-me agora apenas meu memorial na defesa. Vou pedir um veredicto *time served*, ou seja, correspondente à sentença que já cumpri (os quatorze meses em Wyatt). Stan aprova. Ele considera que meu risco de voltar para a prisão "insignificante". Mas, então, quando tudo parece estar de volta aos trilhos, a situação, mais uma vez, ficará completamente fora de controle, em poucos dias, de forma inesperada.

No final de agosto de 2017, Stan me envia uma mensagem alarmista.
– Estamos em uma enrascada. Acabei de receber as alegações por escrito da acusação, precisamos conversar o mais rápido possível.

Fico furioso ao ler o documento. Acima de tudo, entro em pânico. Os procuradores fazem novas acusações contra mim. Para começar, consideram que tive ganho pessoal na transação. Eles sabem, obviamente, que não recebi nenhum tipo de propina. Mas eles se valem do bônus que a empresa me pagou no ano em que o contrato de Tarahan foi assinado. Como qualquer funcionário da direção, eu recebia anualmente um bônus que poderia chegar a até 35% do meu salário. Mas, depois de verificar, pude fixar que o mercado de Tarahan correspondeu a apenas 700 dólares no cálculo do meu bônus daquele ano. É insano usar uma quantia tão pequena que fazia parte da minha remuneração como acusação contra mim.

Mas não é só isso. O pior ainda está por vir. Em suas conclusões, os procuradores também recalculam o intervalo de minha pena de prisão. E acrescentam quatro pontos (que devem então ser convertidos em anos de detenção), acusando-me de ser o "líder" da conspiração. Fico em choque. Em nenhum momento essa acusação foi levantada, nem mesmo sugerida, em quatro anos de processo. Pelo contrário, desde o início, Novick deixou claro que eu era apenas um elo na cadeia. Como ele pode sustentar o contrário hoje? "Porque ele precisa de um principal culpado", Stan me explica. A Alstom pagou a mais gigantesca multa por corrupção de todos os tempos na história dos Estados Unidos. É, portanto, inconcebível, aos olhos dos procuradores, encerrar este processo sem condenar um líder. Agora, quem eles podem exibir como um troféu de caça? Rothschild? "Impossível", Stan continua, "ele negociou uma quase anistia ao ter provavelmente colaborado com o DOJ". Pomponi? Está morto. Hoskins? Não é certo que ele chegue a ser julgado um dia. Kron? Conseguiu escapar das garras do DOJ. Só sobrou Pierucci. Aquele que servirá de bode expiatório. Os procuradores poderão então se vangloriar de terem chegado ao chefe da organização, e postular uma promoção vantajosa. Isso explica também por que eles querem me inculpar também em um novo caso, o contrato Bahr II (uma caldeira a carvão construída na Índia). Um contrato fechado quando já fazia dois anos que eu não ocupava mais o cargo... e pelo qual a Alstom nem mesmo se declarou culpada! É nojento. Não há outra palavra. Onde está o decoro em tudo isso?

Mas face a tamanha injustiça, qual é a minha margem de manobra? É simplesmente zero. Ou eu me rendo às forcas caudinas dos procuradores do DOJ e rezo para que a audiência perante a juíza corra o melhor possível, ou não me apresento para a audiência e torno-me fugitivo. As consequências seriam terríveis, os dois amigos estadunidenses que arcaram com minha fiança perderiam suas casas e eu me veria sob um mandado de prisão internacional. Constrangido e forçado, eu me curvo a esse esbulho. E concordo, portanto, em voltar aos Estados Unidos para ser lá julgado no final de setembro.

O DIA DO JULGAMENTO

Naquele 25 de setembro de 2017, poucos minutos antes da abertura da minha audiência de *sentencing*, enquanto espero na sala do tribunal, observo, perplexo, uma enorme pintura pendurada na parede. Um retrato com mais de um metro e meio de altura, da juíza federal Janet Bond Arterton. Descubro uma mulher alta, esguia, loira, elegante, na casa dos setenta anos, com olhar impenetrável, que tem o semblante típico das famílias burguesas da costa leste dos Estados Unidos. Janet Bond Arterton (a mesma que, em 2015, concedeu por duas vezes um prazo à Alstom para que esta efetuasse o pagamento) acompanhou meu caso por mais de quatro anos e eu jamais a vi. No entanto, é ela quem vai decidir meu destino. Busquei me informar a seu respeito. Soube que essa ex-advogada trabalhista, nomeada juíza por Bill Clinton, que soube se fazer tão complacente com a empresa em que eu trabalhava, não é célebre pela generosidade.

Então tenho medo. Aliás, tenho muito medo de voltar para a prisão, em que pese Stan tenha me garantido que Dan Novick estava muito satisfeito com a defesa que produzimos. E por um bom motivo: ela está esvaziada. Cedi a todas as suas imposições.

Às 10:00h em ponto, Janet Bond Arterton inicia minha audiência de julgamento:

— Bom dia. Por favor sente-se. Sr. Pierucci, o senhor leu o relatório feito pelo oficial de justiça?

— Sim.

— O senhor entendeu o conteúdo?

— Sim, meritíssima.

— O senhor já teve a oportunidade de responder ao seu conteúdo?

Meu desejo era dizer a ela que contesto quase todas as linhas desse mero copia-e-cola das conclusões dos procuradores, que não aceito a acusação de líder, nem ser implicado em um caso na Índia com o qual nada tenho a ver, que jamais tirei proveito pessoal em todos esses casos... Mas, é tarde demais. Se eu me aventurar nesse campo, serei capturado por dez anos de prisão. É assim que a arapuca se fecha. Então, com coração apertado, eu me limito a sussurrar:

— Sim, meritíssima.

— Bem, sendo assim, passemos ao exame, vamos dar uma olhada na dosimetria de sua pena.

E Janet Bond Arterton começou a calcular os pontos, como uma quitandeira contaria sua receita no fim do dia.

— Para o delito de corrupção, são doze pontos. E, como há várias propinas, é preciso acrescentar mais dois. A isso somam-se as margens obtidas no projeto indonésio de Tarahan e no mercado indiano de Bahr II, o que nos dá vinte pontos, mais quatro outros pontos, porque os corrompidos exercem cargos públicos, e mais outros quatro pontos, porque o senhor era o líder da organização. Finalmente, dois pontos são subtraídos, porque o senhor aceita sua responsabilidade pessoal.

— O governo concorda em tirar mais um ponto dele?

— Sim – responde o procurador Novick.

— Então, são vinte e nove pontos.

— Trinta e nove – responde Novick.

— Obrigada. Eu queria dizer trinta e nove. Como o Sr. Pierucci não possui antecedentes criminais, ele entra na categoria I. A dosimetria da pena de prisão fica, portanto, entre 262 e 327 meses.

Eu me contenho para não explodir novamente. Ao seguir o conselho de Stan, aceitando todas as condições impostas pela procuradoria, aumentei mecanicamente o quantum teórico de minha sentença. Agora corro o risco de pegar até vinte e sete anos de prisão.

Stan, que sempre me incentivou a me curvar diante do DOJ, começa sua sustentação. Fico preocupado. Temo uma catástrofe. E a catástrofe chega. Ele fala sem convicção, gaguejando e hesitando nas palavras. Em nenhum momento ele vai ao cerne do caso, limita-se a mencionar minhas condições extremas de detenção em Wyatt. A sustentação não dura mais que seis minutos. Seis minutos! Para mim, parece insano. Novick o sucede, e não se estende por muito mais tempo:

— O Sr. Pierucci, é claro, não está envolvido em todas as atividades fraudulentas da Alstom. E é verdade que existe uma cultura de corrupção nessa empresa, como foi destacado na declaração de culpa da Alstom.

Pelo menos Novick admite que não sou o único responsável. Já é alguma coisa. Mas nem por isso incentiva a clemência:

— No entanto, as ações de Frédéric Pierucci são muito graves. E, como o governo também destacou, essa cultura da corrupção se refletia nas ações dos dirigentes da empresa, que não cumpriam suas obrigações morais, éticas e legais.

Cabe-me então concluir, lendo um texto preparado, no qual faço minha *mea culpa* e peço a minha família e parentes que perdoem meu comportamento. A duração dos "debates" não extrapolou 38 minutos, e meu único "intercâmbio" com a presidenta se limitou à leitura do meu discurso de arrependimento. Em nenhum momento Janet Bond Arterton me interrogou antes de me julgar. Agora ela já se retirou, sozinha, para pensar no castigo que me infligirá. Já faz meia-hora que se retirou. Durante essa espera interminável, não digo uma única palavra a Stan. Ele sabe que foi mau, muito mau, e que sua "estratégia" de nunca contradizer os procuradores foi suicida.

Eu me viro para meu pai, que quis estar comigo durante essa provação. Ele quase não fala inglês, não deve ter entendido muito nessa audiência. Mas será que havia realmente algo para entender? Tom, sempre presente ao seu lado, tenta traduzir alguns trechos para ele. Ele está lívido. Depois de quarenta minutos, a juíza Arterton retorna e pede a todos que voltem a se sentar para o veredito. A essa altura, eu já tinha percebido que iria ter que voltar para a cadeia, mas ainda não podia prever por quanto tempo. Janet Bond Arterton começa a ler seu julgamento: "É triste ouvir o Sr. Pierucci explicar que ama sua esposa, seus filhos, sua família, mas que não pensou nas consequências que suas ações teriam para eles". Essa é a primeira parte do curso de moral pessoal, à qual se segue imediatamente segue a segunda: "Os corruptos que aceitam propinas desviam os escassos recursos de seu país. E, nessas nações, os esforços para promover democracias estão sendo prejudicados pelas ações de empresários internacionais. Francamente, o tribunal ficou com o coração partido por não ouvir, no discurso de arrependimento do Sr. Pierucci, qualquer pedido de perdão sobre esse ponto, focando apenas em sua família". Então eu deveria, segundo a juíza Arterton, "pedir desculpas" porque há corrupção nos países do Terceiro Mundo. É o cúmulo para um país como a Indonésia, que passou décadas sob o jugo de Suharto com o apoio do governo dos Estados Unidos, que, por seu turno, em troca da proteção militar ao regime do ditador, tinha o acesso aos recursos naturais da Indonésia franqueado para suas grandes empresas, assim tornando-a um dos países mais corruptos do mundo! Essa magistrada encarna o cinismo estadunidense em sua quintessência.

Mas não é a hora de se indignar. Ela chega ao pronunciamento da sentença. "Uma pena deve servir como *determent* (como exemplo), tanto para o indivíduo em questão, quanto para aqueles que almejam ir em busca dos dólares de países do Terceiro Mundo para seus projetos e seu proveito. Sr. Pierucci, queira, por favor, levantar-se. Por todas as razões que mencionei, o senhor está condenado a 30 meses de prisão. O senhor deverá se apresentar no dia 26 de outubro próximo ao meio-dia no centro de detenção que lhe for informado pelo *Bureau of Prison*".

Fico devastado. Ainda ontem, Stan parecia tão certo de que eu não voltaria para a prisão que ele acabou me convencendo. Como fui idiota por ter acreditado nele! Agora, contando o tempo já passado em Wyatt e o tempo ganho por bom comportamento, ainda terei de amargar mais doze meses na prisão! Será que fui amaldiçoado? E minha família, o que fizeram para merecer tamanho castigo? Eu me volto para meu pai. Meus dois amigos, Linda e Tom, já estão lhe explicando o julgamento. Tento consolá-lo o melhor que posso; "Não se preocupe, eu vou aguentar. E então, pelo menos, em doze meses, eu poderei começar uma nova vida. Ele permanece em silêncio. E me olha com tristeza. Ele está completamente abatido.

Quanto a mim, sinto muita raiva. Contra todos. Contra Stan, contra os procuradores, contra a juíza, contra o sistema, contra a Alstom, contra Kron e, principalmente, contra mim. Como pude confiar no sistema judicial estadunidense e acreditar que seria capaz de me sair bem? E pensar que agora terei que anunciar a sentença a Clara...

Enquanto Stan negocia com o procurador para que eu possa voltar à França, antes de retornar aos Estados Unidos em um mês para a prisão, eu me isolei e liguei para ela. Ela que é tão forte, desta vez desaba.

Meu julgamento foi de uma severidade incomum. Nunca tinha havido um caso de FCPA julgado em Connecticut e a juíza Arterton quis usar-me como exemplo. E quem paga a conta sou eu. E eu pago por todos os outros na Alstom que conseguiram se safar. A única coisa boa (se for para buscar uma...) é que não estou mais em "suspenso". Pela primeira vez em quatro anos e meio, sei para onde estou indo. É claro que temo meu novo encarceramento, mas em doze meses esse pesadelo terá acabado. Então vou ter que aguentar... por mim, por Clara, por Léa, Pierre, Gabriella, Raphaella e por todos aqueles que me apoiam. Sim, não estou sozinho, esta é a minha imensa sorte.

No mesmo dia da minha condenação, ironia do destino, a Alstom Transporte anuncia sua fusão com a Siemens. A gigante alemã se apropriará do ramo de transportes, depois da GE ter adquirido o ramo de energia. Não estou surpreso, isso é o que todos os analistas experientes já previam. Só Patrick Kron poderia acreditar que a Alstom teria algum futuro se ficasse focada exclusivamente em sua atividade de transporte. Aliás, será mesmo que ele acreditava nisso? Mas isso já faz três anos, ninguém mais se lembra.

NOVA SEPARAÇÃO

Tudo se precipita. O DOJ autorizou meu retorno à França, mas devo estar de volta aos Estados Unidos em 12 de outubro (duas semanas antes do meu encarceramento). Portanto, tenho só alguns dias para organizar minha longa ausência. Talvez seja mais breve do que o previsto. Pouco antes de pegar o avião para Paris, pude falar com Jérôme Henry, que se tornou vice-cônsul em Nova York. Quando ele ocupava um posto em Boston, veio me encontrar em Wyatt. Ele se surpreende ao me rever, achava que meu processo já estava encerrado há muito tempo. "Esta é a primeira vez – ele me diz – que ouço falar de um *sentencing* proferido quatro anos depois de uma declaração de culpa. É simplesmente bizarro!" Ele me aconselha a redigir impreterivelmente o quanto antes um pedido de transferência, a fim de cumprir minha pena de prisão na França, e não nos Estados Unidos. Ele chega a me fazer preencher os papéis necessários em seu escritório, e com a mesma rapidez os envia para a chancelaria em Paris; "Do lado francês – ele me diz – você vai receber uma anuência imediata, mas o DOJ também terá que dar sinal verde, e aí temo que possa demorar um pouco mais". Mas ele está confiante. Satisfaço todas as condições para uma transferência: minha sentença é definitiva (renunciei ao direito de recorrer ao assinar minha declaração de culpa) e não tenho vínculo com os Estados Unidos. "Portanto, em princípio, não há nenhuma razão para os estadunidenses recusarem", ele me tranquiliza. Eu rezo para que ele esteja certo.

Se eu puder cumprir minha pena na França, obviamente pedirei para ser colocado em liberdade condicional e, de acordo com meus advogados Markus Asshoff e Paul Albert Iweins, tenho todas as chances de ser solto rapidamente, mesmo que tenha de usar uma tornozeleira eletrônica. Assim, eu não ficaria separado da minha família.

Como farei para explicar a situação às duas crianças, Gabriella e Raphaella (minhas filhas gêmeas têm agora com 12 anos)? Clara e eu discutimos longamente. Finalmente concordamos em dizer-lhes que devo voltar aos Estados Unidos, por um período de seis meses ou mais, para algum tipo de "acampamento" onde não poderão ir me ver. Não vamos pronunciar a palavra "prisão". Decidimos fazer o anúncio na presença dos dois mais velhos Pierre e Léa, para que possam nos ajudar a consolá-las e principalmente desanuviar o ambiente. Foi uma das piores provações que tive de enfrentar. Minha fala é balbuciante, minhas palavras se confundem, minha voz treme, tento conter minhas emoções e minhas lágrimas, mas é muito difícil. Gabriella desata a chorar e Raphaella, mais reservada, retrai-se, completamente calada... Gabriella me enche de perguntas: "Vai estar de volta Natal? E no nosso aniversário em janeiro? Quem vai nos levar para a escola agora? O que é um acampamento? É como um acampamento de verão, com atividades? Podemos nos falar por skype? Por que não podemos ir vê-lo? Você vai ter amigos lá? Qual é o seu trabalho agora? Por que você não pode ficar um tempo mais antes de voltar para os Estados Unidos? Eu gosto dos estadunidenses e, quando, for atriz em Hollywood, você irá me visitar?". Com os mais velhos Pierre e Léa, (dezenove anos) claro que é diferente.

Ainda em 2015 eu lhes havia explicado longamente o que me havia acontecido. Ambos são inteligentes e compreenderam melhor do que eu poderia imaginar. Depois que as caçulas foram se deitar, decidimos com os dois adultos assistir juntos ao documentário Guerre Fantôme, dedicado à venda da Alstom, que acaba de ser lançado no LCP, o canal da Assembleia Nacional. É uma pena que esse programa não tenha sido transmitido em um canal de maior audiência. Os produtores realizaram uma investigação formidável! Eles esmiuçaram muito bem a influência do DOJ na aquisição da Alstom. E desmascararam Patrick Kron, assim como boa parte da classe política francesa: Emmanuel Valls, Emmanuel Macron, François Hollande. E também Nicolas Sarkozy. Segundo eles, o escritório de advocacia do ex-presidente (Claude & Sarkozy) teria trabalhado para a General Electric... E principalmente, eles mostram claramente o meu papel de "refém econômico". Para Pierre, Léa e até mesmo Clara, Juliette e todos os meus amigos que o viram depois, este filme – mesmo que eles já conhecessem a minha história – funcionou como uma revelação.

Do ponto de vista profissional, também me organizo para que a pequena empresa que criei continue a funcionar durante a minha ausência forçada. Todos meus sócios concordam. Durante as duas semanas que precederam minha partida para os Estados Unidos, também participei de uma reunião com cem executivos de uma grande empresa CAC 40. No mundo econômico, cada vez mais pessoas estão compreendendo o que estava em jogo nos bastidores do caso Alstom. No mundo político também. Há alguns meses, uma nova missão da Assembleia Nacional liderada pela deputada Karine Berger (PS) e pelo deputado Pierre Lellouche (LR) se interessou pela extraterritorialidade da legislação dos EUA. Os parlamentares, que foram aos Estados Unidos e tiveram ocasião de se encontrar com autoridades do DOJ e do FBI, voltaram estarrecidos com a amplitude do fenômeno. "Se uma empresa tem meio dedo do pé nos Estados Unidos, estes consideram que ela está sujeita ao sistema judicial estadunidense", lamenta Karine Berger. Mais preocupante ainda, as autoridades estadunidenses admitiram sem pejo perante a representação francesa que não hesitam "em recorrer a todos os meios da NSA (Agência de Segurança Nacional) – organismo encarregado de toda a espionagem e vigilância eletromagnética – para abrir suas investigações". Por fim, os deputados fizeram o levantamento das condenações por violações do FCPA, bem como das empresas mais severamente punidas sob acusação de violação de embargos e legislação estadunidense de combate a lavagem de dinheiro: das 15 empresas constantes do levantamento, 14 são europeias[54]! Apenas um estadunidense, JP Morgan, foi preso. Durante as duas semanas que passei na França antes do meu retorno aos Estados Unidos, também me encontro com dois ex-ministros, separadamente. Ambos dizem estar muito preocupados por minha segurança. E chegam a me aconselhar a não voltar para os Estados Unidos. Eles temem o que poderia me acontecer na prisão. Acho que eles estão exagerando. Afinal, não estou em um filme de James Bond! Pelo menos é o que espero, porque quando você recebe um alerta desses vindo de ex-funcionários do governo, tem razões para se preocupar. De qualquer forma, eles me prometeram que iriam tentar

---
[54] Ver Anexo 1.

sensibilizar o Ministério das Relações Exteriores para agilizar minha transferência. E um deles enviará uma nota muito detalhada sobre mim a Philippe Étienne, conselheiro diplomático de Emmanuel Macron.

A data da minha partida se aproxima. Além da família, também me despeço de todos os meus amigos que me apoiaram nos últimos anos: Antoine veio me visitar várias vezes, assim como Leila, grande amiga de todas as horas, Didier e sua esposa Alexandra, sempre solidários. Deniz tradutora jurídica multilíngue que me ajudou incansavelmente em todos os meus trâmites, Leslie, Alexandre, Pierre, Éric, Claude, Claire e muitos outros. Último estresse antes de entrar no avião. Meu visto especial e a carta de apresentação não são suficientes. O segurança me retém quando todos já embarcaram. Ele tinha recebido a ordem de telefonar para um número especial nos Estados Unidos, onde ainda eram 5:00h da manhã. Ele tenta várias vezes sem sucesso até que finalmente resolve recorrer a seu chefe, que, por sua vez, leva quase uma hora para resolver a situação. Minha chegada ao JFK está marcada para as 23:00h e, no dia seguinte, devo me encontrar com um oficial de justiça no Tribunal de Hartford, que me dirá em qual prisão deverei ficar encarcerado. Em 23 de outubro de 2017, tenho a resposta: ficarei preso no *Moshannon Valley Correction Center* (MVCC).

Eu imediatamente procuro na Internet. Não é nada reconfortante: Moshannon Valley aparece cercado por gigantescos arames farpados, plantado a uma altitude de mais de 1.000 metros em um planalto desértico no coração da Pensilvânia. Menos mal, porém, que um dos meus co-detentos de Wyatt, The Transporter, conhece muito bem o MVCC, onde passou seus últimos dois anos de cárcere. Ele vai avisar seus ex-camaradas da minha chegada iminente. Assim, estou "apadrinhado", sem receio pela minha segurança. Na prisão, ainda mais do que fora, a sua "reputação" é essencial.

Na manhã de 26 de outubro de 2017, peço um táxi do State College, onde desembarquei na véspera vindo de Hartford. Atravessamos florestas imensas, o motorista se perde. Mesmo usando seu GPS, ele tem dificuldade em encontrar a penitenciária. Finalmente chegamos ao estacionamento do Moshannon Valley Correction Center (MVCC). Gentilmente, meu motorista me pergunta a que horas me pegar. Pego o número dele e digo que ligarei de volta quando terminar...

A NOVA PRISÃO

Infelizmente, não me sinto deslocado. Mesma cor de paredes, mesma mobília, mesmo pórtico de segurança, mesmo jargão, mesmo cheiro, mesma humilhação... Retorno à rotina de quatro anos e meio atrás! Após as formalidades administrativas, tiro toda a minha roupa e, como em Wyatt, recebo minhas três calças cáqui, minhas três cuecas, minhas três camisetas...

O Moshannon Valley acomoda 1.800 prisioneiros, todos estrangeiros com menos de dez anos de prisão a cumprir. A divisão por nacionalidades é típica desse tipo de prisão: cerca de 900 mexicanos; 500 dominicanos; 200 "negros", principalmente nigerianos, ganenses, marfinenses, haitianos; 50 asiáticos (chineses, indianos, paquistaneses ...); 100 "outros hispânicos" (colombianos, cubanos, hondurenhos...) e 100 "internacionais", uma categoria muito ampla que inclui todos os outros (canadenses, europeus, magrebinos e do Sudoeste Asiático). O centro penitenciário é operado pela GEO, uma concessionária privada que tem vários estabelecimentos congêneres nos Estados Unidos e no exterior. Como qualquer empresa, a GEO tenta maximizar seu lucro. O grupo, portanto, não titubeia em enxugar tanto quanto possível os serviços (refeições, aquecimento, manutenção das instalações, serviços médicos), em aumentar o preço dos itens que os presos podem comprar, ou em estender a duração da detenção tanto quanto possível, enviando, por exemplo, presos para a solitária, só para que percam parte da redução da pena obtida por bom comportamento.

O MVCC, portanto, tem suas próprias regras, mas os detentos também têm as suas. E elas não são exatamente as mesmas que em Wyatt, como logo irei perceber. Primeiro, aqui apenas mexicanos, dominicanos, "negros" e "internacionais" têm direitos. Os outros não. E mexicanos e dominicanos têm mais direitos do que todos os outros. Eles são os chefes. E fazem valer sua lei.

Nesse primeiro dia de detenção, fui alocado na ala C6. Esse dormitório pode acomodar quarenta e nove presos, mas somos setenta e dois a nos amontoar nele. Camas foram adicionadas por toda a parte. E faltam lugares à mesa. Os "internacionais" têm, portanto, direito a uma mesa, os "negros" a duas, os dominicanos a quatro e os mexicanos a seis. Os outros não podem se sentar e precisam se virar como podem. E está fora de questão querer ser generoso e convidar alguém para a "sua" mesa, sob pena de ser expulso da ala!

Assim que cheguei, graças à mensagem que meu ex-codetento de Wyatt enviou, tive a sorte de ser calorosamente recebido por "Muay Thai". É assim que é chamado esse eslovaco que passou cinco anos na Legião Estrangeira antes de se tornar um mercenário. Depois de ter combatido à mercê dos conflitos armados (Iraque, Serra Leoa, Congo, Iugoslávia), ele desembarcou na Tailândia, casou-se com uma cidadã local, abriu uma escola de boxe tailandês, treinou vários campeões de artes marciais mistas (MMA), antes de ser preso, extraditado para os Estados Unidos e finalmente condenado a dez anos em um caso de tráfico de drogas, em um flagrante preparado (sting operation) montado pelo FBI. Um segundo "internacional", apelidado de Hollywood, um alemão que se apresenta como o chefe dos "internacionais" da Unidade C, me dá um pacote de boas-vindas com os produtos de primeira necessidade enquanto espero chegar minha primeira encomenda à loja (café, açúcar, sabonete, leite em pó, peixe cavala em saquinho...). Ele também é um ex-mercenário. Foi condenado a dez anos por envolvimento em um complô para assassinar um agente antidrogas dos Estados Unidos (novamente, um flagrante preparado urdido pelo FBI). Ele me ajuda a encontrar minha cama e me acomodar. Muay Thai e Hollywood foram indiciados em um caso ligado ao do famoso traficante de armas ucraniano Viktor Bout, o traficante de armas ucraniano imortalizado por Nicolas Cage no filme Lord of Wars. Ele é um dos parceiros deles! Eis-me então aqui em boa companhia! Em todo caso, eles são muito cordiais e até "me oferecem" um lugar à sua mesa. Um privilégio do qual já não gozam os "internacionais" da ala ao lado da nossa, a C5. Seu líder, um búlgaro que acumulou muitas dívidas com os mexicanos, vendeu sua mesa para os "negros" por 400 dólares, sendo 100 dólares cada lugar. Tenho interesse em aprender o mais rápido possível os códigos deste novo estabelecimento. Eu, que pensava ter conhecido o inferno em Wyatt, me pergunto se MVCC não é ainda mais sinistro.

Por outro lado, seja qual for a prisão, existe uma realidade que permanece intangível: o tempo conta o dobro, até o triplo em relação ao exterior. Se eu quiser voltar para a França dentro de dois meses, para estar lá no Natal, preciso acelerar meu pedido de transferência. Portanto, me dirijo o mais rápido possível à assistente social da prisão, minha *referent* Sra. H. De fato, para poder ser enviado ao meu país, devo primeiro obter a anuência da administração do MVCC, depois do DOJ. Um processo simples no papel, que se revelará muito mais complicado na realidade. A máquina irá mais uma vez emperrar.

No dia 28 de outubro de 2017 a Sra. H. me convoca.

— Lamento, mas não posso finalizar sua solicitação de transferência. O acordo bilateral com a França estipula que o senhor deve ter pelo menos doze meses de pena restantes para cumprir no momento da solicitação.

— Eu sei. Mas como fui condenado a trinta meses e, já tinha cumprido quatorze, tenho dezesseis restantes.

— Não, porque se descontarmos o tempo por "bom comportamento", o senhor terá menos de doze meses.

— Mas não dá para calcular dessa forma. Ainda não "ganhei" esse desconto por bom comportamento. É apenas teórico.

— Mas é assim que eu calculo. E não posso ir contra o *process*!

Estava demorando! Finalmente ela disse a palavra fatídica! *Process*! A partir deste momento, sei que não adianta nada insistir. Felizmente, consigo entrar em contato com Marie-Laurence Navarri, a magistrada de ligação francesa em Washington, que promete interceder em meu favor. Deve ter surtido efeito, pois, no dia 8 de novembro de 2017, fui novamente convocado pela Sra. H., desta vez acompanhado de seu superior, M. J.

— Isso mesmo – ela me disse – Havia um erro no nosso primeiro cálculo. Sua data de saída, mesmo descontando o bom comportamento, é 31 de outubro de 2018.

— Então a senhora vai encaminhar minha solicitação de transferência...

— Não, é impossível. Hoje é 8 de novembro, então o senhor não preenche o requisito de um ano.

— Mas quando lhe fiz a solicitação, eu estava no prazo. Se não estou mais, é porque vocês se enganaram!

— Pode ser, mas isso não muda nada.

Diálogo de surdos. Percebo que, se continuar insistindo, vou acabar na solitária. Nada para fazer. Então, ligo novamente para a magistrada de ligação francesa, que não acredita no que está acontecendo. Ela imediatamente pega o telefone e entra em contato com um dos funcionários do DOJ, que me dá razão. A administração do MVCC, furiosa por ter sido confrontada, fará meu processo se arrastar, até que finalmente ele será enviado ao DOJ em 6 de dezembro, mais de um mês e meio depois do meu ingresso em Moshannon Valley. Estou fadado então a passar o Natal na Pensilvânia com meus codetentos.

Pelo menos sei que posso contar com o apoio generoso de Marie-Laurence Navarri, que rapidamente vem me visitar na prisão. A magistrada me conta que o embaixador da França escreveu uma carta de próprio punho a Jeff Sessions, o Procurador-Geral dos Estados Unidos, para informá-lo do desejo do governo francês de me ver de volta o mais rápido possível. No entanto, ela me recomenda prudência: "Não comemore ainda", ela me diz. E me explica que outros processos de FCPA relativos a grandes empresas francesas estão sendo examinados pelo DOJ. As relações entre Paris e Washington, portanto, tornaram-se muito hostis. Além disso, ela me diz, tem a Comissão. Qual Comissão? "A Assembleia Nacional – explica Marie-Laurence Navarri – acaba de abrir uma investigação sobre a Alstom e, mais amplamente, sobre as ingerências dos Estados Unidos. E o Presidente da Assembleia Nacional, Olivier Marleix (LR), pretende desta vez interrogar todas as testemunhas sob juramento, incluindo Patrick Kron". Finalmente! Já faz três anos que venho lutando para que isso aconteça. Ao mesmo tempo, estou bem ciente de que acontece no pior momento para mim. Nesse cenário, acho difícil que o DOJ se agilize para validar meu retorno à França.

VIOLÊNCIA E TRÁFICO

Minha primeira impressão era a correta: Moshannon Valley é uma prisão menos perigosa do que Wyatt, mas as relações entre os encarcerados são mais cruéis. Claro, lá eu estava cercado por criminosos empedernidos, e aqui o centro só recebe prisioneiros estrangeiros, no final da pena, que, após cumpri-la, serão deportados dos Estados Unidos. Em teoria, portanto, os presos são mais calmos do que em Rhode Island. Mas, como as medidas de segurança são menos severas, gangues de mexicanos e dominicanos tomaram o poder. Eles encabeçam uma verdadeira economia paralela, uma espécie de máfia.

É simples: na MVCC tudo se compra e tudo se aluga. Objetos, serviços, e mesmo indivíduos. O comércio vai do tráfico de drogas a lugares na sala de ginástica (5 dólares por semana para uma grade de uma hora por dia). Existem cabeleireiros (2 dólares o corte), mercearias (com destaque para um mexicano que amealhou uma quantidade impressionante de produtos, às vezes roubados da cozinha, que ele vende a um preço 20% acima do praticado), tatuadores, engenheiros eletrônicos (que consertam rádios danificados), faxineiros (a quem podemos terceirizar a limpeza da ala) e, finalmente, alguns prostitutos (presos que se vendem para sobreviver). Há também um *business* impressionante de revistas pornográficas. Elas são tão raras que chegam a valer centenas de dólares. Apesar de proibidas, as apostas (nos resultados do basquete ou do futebol americano) e o pôquer também são uma fonte considerável de renda, e muitos presos preferem ir para a solitária a fim de evitar pagar suas dívidas. Minutos de telefone também podem ser comprados de quem precisa de dinheiro. A moeda de troca é o "mack" (um sachê de cavalinha que vale 1 dólar).

A administração MVCC prefere fechar os olhos a todas essas maracutaias. É preciso dizer que ela não é leniente, ela literalmente explora os prisioneiros. Preparação e serviço de refeições, limpeza da cozinha, manutenção das instalações (pintura, canalização, coleta de lixo ...) e dos espaços verdes, gestão de programas (cursos, livraria...). Todos os detentos são obrigados a ter um trabalho que pode durar de uma hora a cinco horas por dia. Nos primeiros três meses de prisão, não há escolha, todos são designados para trabalhar nas cozinhas.

A remuneração varia, conforme às tarefas e às qualificações, entre 12 e 40 centavos a hora! Portanto, no meu primeiro mês de trabalho na cozinha onde sou designado para a máquina de lavar louça (cinco horas por dia, três dias por semana), recebi um valor real de 11,26 dólares (9,80 euros)! E não tem como escapar. Esse sistema aparenta a escravidão moderna. Investidores privados têm seus produtos "Made in America" fabricados dentro desse tipo de prisão, onde os custos batem qualquer concorrência. E a hipocrisia não para por aí. Não residindo nos Estados Unidos, somos quase todos "imigrantes ilegais" (*illegal alien*) aos olhos do governo estadunidense. Além disso, muitos prisioneiros do MVCC foram condenados por reentrada (entrada proibida nos EUA). Esses imigrantes ilegais, depois de terem sido deportados uma primeira vez, foram presos por terem tentado a sorte uma segunda vez. Esses homens (que, portanto, não têm permissão para trabalhar em solo estadunidense) agora se veem forçados a trabalhar entre quatro paredes por uma ninharia. E tudo isso legalmente! A administração da prisão está de fato contando com a famosa Décima Terceira Emenda à constituição estadunidense que abole a escravidão "exceto para prisioneiros condenados por crime". Legalmente, portanto, somos todos escravos! E ai daqueles que se recusam a se curvar a essa situação. Vão direto para a solitária e, depois, transferidos para outras prisões do grupo GEO. Para os mais recalcitrantes, um programa especial é imposto: a *"diesel therapy"*. A cada dois ou três dias são transferidos de uma prisão a outra, levados de um canto ao outro do país nos camburões da polícia. Isso acalma! No Texas, presidiários recentemente se revoltaram contra esse sistema em uma instalação

GEO. Ela terminou sendo fechada depois de parcialmente destruída pelo fogo durante os motins.

Em Moshannon Valley, a maneira mais dramática de mostrar descontentamento é fazer uma "greve de contagem". Somos contados cinco vezes por dia. Nesses momentos, cada um de nós deve ficar de pé, em silêncio, ao lado de sua cama. Dois guardas passam, um por vez, para nos contar e escrever o resultado em uma folha de papel. Se a soma a que chegam coincide, eles orgulhosamente balançam seus papéis e mostram sua satisfação com grandes sorrisos. Caso contrário, recomeçamos. A ação de "greve" consiste, portanto, em se mover constantemente na ala para evitar que a conta deles feche. Obviamente, todos os presos são obrigados a entrar no jogo e todos entram, já que os fura-greve ficam com a pecha de X9.

Para conseguir sobreviver nesse mundo paralelo, retomei a redação deste livro. À medida em que vou escrevendo, vou mandando os trechos para Matthieu Aron, que vai trabalhando com o que recebe. Também recebo muitas cartas de amigos e familiares às quais respondo regularmente. Também voltei a jogar xadrez, mas a concorrência é dura na ala, onde há excelentes enxadristas. Um deles, Chuck, um ex-membro do Hells Angels, condenado a 24 anos, que deve ser libertado no próximo ano, é simplesmente imbatível. No final de novembro, chegou outro bom enxadrista, um inglês apelidado de Fifa. Ele foi preso em Zurique, pouco antes da assembleia geral da FIFA (Federação Internacional de Futebol), em maio de 2015, e passou quase um ano na prisão na Suíça antes de ser extraditado para os Estados Unidos. Rapidamente nos simpatizamos um com o outro e conversamos sobre as semelhanças entre o seu caso e o meu. Segundo ele, o escândalo da FIFA (pagamento de propina para obter a atribuição de competições esportivas) seria apenas uma vingança dos Estados Unidos, furiosos por terem sido preteridos pelo Catar, para a organização da Copa do Mundo em 2022. Ele é formal e, mesmo sem dar detalhes, vejo que os EUA, apesar de seu apreço em dar lições de moral, comportam-se como a maioria dos países. Eles não titubeiam em fazer lobby junto a várias federações.

Aguentar firme, não esmorecer e, principalmente, evitar ser penalizado para manter intacto meu direito à redução de pena por bom comportamento. É um desafio diário. Por exemplo, quando você trabalha na cozinha, tem que roubar comida e trazer para sua ala. É uma obrigação. Se não fizer isso, os outros presos caem em cima você. Mas se você for pego, vai direto para a solitária, perde direito de usar o telefone e vinte e sete dias de redução de pena por "bom comportamento". Isso acabou de acontecer com um mexicano por causa de uma reles coxa de frango.

Eu permaneço o tempo todo atento. Fixei um roteiro de atividades, uma espécie de *check-list* que tento seguir à risca: seguir uma rotina, manter a forma física, evitar problemas, não apostar, não acumular dívidas, ser discreto, nunca reclamar, não se gabar, não mentir sobre quem você é ou era antes da prisão, não contar, caso alguém tenha violado as regras, jamais levantar a voz, não se enervar, nunca tocar nem esbarrar em outro preso, não se aproximar, nem sequer conversar, seja com dedos-duros afamados, seja com condenados por pornografia infantil, não se sentar com detentos de outro grupo, usar seu conhecimento para ajudar os outros, mas sem exagerar a ponto de estabelecer alianças, não aceitar presentes que o deixem em dívida, não olhar as coisas dos outros, não pedir para mudar de canal de televisão (uma das principais fontes de desavença), jamais encarar alguém, não sentir pena dos outros e, o mais importante, exercitar a paciência.

No dia 6 de janeiro, meus gêmeos Pierre e Léa completam vinte anos e fico arrasado por não estar com eles. Em 14 de janeiro, dou o troco: comemoro meus cinquenta anos na prisão. Filippo, o grego que dividiu a cela comigo durante meu último mês em Wyatt e que reencontrei aqui, preparou dois bolos que divido com os "internacionais" da Unidade C: Muay Thai, Hollywood, Vlad, outros dois russos, dois georgianos, um romeno e o Fifa.

Em 15 de janeiro, chegou a notícia. E é péssima: a magistrada de ligação, Marie-Laurence Navarri, acaba de informar minha irmã Juliette que o DOJ recusou minha transferência. Mas a magistrada não desiste. A pedido do Eliseu, que se mostra determinado a me apoiar, Marie-Laurence Navarri redige um rascunho de carta que Emmanuel Macron deve enviar pessoalmente a Donald Trump, para obter perdão para mim. Eu não acredito de fato, mas me agarro a essa esperança como a última tábua de salvação.

Dia 22 de janeiro é aniversário das gêmeas Gabriella e Raphaella. Posso falar com elas por alguns minutos pelo telefone.

— Papai, quando você vai voltar?

Já fazia muito tempo que eu não ouvia essa pergunta. Todas as lembranças ruins voltam.

— Não sei, Gabriella, mas logo.

— Você sempre diz a mesma coisa. Como antes das últimas férias! Eu ouvi você e minha mãe conversando sobre Emmanuel Macron. Depende dele?

— É complicado, mas sim, um pouco. Precisamos ter um pouco mais de paciência, querida.

— Se você não voltar, eu mesma vou escrever para o Emmanuel Macron que o papai precisa voltar para casa. E vou fazer greve na escola, junto com todas as minhas amigas!

Depois de desligar, sou abatido por uma enorme depressão. Isso não me acontece com frequência. A última vez foi em Wyatt, quando soube que a Alstom havia me demitido. Na prisão, é claro, nessas ocasiões você não pode e, principalmente, não deve contar a ninguém. Você passaria por um fracote, um pamonha, um frouxo... Então é preciso manter os dentes cerrados, ficar calado, continuar a se comportar como se tudo estivesse bem. Mas, como é duro!

A ASSEMBLEIA ABRE UM INQUÉRITO

Nos últimos dias, perdi tanto o contato com a realidade que nem percebi a mudança de horário. Estamos em meados de março e continua nevando. A penitenciária de Moshannon Valley está a 1000 metros acima do nível do mar. O frio é glacial. Qualquer suéter ou moletom é negociado a preço de ouro dentro da prisão. Mas agora não é hora de esmorecer. Em alguns minutos, terei uma reunião importante no parlatório.

Faz mais de três anos que espero por este momento e eles finalmente estão aqui, na minha frente. Claro, eu teria preferido poder falar com eles em outras circunstâncias, tenho tantas coisas a revelar. Mas enfim, o mais importante é que vieram. Olivier Marleix (LR) e Natalia Pouzyreff (LREM), presidente e vice-presidenta da CPI da Alstom, concordaram em viajar 6.000 quilômetros para me ouvir. Sei bem que não é pouca coisa. "Além disso – disse-me Marleix – não podemos dizer que os estadunidenses facilitaram nosso trabalho. Eles demoraram mais de um mês para nos conceder este direito de visita".

Rapidamente, constato que os dois eurodeputados já estão bem familiarizados com os meandros do caso Alstom. Não preciso convencê-los da ingerência estadunidense nos assuntos das grandes empresas europeias, eles estão bastante cientes disso. Aliás, há dois anos, Olivier Marleix já tinha feito a conferência de encerramento do primeiro colóquio organizado sobre esse tema na Assembleia Nacional, intitulado "Depois da Alstom, quem será o próximo?". Mas faltam-lhes os detalhes. Por exemplo, eles ainda não sabem quando foi que começou a investigação nos Estados Unidos, nem como a Alstom conseguiu negociar um prazo para pagar a multa. Durante várias horas, respondo a todas as suas perguntas, preencho as lacunas, percorro a cronologia e lhes assinalo as intrigantes coincidências de datas.

Por seu turno, eles me contam sobre a reunião que tiveram no dia anterior em Washington com o diretor de relações internacionais do DOJ, acompanhado de um velho conhecido, o procurador Daniel Kahn[55], agora promovido a chefe da unidade FCPA, em decorrência da maneira como conduziu o caso Alstom... e o meu. É claro que os questionaram sobre a recusa em me transferir. O diretor de relações internacionais preferiu se esquivar, alegando não conhecer meu caso. É óbvio que isso não é verdade. Sei que o embaixador francês e a Ministra da Justiça o alertaram diretamente sobre minha situação carcerária. Mas a mentira não para por aí. Ainda mais interessante, os dois deputados também questionaram seus interlocutores sobre a generosidade do DOJ com Patrick Kron. "Dan Kahn me disse que não tinha provas suficientes para acusá-lo", contou-me Marleix. Nova mentira. Basta consultar a declaração de culpa da Alstom para ler o contrário. Os dois parlamentares também estão determinados a "partir para cima" do meu ex-CEO, quando o ouvirem sob juramento perante a Assembleia Nacional, durante os trabalhos de sua comissão. E manterão seu propósito.

Da minha cela, nos rincões da Pensilvânia, sem acesso à Internet, é claro que só poderei acompanhar essa investigação de forma fragmentária, por meio apenas dos recortes de jornal que minha família me envia. Os relatórios são, no entanto, explícitos. Uma manchete do jornal *Le Monde* de 5 de abril de 2018 resume bem o sentimento geral: "Aquisição da Alstom pela GE: Patrick Kron não convence os deputados!". Pegou leve. Em seu prefácio ao relatório final da comissão de inquérito, Olivier Marleix desmonta completamente os argumentos apresentados pelo ex--CEO. "Patrick Kron – escreve ele – adotou um sistema de defesa claramente mentiroso. De fato, durante suas duas audiências anteriores perante a Comissão de Assuntos Econômicos da Assembleia Nacional, em 11 de março e 1º de abril de 2015, ele descartou qualquer vínculo entre a venda do ramo de energia, de um lado, e as negociações com o DOJ, de outro. Mas a realidade não é essa. Este é um dos principais destaques de

---

[55] Sobre este procurador, ver supra, pág. 107 - n. 9.

nossa Comissão de Inquérito. E o deputado pôs o dedo na ferida: "Será que a ameaça de uma multa afetou a decisão do Sr. Kron de vender? A esta pergunta nossa Comissão de Inquérito responde afirmativamente".

Aos olhos da Assembleia Nacional, portanto, Patrick Kron é um mentiroso. Isso o preocupa? Obviamente que não, porque diante dos deputados, sob juramento, ele afirma, nunca ter sofrido "nenhum tipo de pressão, ou chantagem, nem dos EUA, nem de qualquer outra jurisdição". A seguir, quando questionado sobre minha situação judicial, ele admite (pela primeira vez publicamente) que eu "não fiz absolutamente nada neste assunto por meu interesse pessoal". Nestas condições, interrogam os deputados, por que ele me despediu? E, principalmente, por que ele não me indenizou? Sua resposta é edificante: "Não houve possibilidade de tratar positivamente esse assunto", diz ele com a frieza do tecnocrata, não sem antes ousar dizer que "havia feito tudo que era possível fazer para me ajudar". O cinismo de Kron não tem limite, assim como seu sangue frio. A acreditarmos em suas palavras, quem questiona a correção de sua transação com a General Electric está apenas espalhando "insinuações infundadas e insultuosas contra ele".

Diante da CPI, porém, várias testemunhas irão contradizê-lo formalmente. Arnaud Montebourg, o ex-ministro da Economia, também depondo sob juramento, dirá estar convencido de "que uma pressão física foi exercida sobre o Sr. Kron, na forma de uma ameaça de prisão". Um ex-executivo sênior da Alstom concordará. Pierre Laporte, ex-diretor jurídico da Alstom Grid, braço do grupo especializado em transmissão de energia elétrica, irá relatar uma lembrança inquietante aos parlamentares: "Em 2013, o senhor Kron e Carr tinham se reunido com o DOJ. Keith Carr, que eu encontrei no dia seguinte, disse-me que telefonou do aeroporto para seus dois filhos a fim de preveni-los da possibilidade dele não voltar de sua próxima viagem, porque o DOJ havia ameaçado detê-los".

Olivier Marleix, durante seu inquérito parlamentar, também revelará um aspecto ignorado do caso Alstom/GE: a extravagância dos meios implementados pelas duas empresas em comunicação, financiamento e assistência jurídica. Para fazer a venda, a Alstom recorreu a dez escritórios de advocacia, dois bancos de consultoria (Rothschild & Co, Bank of America Merrill Lynch) e duas agências de comunicação

(DGM e Publicis). Do lado da General Electric, contam-se três bancos de consultoria (Lazard, Credit Suisse e Bank of America), a agência de comunicações Havas e vários escritórios de advocacia. No total, a Alstom desembolsou a quantia astronômica de 262 milhões de euros! E pode-se facilmente imaginar que a GE deve ter colocado uma soma comparável na mesa. "Será que essa superabundância de recursos permite mesmo assim que o Estado e os acionistas estejam devidamente informados ao tomarem decisões" – indaga Marleix em seu prefácio ao relatório final da Comissão. E continuando, ainda preto no branco: "Será que havia alguém do lado parisiense para fazer valer os interesses que se opunham a esses? Não haveria aí uma forma de remunerar para além de uma missão e dos trabalhos efetivamente realizados, quer dizer, não haveria nisso uma forma de influenciar a própria decisão?" Eu não teria conseguido ser mais preciso que ele. Agora entendo por que tão poucas vozes dissonantes foram ouvidas na época da compra. Silêncio vale ouro.

Finalmente, a CPI aponta também para o papel duvidoso desempenhado por Emmanuel Macron no caso. Em outubro de 2012, quando acabava de ser nomeado secretário-geral adjunto do Eliseu, vindo diretamente do Rothschild & Co, consultor bancário da Alstom, ele solicitou com urgência um estudo confidencial. A carta de solicitação diz o seguinte: "Avaliar as vantagens e desvantagens resultantes de uma mudança de acionista para a empresa, para a indústria francesa e para os postos de trabalho". Esse relatório, continua Olivier Marleix em seu prefácio, é baseado "em uma informação precisa relativa a uma mudança de acionista de referência". Trata-se, no caso, da Bouygues, que detém 30% das ações da Alstom e deseja vender sua participação. Por isso, conclui o deputado, "é lamentável que as autoridades do Estado, que dispunham de informação suficientemente precisa para encomendar um estudo ao custo de 299.000 euros, não tenham considerado útil dar continuidade à sua iniciativa para antecipar o que sucederia com essa empresa, a não ser que tenham aprovado o cenário de um favorecimento da GE". Claramente, Marleix está convencido de que Emmanuel Macron sabia antes de todos o que estava sendo tramado.

Obviamente, sou incapaz de saber se sua análise é pertinente. De minha parte, o que mais espero é que Emmanuel Macron, que nesse meio tempo se tornou Presidente da República, escreva a Donald Trump solicitando meu perdão. Porque as informações que me chegam sobre esse assunto são desencontradas. Ora a magistrada Navarri me promete que está tudo certo, ora o processo parece abandonado.

No final da nossa reunião no parlatório, Olivier Marleix promete ver em que ponto está meu caso junto ao embaixador da França em Washington e a Philippe Étienne, assessor diplomático do Presidente. Macron deve vir aos Estados Unidos em 24 de abril próximo. Ele será o primeiro chefe de estado estrangeiro a se encontrar com Donald Trump em solo estadunidense desde sua eleição. Parece que os dois (que têm em comum percursos políticos assaz atípicos) gostam um do outro. Nunca se sabe, mas posso ser beneficiado por isso. Eu me flagro a sonhar. E se Macron conseguisse obter meu perdão? E se eu pudesse voltar em sua bagagem? Mas será que é razoável nutrir tal esperança?

A VISITA DE MACRON AOS ESTADOS UNIDOS

Esperança vã. Emmanuel Macron jamais enviou a Donald Trump nenhuma carta a meu respeito. Mas o Eliseu agiu mesmo assim. Todos se mobilizaram: minha família escreveu duas vezes ao Presidente; meu advogado, o ex-Presidente da Ordem dos Advogados, Pierre Albert Iweins, apelou para todos os seus contatos; e muitas personalidades políticas me deram apoio publicamente. No *L'Obs*, no qual Matthieu Aron passou a integrar após sua saída da *Radio France*, vários ex-ministros romperam o silêncio. "A justiça estadunidense se arrogou direitos inquisitoriais contra Frédéric Pierucci", declara Jean-Pierre Chevènement, sucessivamente Ministro da Indústria, Educação, Defesa e o Interior, sob François Mitterrand e depois sob Jacques Chirac. E acrescenta: "Sou favorável a sua transferência. Devemos libertá-lo. Neste caso, já atingimos os limites do suportável, aliás, os ultrapassamos". Pierre Lellouche observa: "Pierucci é o bode expiatório perfeito: ele fez o seu trabalho. E paga por todos que montaram essas operações". O ex-secretário de Estado para Assuntos Europeus e depois para Comércio Exterior do governo Fillon chega ao ponto de manifestar publicamente inquietação por minha segurança: "Temo que algo aconteça com ele. O sistema judicial dos EUA só conhece relações de força, joga duro, está fora de controle". Arnaud Montebourg se insurge: "Não é Frédéric Pierucci que deveria estar na prisão, mas sim o seu ex-CEO, Patrick Kron, o verdadeiro responsável por todo este fiasco". O deputado (LR) do Pas-de-Calais Daniel Fasquelle é ainda mais severo: "Os dirigentes da Alstom se desinteressaram pelo destino de Frédéric Pierucci. Kron se safou do caso com um belo bônus. Isso é o que mais me choca: que Pierucci esteja na prisão e Kron recebendo um cheque. É o capitão que abandona o navio e se salva ao abandonar a tripulação".

Foi a primeira vez que corri o risco dar visibilidade midiática a meu caso. E valeu a pena. É claro que Macron não chegou a pedir meu perdão, mas a Ministra da Justiça, Nicole Belloubet, que o acompanhou em sua viagem a Washington, reuniu-se diretamente com Jeff Sessions, o Procurador-Geral dos Estados Unidos. A magistrada de ligação, Marie-Laurence Navarri, que esteve presente na reunião, defendeu minha causa: "Como vocês podem recusar a transferência de Frédéric Pierucci?", ela perguntou às autoridades estadunidenses. Ele cumpre todas as condições exigidas: nenhum crime de sangue, nem tráfico de drogas, nenhum vínculo profissional nos Estados Unidos, filhos pequenos na França, nenhum recurso da sentença, multa de 20.000 dólares paga, mais da metade da pena cumprida em prisão de segurança máxima...". Jeff Sessions então concordou, ela me disse, que eu solicitasse novamente a transferência. E ele se comprometeu a estudá-la com benevolência. O que, na linguagem diplomática, significa que, desta vez, eles irão responder positivamente. Milagre! Mas, tudo isso é apenas o início de uma penosa via crucis antes da libertação. Marie-Laurence Navarri me previne: "Você precisará esperar a aprovação oficial do DOJ, e depois conseguir uma entrevista com um juiz de imigração (o que pode levar várias semanas); então será transferido para uma prisão no Brooklyn ou Manhattan (onde pode ficar por várias semanas). Só então, finalmente, será enviado para a França". E, nem tudo estaria acabado depois de ter chegado em Paris. Assim que saísse do avião, seria apresentado a um procurador, depois teria que ficar detido em uma prisão francesa antes de poder solicitar liberdade condicional. Sim, tudo isso ainda iria levar meses. Mas mesmo que o ganho fosse apenas um dia de liberdade, valeria a pena. Porque aqui é o inferno.

Eu esperava que, com a chegada da primavera, as tensões fossem diminuir. Não foi assim. Ainda ontem, um dos nossos, um georgiano, um "internacional", esteve a ponto de ser linchado pelos mexicanos que o censuravam... por falta de higiene. Mesmo Muay Thai, o ex-legionário, não estava imune. Ao se levantar às 3 da manhã para assistir silenciosamente, praticamente sozinho, aos jogos de UFC (uma mistura de artes marciais e esportes de combate), os mexicanos bloquearam o canal sendo que não havia mais nada para assistir naquela hora...

Sim, neste mês de abril de 2018, tudo parece mais sombrio, mais violento, a não ser que seja minha capacidade de resistir que esteja esmorecendo. Às vezes chego a ficar com medo. Todas as noites sou agitado pelo mesmo pesadelo... esse túnel tenebroso do qual nunca vejo a saída. E temo, além disso tudo, ser mandado para a solitária.

Não há segredo na prisão, todos sabem de tudo. E correm os rumores de que posso ser transferido em breve, o que suscita ciúme. Circulam várias histórias. Dizem que amiúde presos ressentidos pagam a um prisioneiro sem dinheiro para que este espanque a pessoa que está partindo. Os dois então vão para a solitária e se abre uma "investigação" (que costuma durar três meses). Isso atrasa ainda mais a transferência. Por isso, muitos dissimulam sua data de libertação para evitar agressões.

Para piorar, recentemente, a administração da MVCC tornou minha vida ainda mais difícil. Será que ela se incomoda com as intervenções do meu governo? Quer que eu pague pelos apoios que recebo?

Já faz duas semanas que ela se recusa a me entregar os jornais enviados por minha família e amigos. Recebi quatro notificações em papel timbrado do DOJ/Bureau of Prison declarando que "o conteúdo da minha correspondência não é autorizado". Normalmente, recebemos esse tipo de aviso, quando os envelopes contêm fotos sexualmente explícitas ou selos com pastilhas de drogas escondidas.

Fui então até a administração e fui cumprimentado por um babaca, um daqueles guardas sádicos que se compraz em humilhar os presos por ninharias. Ele me propôs que escolhesse: ele destruiria os jornais ou os devolvia ao remetente às minhas expensas. Tentei argumentar com ele, em vão. O tom aumentou rapidamente. Mas não acabou. Esse imbecil então me mostrou dez fotos de férias com Gabriella e Raphaella que minha amiga Leila havia me enviado. Segundo ele, ele não pode me entregar as fotos porque elas não estão no formato estadunidense 5 × 7, o único autorizado para fotos. Tentei explicar a ele que na Europa o formato era diferente, mas ele não dava ouvidos. Diante de tanto absurdo e da má-fé, fiquei muito irritado. Felizmente outro guarda interveio, pouco antes de eu acabar sendo punido.

Tão cioso dos regulamentos impostos aos detentos, o grupo GEO, dono do MVCC, talvez devesse controlar melhor seu pessoal. Um membro da administração teve que abandonar suas funções do dia para a noite. Na penitenciária circula um boato: os fornecedores teriam pago propina (ué, isso não acontece só na Alstom?). Não sei se a informação está correta, mas confesso que a aprecio muito! Outra informação que nos chegou, bem mais dramática, foi que em um presídio muito parecido com o nosso, na Carolina do Sul, em meados de abril, brigas entre presos deixaram sete mortos e dezessete gravemente feridos. Os carcereiros deixaram passar sete horas antes de intervir... O acontecimento não comoveu muito o Governador do Estado Henry McMaster: "Sabemos que as prisões são locais onde colocamos pessoas que não têm se portado bem. Portanto, não é surpreendente vê-los agir de forma violenta" – ele se contentou em dizer ao *Washington Post*. Quanto cinismo! Será que a vida de uma pessoa, por mais miserável que seja, vale tão pouco? E pensar que esses comentários são feitos no país com o maior índice de encarceramento do mundo. Mais do que China, Índia ou Arábia Saudita. Em 2012, 2,2 milhões de pessoas foram presas nos Estados Unidos. Isso é 25% de todos os presos do mundo. Essa cifra me dá náusea. Na França se encarcera dez vezes menos. Um em cada três negros nos Estados Unidos irá para a prisão pelo menos uma vez na vida.

E, tanto em Moshannon Valley quanto em Wyatt, muitos detentos têm dificuldade em ler ou escrever. Então eu os ajudo a redigir suas requisições administrativas ou mesmo a projetar planos de *business* para o futuro. De fato, alguns presos que conseguiram comprar terras em seus países de origem, uma vez expulsos dos Estados Unidos, querem empreender atividades legais ao retornar a seus países. É o caso desse mexicano que quer exportar manga para o Canadá, esse dominicano que busca mercado para suas plantações de cacau, ou esse ganês, antes de ser preso, tinha aberto uma mercearia orgânica.

Eu e esse pequeno grupo de empresários iniciantes nos acostumamos a nos encontrar na biblioteca. Isso me mantém ocupado e me faz me sentir útil. Mesmo assim, tenho dificuldade de projetar meu próprio plano de negócio! O verão está chegando e ainda estou à espera de que o DOJ oficialize a promessa feita à Ministra da Justiça, Nicole Belloubet, de autorizar minha transferência. A incerteza ainda me ronda. Além disso, perdi meu advogado. Stan Twardy me disse que eu não iria mais poder contar com ele. A partir do momento em que fui condenado definitivamente e como já não posso pagar suas custas, que, diga-se de passagem, pedi que enviasse à sua empregadora, a Alstom, ele se considera desobrigado de me defender. É discutível, mas tendo em vista a assistência que ele me deu, posso prescindir dele sem medo de me arrepender.

O LONGO PÉRIPLO RUMO À LIBERDADE

Em Moshannon Valley, dos 1.800 detentos, só um é francês: Frédéric Pierucci. Então, nesse 13 de julho de 2018, último dia da copa do mundo de futebol na Rússia, sou um pouco o herói do dia. Pela primeira vez, não houve brigas por causa do programa de TV. Toda a ala se reúne na frente da tela. Tenho o apoio de africanos, russos, canadenses e romenos. Os mexicanos apoiam a Croácia. Explosão de alegria pelos gols de Pogba e Mbappé, um pequeno temor depois do vacilo de Lloris e, no final, orgulho pela vitória. O ambiente está amistoso e agradável, lembra-me 1998, quando, às três da manhã, e junto com outros expatriados franceses, eu tinha acompanhado de Pequim, onde estava trabalhando, o triunfo tricolor anterior. Também agora estou um pouco mais relaxado, pois soube no início deste mês que o DOJ deu autorização oficial para meu retorno à França. Relaxado, mas precavido. Ainda temo que no último momento eles encontrem uma forma de me obrigar a ficar, envolvendo-me em um novo caso. Nunca se sabe, eles podem me fazer passar mais um ano em solo estadunidense em "*probation*". Isso não tem precedentes em casos similares ao meu, mas espero todo tipo de torpeza por parte deles.

O que mais temo são os *snitchers*, os prisioneiros, que trabalham à sorrelfa para o FBI e que abundam em Moshannon Valley. Recebi dois alertas em quinze dias. Primeiro, um georgiano preso no contexto de um grande caso de drogas em Nova York, que tinha acabado chegar na nossa ala. Dois dos meus codetentos o pegaram vasculhando meus papéis. Os russos, que são numerosos no C5 atualmente, imediatamente iniciaram uma investigação com seus contatos no exterior. Eles tiveram a confirmação de que o georgiano era de fato um X9. O representante dos "internacionais" informou a direção, que imediatamente o exfiltrou para outro lugar. E uma semana depois desmascaramos outro *snitcher* que também estava me rondando. Desta vez, a administração o mandou direto para a solitária a fim de protegê-lo. E não parou aí. Também recebi recentemente uma carta muito estranha de um prisioneiro em Wyatt, que conheci quando fiquei preso lá. Meu ex-codetento não pode ignorar que é expressamente proibido um prisioneiro escrever para o outro. Sua carta pode, portanto, causar uma sanção contra mim. Por que ele me colocou nessa situação? O que o motivou? Será que ele também é um informante? Pare, Frédéric! Pare de ver complôs por toda a parte... Contenha a paranoia... Contenha a paranoia... E se eu já estivesse paranoico? Preciso sair logo daqui, senão a paranoia tomará conta de mim.

No próximo 25 de julho, devo, por meio de uma conexão virtual, falar com um juiz de imigração, para confirmar meu desejo de ser transferido. Então, eu teria apenas que esperar pela data da minha partida efetiva (que deve ocorrer dentro de um período de três a seis semanas). Mas no último momento fui tomado por uma dúvida. Dada a lentidão da administração estadunidense (proposital, estou plenamente convencido), não seria do meu interesse esperar até o final da minha pena? Serei solto no final de outubro, início de novembro, e pelo menos isso me poupará uma passagem por uma prisão francesa, com a consequente menção dela no meu cadastro jurídico. Mas em seguida raciocino comigo mesmo. Não cometa essa estupidez. Vá. Parta o mais rápido possível... Do contrário, Moshannon Valley o deixará louco!

9 de setembro de 2018. Esta tarde, verifiquei ansioso se meu nome estava na lista de saída afixada nos corredores da ala. Sim, ele estava lá. Grande alívio. Foi preciso ser paciente. A administração penitenciária dos Estados Unidos já esgotou todos os recursos para adiar ao máximo minha transferência. Mas tudo tem um fim, até mesmo os piores pesadelos. Amanhã às 8:00 horas estarei de partida.

Ao amanhecer, os carcereiros pedem para tirarmos toda a nossa roupa. O ex-legionário de Muay Thai também está de partida. Será enviado de volta para a Eslováquia. Temos que vestir as roupas reservadas aos presos em translado: camiseta de manga curta, calça cáqui, sandálias de lona. Então, eu e mais outros cinco presos embarcamos em um ônibus, sob uma chuva torrencial, depois de termos sido acorrentados pelos pés e algemados. Felizmente, não colocaram a barra de aço entre os pulsos, que corta a pele e atinge as juntas, porque a viagem para Nova York promete ser longa. Deve levar cerca de oito horas. No ônibus, o ar-condicionado está ligado no máximo, estamos tremendo frio e, apesar de nossos reiterados pedidos, os guardas, confortavelmente agasalhados em seus casacos, se recusam a aumentar a temperatura. Pouco antes do meio-dia, nosso comboio faz uma parada na área de carga do Aeroporto de Harrisburg habitualmente usada pelos militares. Ao redor da pista, cerca de quinze ônibus semelhantes ao nosso, uma infinidade de SUVs e pequenos camburões aguardam a chegada dos aviões. Descubro então que Harrisburg, uma vez por semana, se transformava em uma plataforma de triagem pela qual passam todos os presos que estão sendo transferidos entre as várias prisões estadunidenses. Quando uma aeronave para, dezenas de policiais armados até os dentes, submetralhadoras nas mãos, equipadas com coletes à prova de balas, se posicionam ao redor das passarelas.

Continua chovendo torrencialmente e a noite já começa a cair quando tenho que caminhar sob os berros dos guardas, ainda acorrentado, as sandálias de lona encharcadas na pista escorregadia, tendo a sensação de que, a cada passo, adentro um pouco mais em um filme de terror. Como um maldito da terra, dou passos miúdos na direção dos aviões quando, no último minuto, um guarda me arrasta para fora da fila e me empurra para um ônibus. Ao contrário do que pensei, não vou embarcar em um avião para Nova York. O camburão em que fui colocado começou a funcionar imediatamente. Um de meus codetentos (que já tinha passado por esse tipo de transferência antes) me informa sobre nosso novo destino: a Penitenciária de Alta Segurança Canaã, situada no nordeste da Pensilvânia. Chegamos lá no início da noite. O procedimento de admissão é penoso e demorado, levando quase quatro horas. Finalmente, desabamos em nossas celas, famintos e com sede. Não tínhamos bebido nada desde a manhã. Quando acordamos, ficamos sabendo que teríamos que passar vinte e quatro horas nesse lugar, antes de partirmos para

Manhattan. Tenho apenas uma lembrança de Canaã. É impossível engolir qualquer coisa ali, porque a comida é repugnante. Convém dizer que, entre os prisioneiros, somos desconfiados. Há poucos anos, em 2011, nessa penitenciária, mais de trezentos presos, e também guardas, depois de comerem coxas de frango, foram vítimas da mais grave intoxicação por salmonela na história dos Estados Unidos.

À noite, por volta das 22h, pegamos a estrada novamente, dessa vez em direção ao centro de detenção do Brooklyn. Outra parada entre 1:00h e 5:00h da manhã, durante a qual permanecemos trancados em uma gaiola, como animais, com mais trinta e seis pessoas, sendo quatro hispânicos e trinta e dois negros estadunidenses. Muay Thai e eu somos os únicos dois brancos. Meu périplo medonho finalmente termina. Durou mais de três dias. Três dias para terminar um percurso de menos de 400 quilômetros.

Em 12 de setembro de 2018, ainda algemado e acorrentado, adentro o Metropolitan Correctional Center em Manhattan. Sinto um choque violento. Foi nessa mesma penitenciária que passei minha primeira noite de inferno logo depois da minha prisão e meu primeiro interrogatório na sede do FBI em 14 de abril de 2013. Isso foi há cinco anos e meio.

O Metropolitan Correctional Center, como Wyatt, é uma prisão ultra-segura. A imprensa estadunidense a chama de "Guantánamo de Nova York". É aqui que estão detidos presos considerados os mais perigosos criminosos, à espera de julgamento ou extradição para os seus países de origem. Na ala para onde fui designado, a cela em frente à minha está ocupada por um triplo assassino, a que está à minha esquerda por um bengali, que foi preso há poucos meses portando um cinto com explosivos. Ele queria explodir o metrô de Nova York. E nas celas bem abaixo estão encarcerados dois locotenentes do traficante mexicano El Chapo: seu principal assassino de aluguel, um sicário acusado de ter liquidado 158 pessoas, e seu "banqueiro", encarregado de lavar o dinheiro do narcotráfico. O próprio El Chapo está encarcerado em uma solitária em um andar mais elevado do edifício.

Felizmente, antes mesmo que tivesse tempo de me instalar, sou chamado ao parlatório. Uma boa surpresa me aguarda lá. Jérôme Henry, o vice-cônsul da França em Nova York, queria me ver assim que eu chegasse ao Metropolitan Correctional Center, acompanhado da Sra. Helene

Ringot, chefe do serviço social. Depois de duas noites sem dormir e sem poder tomar banho, estou em um estado lamentável, mas tanto faz, sinto-me seguro em vê-los. Discutimos todos os detalhes práticos de minha transferência para a França. Os funcionários da imigração "perderam" meu passaporte e terão que providenciar um passe especial. E Jérôme Henry (por tolo que pareça) precisará me trazer algumas roupas que Clara comprou pela internet e mandou entregar no consulado. Tudo o que tenho é a camiseta suja com a qual estou viajando há três dias e um par de sandálias de lona que já estão rasgadas. O que me obriga a ficar parcialmente descalço. Na verdade, terei que esperar mais oito dias no Metropolitan Correctional Center, aguardando meu retorno à França, previsto para 21 de setembro. Terei que sobreviver por uma semana na companhia de assassinos em uma verdadeira cloaca, pois as condições higiênicas são deploráveis. A umidade se infiltra em todos os lugares. Todos os encanamentos de água estão vazando, ao contrário dos chuveiros, cuja maior parte já não funciona há muito tempo. Por seu turno, os banheiros ficam amiúde interditados. No nosso andar, uma das celas, cuja porta não fechava mais, ficou abandonada. Transformada em lixão, ela exala um cheiro nauseabundo. Mas o pior é à noite, o burburinho dos ratos. Muito agressivos, não hesitam em morder seu rosto ou sua testa quando você está dormindo. É por isso que todos cobrem a cabeça com o cobertor para dormir. Para completar, estou totalmente sem fundos. O dinheiro que tinha na conta de Moshannon Valley não foi enviado para o Metropolitan Correcional Center. Não posso comprar nada, nem tigela, nem copo, nem colher e nem sandália. Como os outros detentos estão todos na mesma situação, temos que nos virar com o que dá. Finalmente conseguimos um par de sandálias, que precisamos partilhar entre quatro, revezando o uso... Os dias passam, intermináveis. Então, para matar o tempo, fico fazendo... exercícios de matemática. E ajudo um jovem haitiano, que espera um dia passar no GED (o equivalente ao ENEM).

Finalmente chega 21 de setembro. Funcionários da administração penitenciária francesa devem vir me pegar diretamente no Metropolitan Correctional Center e me escoltar ao aeroporto JFK, para me embarcar em um avião com destino a Roissy. Mas até o último instante, temo que minha transferência possa ser cancelada. Porque no mesmo dia El Chapo, o traficante mexicano, foi levado ao tribunal para ser julgado e por isso centenas de policiais estadunidenses bloquearam todo a cercania do Metropolitan Correcional Center e a Ponte do Brooklyn em uma impressionante manifestação de força. Três horas antes de o voo, fui enfim retirado de minha cela, algemado da cabeça aos pés e jogado em um caveirão. Nosso comboio então percorreu a todo vapor as ruas de Nova York, todas as sirenes soando, para chegar ao aeroporto a tempo. Foi apenas no início da passarela que fui oficialmente entregue às autoridades francesas.

Finalmente, aqui estou, instalado no avião da Air France. Três oficiais da prisão me escoltam. Meu caso lhes foi relatado em Paris, sabem que não sou perigoso e, portanto, imediatamente tiram minhas algemas. Ficamos na última fila, vamos conversando. Quase tenho a sensação de viajar como um homem livre.

Às 5:30 da manhã, o avião pousou no aeroporto Charles-de-Gaulle. Tenho vontade de abraçar o solo francês. Quando deixei a aeronave, fui levado ao tribunal de Bobigny e, conforme prevê o procedimento em caso de transferência de um detido, imediatamente encaminhado ao Ministério Público. Então sou colocado em uma cela à espera de que um juiz de execução penal determine meu destino. Naquele momento, cheguei a acreditar que seria liberado durante o dia. Mas, infelizmente, não havia nenhum magistrado de plantão. Depois de esperar por vinte horas na cela, sou levado ao centro de detenção de Villepinte, onde ficaria pelo menos durante o fim de semana, na esperança de que um juiz examine minha situação na segunda-feira seguinte. No local, sou recebido de forma muito profissional. Para preservar minha segurança, foi-me perguntado se preferia ficar em uma cela solitária. Claro que aceito prontamente. Finalmente sozinho, depois de um ano pernoitando em um dormitório! Finalmente um pouco de privacidade! Finalmente um mínimo de conforto. A cela é espaçosa, tem TV, vasos sanitários separados, as refeições são muito corretas e os guardas são particularmente corteses. Recebo – sem dúvida – um tratamento "especial", no bom sentido. Além disso, fico sabendo que o deputado Olivier Marleix, presidente da Comissão Parlamentar de Inquérito da Alstom, veio ao centro de detenção preventiva de Villepinte na noite da minha chegada, na esperança de me encontrar. Mas eu ainda estava na cela do tribunal de Bobigny.

Então, logo na manhã de segunda-feira, setenta e duas horas após meu retorno à França (portanto, em um intervalo judicial muito breve), o juiz de execução penal se dedicará a meu caso. Ele decide me colocar em liberdade condicional imediatamente.

Na terça-feira, 25 de setembro de 2018 às 18:00h, passados cinco anos e meio da minha prisão no aeroporto JFK, depois de amargar vinte e cinco meses na prisão nos Estados Unidos, quinze dos quais em uma unidade de alta segurança, deixo a prisão. Eu finalmente reconquistei minha liberdade.

EPÍLOGO

No momento em que termino este livro com Matthieu Aron, já estou livre há cinco semanas. Minha família, meus sócios, meus amigos, todos me aconselham a descansar, fazer uma viagem para longe, desanuviar. Mas ainda não é hora. Não quero parecer aqueles presos que, destroçados pela experiência prisional, recolhem-se em um canto para recuperar as forças, ou que, de repente inebriados pela porta que se abre à sua frente, tentam esquecer buscando um outro lugar. Não quero "mudar de vida". Quero continuar minha luta. Quero servir. Porque é de uma verdadeira guerra que se trata.

François Mitterrand, no ocaso do seu mandato, confidenciando a Georges-Marc Benamou, tinha razão ao pronunciar a frase premonitória: "A França não sabe, mas estamos em guerra com a América. Sim, uma guerra permanente, uma guerra vital, uma guerra econômica, uma guerra aparentemente sem morte e mesmo assim uma guerra até a morte".

Esta guerra não é *minha* guerra. É uma guerra que diz respeito a todos nós. Uma guerra mais sofisticada do que a convencional, uma guerra mais dissimulada do que a guerra industrial, uma guerra ainda desconhecida pela opinião pública: a guerra judicial. Especialistas do CAT[56] descreveram muito bem esse novo tipo de conflito, denominado "*lawfare*", que consiste em usar o sistema jurídico (a lei) contra um inimigo – ou adversário designado como tal – com o propósito de deslegitimá-lo,

---

[56] A sigla refere-se ao Centre d'analyse du terrorisme <Centro de Análise do Terrorismo>. Ver página em: <cat-int.org> (consultada em 22/10/2021). N. T.

causar-lhe o máximo de dano e acuá-lo por meio de coerção. Este conceito foi formalizado logo após os atentados de 11 de setembro de 2001 pelo Coronel do Exército dos EUA Charles Dunlap. Desde então, foi retomado por muitos pesquisadores nos círculos neoconservadores estadunidenses que propuseram a ampliação de seu escopo. De fato, os Estados Unidos conseguiram impor a seus aliados e as respectivas empresas um conjunto de normas sobre temas consensuais: combate ao terrorismo, à proliferação nuclear, à corrupção ou à lavagem de dinheiro. Todos esses combates são legítimos e necessários, mas permitiram que os estadunidenses se autoproclamassem "os xerifes do mundo". Por força do poder do seu dólar (que é utilizado para as trocas comerciais) e da sua tecnologia (que permite a transmissão de dados em âmbito global, através dos seus sistemas de mensagens na Internet), são os únicos capazes de promulgar leis extraterritoriais e, principalmente, aplicá-las. É assim que a arapuca se fecha. A partir do final da década de 1990, os países europeus aceitaram se submeter à "lex americana". E até hoje continuam incapazes de se munir de ferramentas comparáveis para se defender ou retaliar. Mas será que eles têm pelo menos vontade de consegui-lo?

Por quase vinte anos, a Europa se deixou esbulhar. As maiores empresas alemãs, francesas, italianas, suecas, holandesas, belgas, inglesas foram condenadas uma após a outra por corrupção ou crimes bancários, e até por não obedecer a embargos impostos pelos EUA. E dezenas de bilhões de multas acabaram nas mãos do Tesouro dos Estados Unidos. Só as empresas francesas já foram subtraídas em mais de 13 bilhões de dólares. Sem falar nas que ainda serão capturadas amanhã, inevitavelmente. A começar por nossas duas multinacionais ultraestratégicas, a Airbus e a Areva (rebatizada de "Orano"), ambas também na mira do judiciário estadunidense por casos de corrupção.

Essa extorsão, porque é disso que se trata, é de uma amplitude inédita.

No início de 2019, é-me difícil conter a raiva pelo que aconteceu com a Alstom e seus funcionários. Nenhum dos compromissos assumidos por Jeff Immelt, chefe da General Electric na época da aquisição, foi honrado. Nenhum! As pseudo *joint ventures*, tão alardeadas por nossos governantes, acabaram se revelando o que de fato eram: reles quimeras. Além disso, a GE jamais cumpriu sua promessa de 1.000 novos postos de trabalho na

França. Aliás, o grupo já anunciou a eliminação de 354 dos 800 postos de trabalho em Grenoble e, em Belfort, as subcontratadas constatam que as encomendas prometidas não acontecem. Muito em breve, a partir de 2019, os antigos empregados da Alstom não estarão mais protegidos pelo amplo plano de reestruturação decidido pela GE na Europa (eliminação de 4.500 postos de trabalho anunciada, o que equivale a 18% de seu efetivo). E é sem dúvida só o começo. Em 30 de outubro de 2018, Larry Culp, o novo chefe da GE nomeado um mês antes, anunciou um prejuízo de 20 bilhões de euros no terceiro trimestre e uma reestruturação de sua divisão de energia. Já se foram os dias em que Patrick Kron anunciava em todas as TVs e rádios um "formidável projeto industrial", prometia "empregos garantidos" e um futuro brilhante com "desenvolvimentos importantes no setor de energia". Mesmo assim, alguns ainda tentam reescrever a história. A nos fiarmos em alguns analistas, os contratempos vividos pela GE atestariam, por um raciocínio invertido, a pertinência da venda da Alstom. Segundo eles, Patrick Kron teria sido um visionário formidável, pois teria previsto, antes de todo mundo, o que iria acontecer e teria até "passado a conversa" na GE.

Mas quem eles acham que enganam? Para começar, é extremamente comum que um novo chefe, recrutado para reorganizar uma empresa em dificuldades, seja alarmista na chegada, anunciando perdas significativas devido às más escolhas de seus antecessores, a fim de logo poder apresentar melhorias. Além disso, todos os profissionais do setor sabem muito bem que a evolução do mercado de energia é por natureza cíclica, mas cresce no longo prazo. A leitura que esses "analistas" fazem das dificuldades enfrentadas pela gigante estadunidense é, no mínimo, simplista. Não, as dificuldades da GE não remontam à aquisição da Alstom Power, longe disso!

Suas ações caíram mais de 75% desde setembro de 2000. E a GE esteve à beira da falência depois da crise do subprime de 2008, afetando severamente sua subsidiária financeira GE Capital. Desde então, a GE tem uma dívida enorme, graças, em grande medida, a essa divisão moribunda da qual não conseguiu se livrar completamente.

Além disso, quando observamos mais detidamente a perda anunciada de 20 bilhões de euros, constatamos que ela na realidade é puramente contábil, resultante apenas da depreciação dos ativos de toda a divisão

Power da GE sem impacto no caixa. A aquisição da Alstom Power em 2014, portanto, não é a única responsável. Dito isso, é preciso observar que a GE Power mantém uma carteira de pedidos copiosa, que alcança 99 bilhões de dólares, correspondente a mais de dois anos e meio de trabalho. A situação das atividades da GE Power provenientes da Alstom, portanto, não é tão catastrófica, ao contrário da situação do grupo GE, esta sim, efetivamente catastrófica. A verdadeira explicação pode estar em outro lugar, especialmente nas dificuldades atinentes à tecnologia. Em setembro de 2018 a GE anunciou problemas de oxidação que poderiam afetar 55 turbinas de seu novo modelo de turbinas a gás... já entregues a seus clientes.

A Alstom, por seu turno, está desaparecendo. Em 2019, seu ramo de transportes está em vias de ser adquirido pela alemã Siemens.

A Alstom, portanto, morreu.

Mas a desestabilização dessa empresa à qual dediquei vinte e dois anos da minha vida está longe de ser um caso isolado. Vejamos a situação no Irã. Como podemos aceitar nossos maiores grupos industriais desistirem de contratos consideráveis que obtiveram nesse país, simplesmente porque Donald Trump inopinadamente decidiu se retirar do acordo nuclear e impor um embargo econômico a Teerã, sozinho, contra o resto do mundo? A Total, que exploraria 50% da maior reserva de gás do mundo, e a PSA, que planejava construir duzentos mil carros por ano, tiveram que jogar a toalha. Tinham muito medo de serem processadas pelo judiciário estadunidense se continuassem a comerciar com os iranianos. Em nome de que princípio superior pode um presidente bilionário e arrogante impor tal ditame? Vejo que há países tentando reagir. Assim é que a Alemanha, na voz de seu Ministro das Relações Exteriores, Heiko Maas, exorta seus parceiros europeus a adotarem um sistema de pagamento diferente do dólar, para evitar persecuções por parte do FBI. Ou, Bruno Lemaire, o ministro da Economia francês, que finalmente se insurge contra os decretos "trumpistas". "É isso o que queremos, ser vassalos dos Estados Unidos e obedecê-los servilmente?" – indaga ele em maio de 2018 a propósito do Irã. Mas já é tempo de passar das palavras à ação.

Especialmente porque a ameaça está crescendo. Os estadunidenses acabam de promulgar o *"Cloud Act"*. Esse dispositivo permite que suas agências de inteligência tenham acesso facilitado aos dados pessoais armazenados fora dos Estados Unidos. Correio eletrônico, conversas virtuais, fotos, vídeos, documentos confidenciais de empresas. Todas essas informações poderão alimentar, ao gosto das estratégias políticas ou econômicas, a "documentação" dos serviços estadunidenses. Sim, nossos dirigentes devem doravante mostrar coragem política, se não quisermos ser definitivamente reduzidos à condição de "vassalos", para retomar o termo empregado pelo ministro Lemaire. Imagine qual teria sido a reação estadunidense se a França ou outro país europeu tivesse encarcerado um executivo estadunidense do Google por evasão fiscal? Será que precisaremos chegar a esse ponto para conquistarmos respeito? Fiquemos atentos, pois, se continuarmos a ser passivos assim, outros países, como a China, também passarão a nos impor suas próprias leis extraterritoriais.

É preciso, portanto, começar a agir o mais rapidamente possível e no âmbito europeu. Por exemplo, criando, como propõe o ex Primeiro-Ministro Bernard Cazeneuve, que agora exerce a advocacia, um Ministério Público europeu de combate à corrupção. Esse seria o único instrumento de persecução suficientemente poderoso para lutar em paridade de armas com o DOJ.

Pois não nos enganemos, qualquer que seja o ocupante da cadeira de Presidente dos EUA, seja democrata, seja republicano, carismático ou detestável, a administração em Washington sempre atende aos interesses do mesmo grupo de industriais: Boeing, Lockheed Martin, Raytheon, Exxon Mobil, Halliburton, Northrop Grumman, General Dynamics, GE, Bechtel, United Technologies, dentre outros. A diferença é simplesmente que, a depender da personalidade de quem estiver à frente do Salão Oval, a "lex americana" nos parece mais ou menos tolerável. E esquecemos ou nos recusamos a ver que os Estados Unidos, que se arvoram em dar lições de moral a todo o planeta, são os primeiros a fechar negócios fraudulentos nos diversos países sob sua zona de influência, a começar pela Arábia Saudita e o Iraque. Mas hoje o contexto é um pouco diferente, está mais propício a uma tomada de consciência. Com Donald Trump, o imperialismo estadunidense aparece em toda a sua monstruosidade. Não percamos essa oportunidade. É para a Europa e para a França o momento de nos rebelarmos. E nos fazermos respeitar. Finalmente.

POSFÁCIO

Por Allain Juillet, ex-diretor de Informação da DGSE[57],
ex-Alto Responsável pela Inteligência Econômica
da França e Presidente da Academia de Inteligência
Econômica da França.

Depois dos casos do BNP Paribas e da Total, os litígios da Alstom com o judiciário dos Estados Unidos suscitaram vários comentários e indagações. As comissões de inquérito na Assembleia Nacional e no Senado foram instauradas pelos parlamentares a fim de tentar compreender como a França pôde deixar escapar uma de suas joias industriais. Para além das declarações apaziguadoras do CEO da Alstom, que insiste em denunciar uma campanha conspiratória contra ele, de fato faltavam peças do quebra-cabeça, porque os gestores da Alstom e da General Electric tiveram o cuidado de não contar tudo aos conselhos de administração das empresas e nem às autoridades parlamentares. O triste é que a empresa errou e, como aprendemos neste livro, insistiu no erro, apesar dos diversos alertas.

Ao percorrer estas páginas podemos entender melhor o constrangimento dos executivos da empresa em confessar o inconfessável. Sabendo que estavam ameaçados de eventual processo por corrupção e

---

[57] *Direção Geral de Segurança Externa <Direction Générale de Sécurité Extérieure>*, órgão do Ministério da Defesa *<Ministère de l'Armée>* da França <defense.gouv.fr/fre/dgse>. N. T.

cumplicidade em corrupção de funcionários estrangeiros, alguns tentaram se safar sacrificando outros.

O fato é que, há uma década, as empresas europeias têm sido alvo de ataques do sistema judicial estadunidense. Elas não apenas padecem com multas colossais, como são colocadas "sob tutela": não satisfeitos em embolsar multas robustas, – os estadunidenses também impõem a essas empresas a presença de um "controlador" durante vários anos.

Esses "controladores", indicados pelos estadunidenses, mas remunerados pela empresa, têm a função de verificar se as normas de *compliance* estão sendo observadas. Só que essas normas, fixadas segundo os critérios concebidos especificamente pelos EUA, não correspondem necessariamente à nossa visão de ética empresarial. Talvez sequer correspondam à nossa visão de ética em geral... Esperemos que, com a chegada da lei Sapin 2, que deve permitir combater melhor a corrupção e ao mesmo tempo proteger as nossas empresas, a situação evolua de forma positiva.

Depois de ler este livro, os gestores de nossas empresas públicas e privadas disporão dos elementos que lhes permitirão entender verdadeiramente os métodos e as práticas utilizados pelos Estados Unidos para vencer as batalhas e conquistar seus objetivos. Por meio de uma série de leis sucessivas, nossos amigos estadunidenses foram gradualmente ampliando a alçada e a interpretação da luta contra a corrupção. Com a ajuda de seus serviços de inteligência, eles puseram em marcha uma máquina de guerra que lhes permite processar qualquer um que não respeite suas regras decididas unilateralmente. É verdade que é mais fácil ser o "xerife do mundo" quando se pode contar com a capacidade de escutas da NSA...

Naturalmente, ninguém deve ignorar a lei. Mas a pretensão extraterritorial da lei anticorrupção dos EUA é questionável. Principalmente porque essa extraterritorialidade não é recíproca. Isso leva muitos juristas internacionais a considerá-la abusiva e imposta pela força. E o que vale para o dispositivo FCPA também vale para outros assuntos. A hiperpotência, cara a Madeleine Albright, também não hesita em impor sanções a todos aqueles que preferirem comprar armas de seus concorrentes russos ou chineses, ou que desejam comercializar com um país que eles resolveram embargar.

Diante dessa lógica imperial baseada no poderio militar, no sistema judicial e na capacidade digital, o oponente não tem escolha: deve se submeter, colaborar ou desaparecer. Face a essas práticas, precisamos ser realistas e parar de sonhar. Como Churchill judiciosamente já dizia, não temos amigos. Só temos inimigos, concorrentes e parceiros. Longe do *hard power* do presidente Bush Júnior, do *smart power* do presidente Clinton e do *soft power* do presidente Obama, estamos no *tough power*, e ainda no começo dele. Será que é normal que a nossa administração, e com ela as dos países europeus, não disponham dos meios para se opor? Será que nos tornamos tão fracos que só a retirada sem glória está ao nosso alcance?

O que Frédéric Pierucci viveu e que conta com maestria é melhor do que um romance, porque é uma verdadeira história do século XXI. Se seu pesadelo pessoal acabou, outras empresas francesas, cuja incúria não lhes deixa ver a dura brutalidade da competição internacional e as práticas de certos países, não estão imunes. Esperemos que este livro lhes abra os olhos e as faça pensar. Então o calvário de um homem não terá sido em vão.

ANEXOS

As multas infligidas aos bancos europeus pelos EUA

Nos últimos dez anos, as punições fundadas no descumprimento das sanções econômicas internacionais decididas pelos Estados Unidos atingiram fundamentalmente os bancos europeus.

O único banco estadunidense sancionado, moderadamente, por violar embargos parece ser o *JP Morgan Chase*.

Desde 2009, os bancos europeus pagaram cerca de 16 bilhões de dólares de multas diversas às administrações dos Estados Unidos.

No quadro a seguir, é preciso incluir a *Société Générale* que, em junho de 2018, foi obrigada a pagar mais de 1 bilhão de dólares ao DOJ e à *Commodity Futures Trading Commission* (CFTC) para resolver dois litígios atinentes a manipulação da taxa interbancária *Libor* e sobre casos de corrupção na Líbia, e em novembro de 2018, foi obrigada pagar 1,3 bilhão de dólares ao DOJ e à Reserva Geral dos EUA por violar embargos a Cuba.

Os maiores montantes de penalizações impostas por violações de sanções internacionais dos EUA e/ou da legislação anti-lavagem de capitais[58]:

---

[58] Extraído do relatório de informação da Comissão de Assuntos Estrangeiros e da Comissão de Finanças da Assembleia Nacional da França sobre a extraterritorialidade da legislação estadunidense na data de 5 de outubro de 2016.

Empresa	País (da sede da empresa na época dos fatos imputados)	Montante global (OFAC, DoJ e/ou Fed e/ou Estado e condado de New York) das penas pagas aos EUA (milhões de dólares)	Ano da operação
BNP Paribas	França	8.974	2014
HSBC	Reino Unido	1.931	2012
Commerzbank	Alemanha	1.452	2015
Crédit Agricole	França	787	2015
Standard Chartered	Reino Unido	667	2012
ING	Holanda	619	2012
Crédit suisse	Suíça	536	2009
ABN Amro/Royal Bank of Scotland	Holanda	500	2010
Lloyds	Reino Unido	350	2009
Barclays	Reino Unido	298	2010
Deutsche Bank	Alemanha	258	2015
Schlumberger	França/EUA/Holanda	233	2015
Clearstream	Luxembourg	152	2014
UBS	Suíça	100	2004
JP Morgan Chase	EUA	88	2011

Como a General Electric enterra seus casos de corrupção

Em 2008, Andrea Koeck, advogada da divisão *Consumer and Industrial* da General Electric, alertou seus superiores. Ela descobriu um sistema interno de fraude de IVA, e afirma ter descoberto práticas duvidosas em contratos celebrados no Brasil (propinas). O que fazem seus superiores? Agradecem a advogada demitindo-a! Então, quando a imprensa descobre o escândalo, a General Electric, embora se apresente como "uma campeã na luta contra a corrupção", sacou seu talão de cheques e fez um acordo com a advogada para silenciá-la.

Outro caso semelhante: o caso Asadi, nome que evoca o presidente da General Electric no Iraque. No verão de 2010, Khaled Asadi se opôs à contratação da Imam Mahmoud, uma mulher muito próxima do vice-Ministro de Energia do Iraque. Asadi se recusa a agraciá-la com um emprego de conveniência em troca da obtenção, por parte da General Electric, de um contrato de 250 milhões de dólares. Pouco depois de informar seus superiores, ele, como Andrea Koeck, foi defenestrado, tendo sido ainda forçado por seus superiores a se demitir.

O ex-presidente da General Electric no Iraque leva o caso a tribunal e pede o benefício da lei Dodd-Frank que protege denunciantes nos Estados Unidos. A denúncia de Asadi, no entanto, não será acolhida pelo sistema judicial estadunidense. Argumento: Como os fatos denunciados ocorreram no exterior, a Lei Dodd-Frank não pode ser aplicada. Os Estados Unidos, portanto, se arvoram ter jurisdição internacional para processar empresas, mas não para proteger quem denuncia.

Análise das multas pagas às autoridades estadunidenses pelo FCPA (>100 milhões de dólares)

Nº	Empresa	País	Ano	Multa US (DOJ+SEC) em milhões de dólares	Funcionário investigado no sistema penal
1	Siemens	Alemanha	2008	800	8
2	Alstom	França	2014	772	4
3	Telia	Suécia	2017	691,6	0
4	KBR/Halliburton	EUA	2009	579	2
5	Teva Pharmaceutical	Israel	2016	519	0
6	OCH/ZIFF Capital Mingt	EUA	2016	412	0
7	BAE	Reino Unido	2010	400	0
8	Total	França	2013	398,2	0
9	Vimpelcom	Holanda	2016	397,5	0
10	Alcoa	EUA	2014	384	0
11	ENI/Samprogetti	Itália	2010	365	0
12	Technip	França	2010	338	0
13	Société Générale	França	2018	293	0
14	Panasonic	Japão	2018	280	0
15	JP Morgan Chase	EUA	2016	264	0
16	Odebrecht/Braskem	Brasil	2017	260	0
17	SBM Offshore	Holanda	2017	238	2
18	JGC Corporation	Japão	2011	218,8	0
19	Embraer	Brasil	2016	205,5	1
20	Daimler	Alemanha	2010	185	0
21	Petrobras	Brasil	2018	170,6	0
22	Rolls-Royce	Reino Unido	2017	170	3
23	Weatherford	Suíça	2013	153,6	0
24	Alcatel	França	2010	138	2
25	Avon Products	EUA	2014	135	0
26	Keppel Offshore & Marine	Singapura	2017	105	1

Legenda (em dólares)

■ União Europeia: 5,339 bilhões   ▨ EUA: 1,774 bilhão   ☐ Outros: 1,759 bilhão

Fonte: nota da análise realizada pela IKARIAN.

Diferença de tratamento entre as empresas do Dow Jones 30 e do CAC 40 por infração ao FCPA

DOW JONES 30	CAC 40
Department of Justice (DOJ): três empresas	Department of Justice (DOJ): cinco empresas
❖ Johnson & Johnson 2011	❖ Technip 2010
❖ Pfizer 2012	❖ Alcatel 2010
❖ JP Morgan 2016	❖ Total 2013
	❖ Alstom 2014
	❖ Société Générale 2018
Securities and Exchange Commission: Duas empresas	Securities and Exchange Commission: Uma empresa
❖ IBM 2000 e 2011	❖ Sanofi 2018
❖ Dow Chemical 2007	
Nenhum funcionário sofreu persecução penal	Seis funcionários sofreram persecuções penais
Multas: 343 milhões de dólares	Multas: 1,965 bilhão de dólares

Fonte: nota da análise realizada pela IKARIAN.

AGRADECIMENTOS

À minha mãe e a Roland, meu pai e Anne-Marie, minha irmã e meu cunhado, que colocaram suas vidas pessoais em suspenso durante esses cinco longos anos para vir em meu socorro e apoiar minha esposa e nossos filhos.

Agradeço especialmente a Linda e Paul, Michael e Shalla, sem os quais eu nunca teria sido solto em junho de 2014. Eles aceitaram o impensável: dar sua própria casa em caução. Sou-lhes eternamente devedor. Externo aqui minha gratidão por sua generosidade e pela confiança que em mim depositaram.

Gratidão também aos amigos que me apoiaram durante esta provação: Tamir por sua amizade infalível e sua calorosa acolhida em 2014; Antoine e Claire, Leila e Stany, Didier e Alexandra, por sua lealdade inabalável e sua presença constante em amparo a minha família; Paul-Albert por sua mobilização e seu talento; Markus por seu profissionalismo, seu comprometimento ao meu lado e sua abnegação; Pierre por sua disponibilidade, sua solicitude sincera e ... sua visita "a pé" a Moshannon; Leslie, Eric, Loik e Claude por terem sido os primeiros a denunciar publicamente esse escândalo e por seu apoio moral; Deniz por seu otimismo incansável e sua paciência indulgente comigo; Jean-Michel por sua preocupação constante com minha situação, por suas cartas e pelo vínculo que manteve com ex-integrantes da Alstom; Philippe, o único membro do comitê executivo da Alstom que não me abandonou, François e Amy, por sua ajuda incondicional em um momento em que muito poucas pessoas se mobilizaram; Gilles e toda a equipe da Taylor Wessing por terem confiado em mim e me "hospedados profissionalmente" por dois anos em seu escritório.

Agradeço a Laurent Laffont por sua confiança e a Paul Perles por sua cuidadosa revisão.

Um agradecimento especial a Olivier Marleix pelo seu conhecimento profundo do caso, pelo seu brilhante e obstinado trabalho na presidência da Comissão Parlamentar de Inquérito, e a Natalia Pouzyreff, vice-presidenta dessa comissão. Ambos fizeram uma longa viagem para me entrevistar em "Moshannon".

Agradeço aos Ministros Arnaud Montebourg, Pierre Lellouche, Jean-Pierre Chevènement e aos deputados Daniel Fasquelle e Jacques Myard, por todo o seu apoio.

Obrigado a todos aqueles que tomaram conhecimento da minha situação no exercício das suas funções e cujo apoio foi fundamental para mim, e em particular:

Marie-Laurence Navarri por sua tenacidade, sua mobilização sem trégua e por sua eficiência.

Céline Tripiana, pela atuação no meu processo.

Jérôme Henry por seu longevo apoio, sua eficiência e sua imediata compreensão da minha situação; Hélène Ringot, Simon Cicollela, todos honram particularmente a função consular.

O encarregado interministerial de inteligência econômica, Claude Revel.

As deputadas Marguerite Deprez-Audebert e Stéphanie Kerbach.

Obrigado a todos que escreveram a respeito, me visitaram em "Wyatt" ou "Moshannon" ou deram seu apoio à minha esposa e aos nossos filhos: Irmã Michèle; minhas tias Geneviève, Maryvonne, Marie-Luce e Françoise; Philippe; Carol; François; Alexander; Pierre-Emmanuel e Laurence; Jean-Luc e Cathy; Cecile; Jean Philippe; Philippe; Alain e Darcy; Laurent e tantos outros.

Agradeço também aos clientes Ikarian que confiaram em mim e me ajudaram a reiniciar uma atividade profissional que agora exerço com paixão.

Por fim, minha imensa gratidão aos meus companheiros de infortúnio graças a cujo apoio, generosidade e profunda humanidade, pude passar esses vinte e cinco meses de detenção nas melhores condições possíveis: Georges, Niko, Greg, Jimmy, "Herbie", Renato, "Muay Thai", Filippo, Sanchez, Vladimir, Andrejz, Sasha, "FIFA", Sam, Tim, Kay e muitos outros. Jamais os esquecerei.

pólen soft 80 gr/m2
tipologia garamond
impresso na primavera de 2021